KB232092

유네스코 지정 **한국의 세계유산**

국립제주박물관 문화총서 **4**

유네스코 지정 한국의 세계유산

국립제주박물관 편

서 경

국립제주박물관 문화총서 제4권

『유네스코 지정 한국의 세계유산』을 발간하며

국립제주박물관은 일반인들이 한국과 제주의 역사와 문화를 폭넓게 이해할 수 있도록 매년 박물관 문화강좌를 개최하고 있습니다. 금년의 문화강좌 주제는 "유네스코가 지정한 한국의 세계유산"으로, 세계적으로 인정받은 우리 문화유산의 가치를 알리고 그에 대한 이해와 긍지를 높이기 위해 마련되었습니다. 본『국립제주박물관 문화총서』4권은 문화강좌 수강생은 물론 우리 문화에 관심이 많은 일반인들에게도 우리 문화유산에 대한 이해를 제공하기 위해 발간하게 되었습니다.

이번에 펴내는『유네스코지정 한국의 세계유산』은 총론으로 "세계유산이란 무엇인가"와 유네스코가 지정한 한국의 세계문화유산, 기록유산, 무형유산 13건에 대한 내용으로 구성되었습니다. 각 문화유산은 해당 분야의 전문 연구자가 집필해 주셨습니다. 1995년 석굴암·불국사, 해인사 장경판전, 종묘 등재를 시작으로 2003년 판소리까지 현재 총 13건의 우리 문화유산이 세계유산으로 등재되었습니다. 본 총서에서는 문화유산별로 세계유산으로서 갖는 의미와 중요성, 각 유산에 대한 상세한 해설과 설명을 실었습니다. 세계적으로 그 가치를 인정받은 우리 문화유산에 대한 이해를 높임으로써 우리 문화의 정체성과 우수성에 대해 다시 한번 생각해 볼 수 있는 기회가 되기를 기대합니다.

금번 문화총서는 『한국문화와 제주』, 『한국인의 사상과 예술』, 『조선시대의 중앙과 지방』에 이어 네 번째로 발간되는 책으로서 그간의 국립제주박물관의 일반인 대상 사회교육의 작은 결과물이자 역사이기도 합니다. 모쪼록 이번 『유네스코 지정 한국의 세계유산』이 우리 문화를 이해하는 밑거름이 되기를 바랍니다. 바쁘신 중에도 원고를 집필해 주신 선생님들과 출판을 맡아주신 서경문화사에 감사드립니다.

2005년 3월

국립제주박물관장 구 일 회

목 차

총론

세계유산이란 무엇인가?

유네스코 지정 한국의 세계유산

세계유산이란 무엇인가?

이혜은 동국대학교 지리교육과 교수

세계유산이란 무엇인가?

Ⅰ. 세계유산의 정의

유산(Heritage)이란 유네스코에서 정의한 바에 의하면 '과거로부터 물려받은 것으로서, 현재 우리가 더불어 살아가고 미래 세대에게 물려주어야 할 것(Heritage is our legacy from the past, what we live with today, and what we pass on to future generations.)' 이라 하였다. 여기에 더하여 세계유산이라 한다면 한 민족, 한 국가에서만 보존되고 전승되어야 할 유산이 아니라 전 세계인이 공동으로 지키고 전승해야 할 유산이라는 의미이며, 과거에서 현재와 미래로 이어지기 때문에 지속가능성(Sustainability)을 지니고 있다.

한 특정 국가에서 유산은 그 국가의 자부심을 표출하는 가치를 지니며 유산에 대한 정의는 국가가 지닌 특징에 따라서 조금씩 다르게 이루어지기도 한다. 왜냐하면, 그 국가만이 가질 수 있는 독특한 자연적·문화적 유적을 유산이라고 지칭하며 각국은 그 국가가 지닌 자연환경, 역사, 전통 등에 따라 각기 다른 문화를 전승하게 되기 때문이다. 그러나 세계유산은 세계유산협약에 따라 세계유산위원회가 인류전체를 위해 보호되어야 할 현저한 보편적 가치가 있다고 인정하여 UNESCO 세계유산 일람표에 등록한 문화재를 의미한다. 즉, 세계유산은 세계적 관점에서 현저한 보편적 가치를 지니는 유산이다.

따라서 세계유산으로 등재된 유산이 분포하고 있는 지역은 현재 어떤 특정 국가에 위치하고 있는가에 관계없이 세계인의 소유라고 할 수 있다. 예를 들면, 서울에 위치하고 있는 우리나라 문화재인 창덕궁은 뛰어난 보편적 가치를 지닌 세계유산으로 등재되었기 때문에 한국의 관점으로만이 아닌 세계적 관점에서 보존되어야 할 유산이라는 것이다.

일반적으로 세계유산(World Heritage)이라는 용어를 쓸 때는 협의의 의미인 세계유산위원회에서 결정하는 유네스코 세계유산을 의미하며 이러한 유산은 유형유산이다. 세계유산에는 문화유산, 자연유산, 복합유산으로 나뉘어 진다. 문화유산은 역사적, 고고학적, 과학적, 민족적, 인류학적, 심미적 가치를 지닌 기념물, 건물군, 유적지 등을 지칭하며, 자연유산은 지구의 진화단계를 나타내거나, 초자연적인 자연현상, 지질학적 · 생물학적 진화나 인간과의 상호관련성을 나타내는 뚜렷한 현상, 멸종위기의 동 · 식물을 포함한 생물학적 다양성을 보존하기 위한 자연서식지 등을 포함한다. 복합유산이라 함은 자연유산과 문화유산을 함께 보유하고 있는 유산이다. 그러나 세계유산으로 간주되는 유산들은 이들 유형유산 이외에도 '인류 구전 및 무형유산 걸작'[1]이라는 명칭이 붙은 무형유산과 기록유산이 있다.

유형유산이든, 무형유산이든 또는 기록유산이든지 간에 세계유산으로 등재되어 있다는 것은 우리나라에서만 중요한 유산으로 간주되어 보존되어야 한다는 점을 넘어 세계적으로 뛰어난 보편적 가치를 지닌 유산이므로 세계인의 관점에서 보호되고 보존관리 되어야 한다는 중요한 의미를 지닌다. 더구나 그 유산이 소재하는 곳이 어디냐가 중요한 것이 아니라 어디에 분포하는 것이든지 간에 그 유산들은 전 세계인이 가꾸

---

1) 문화재청에서는 'Masterpieces of the Oral and Intangible Heritage of Humanity'를 '인류 구전 및 무형유산 걸작'으로 번역하고 있다.

고 보존하여 우리의 후손에게 물려주어야 할 유산이라는 의미이다.

2004년 12월에 있었던 인도네시아에서 발생한 지진과 그 영향으로 일어난 해일의 피해로 많은 인명이 희생되었을 뿐만 아니라 문화재가 파손되었다. 또한 1년 전 같은 날에는 이란에 대규모 지진이 발생하여 세계유산이 파괴되었으며, 정치적 쟁점으로 바미안유적도 파괴되어버린 것이다. 이러한 자연재해 또는 인간에 의해 파괴되어진 유산의 경우는 위험유산으로 긴급등재 시킨 후 전 세계가 파손된 문화재에 대한 복구 및 보존관리에 관심을 갖게 되는 것이다. 따라서 세계유산으로 등록된다는 의미는 더 이상 한 국가만이 관심을 가져야 할 문제가 아니라 전 세계인이 공동으로 관심을 기울이며 보존관리에 그 역할을 함께 나누어야 하는 유산이 된다는 것이기 때문에 매우 중요하다.

II. 세계유산의 분포현황

1. 세계유산 (World Heritage)

세계 4대문명의 발상지 중의 하나로 간주되는 이집트에서 1959년 아스완하이댐이 건설되고 나사르 호수가 형성되면서 아부심벨 사원을 비롯하여 누비안들에 의해 건설된 신전들이 물속에 잠기는 위험에 처하게 되자, 이를 보호하기 위해 유네스코의 주도하에 51개국이 모여 이 문제의 해결방안을 논의하였다. 1960년 누비안 유적들을 구하기 위한 범세계적 노력을 주창하였고, 1961년 독일에 의해 첫 번째 사원이 옮겨서 복원되면서 실천되게 되었다. 대표적인 누비안 유적의 하나인 아부심벨 사원도 나일강 위로 옮겨져 잘 보존되고 있다(그림 1).

이러한 노력은 문화유산의 범세계적인 보존이라는 발상을 실현시키는 계기가 되었고 1970년대에 들어서면서 문화재에 관한 관심이 더욱 증가하면서 문화유산의 보호 및 보전에 관한 국제적 노력이 시작되었

아부심벨사원의 전면

아부심벨사원의 후면

그림 1. 현재의 아부심벨사원
전면은 옮겨졌다는 것은 못 느낄 정도로 정교하게 옮겨졌으나 후면은 인공적으로 만들어
진 지형임을 쉽게 파악할 수 있다.

다. 1972년 유네스코 제17차 총회에서 '세계문화유산 및 자연유산 보호 협약'이 채택되고 1975년 세계문화유산 및 자연유산의 보호에 관한 협약 제8조에 의거 정부간 위원회로 세계유산위원회가 설립되면서 세계 유산에 대한 보호가 본격적으로 시작되었다. 따라서 세계유산위원회가 인류전체를 위해 보호되어야 할 현저한 보편적 가치가 있다고 인정하면 UNESCO 세계유산으로 등록되는 절차를 밟아왔다.

　UNESCO 세계유산으로 등재하기 위한 과정에서 연계되어 있는 기구는 우선 세계유산의 등재여부를 최종 결정짓는 세계유산위원회 (World Heritage Committee)가 있으며 이러한 결정을 짓도록 자문역할을 하는 기구로서 ICOMOS(국제기념물유적협의회 : International Council on Monuments and Sites), IUCN(국제자연보존연맹 : The World Conservation Union), ICCROM(국제 문화재 보존 및 복구 연구센터 : The International Centre for the Study of the Preservation & Restoration of cultural Property) 등이 있다. 세계유산위원회는 1975년 구성되어 문화유산 및 자연유산의 보호, 세계유산 등록대상 문화재의 심의·결정 등을 목적으로 하는 UNESCO 산하 국제위원회로 임기 6년의 21개 위원국으로 구성된다.

　UNESCO 세계유산센터(World Heritage Centre)는 세계 문화유산 및 자연유산 보호에 관한 협약 14조에 근거하여 1992년 설립되었으며 본부는 프랑스 파리에 있다. 세계유산센터는 UNESCO 문화활동 조직의 하나로 '세계 문화 및 자연유산의 보호에 관한 협약(Convention Concerning the Protection of the World Cultural and Natural Heritage)'의 일상적 관리를 담당한다. 다시 말하면, 세계유산 등재를 위한 잠정목록 작성 및 세계유산목록의 등재를 위한 업무, 세계유산의 보전 상태에 관한 모니터링과 보고서 준비 제작, 세계유산의 유적지가 심한 손상을 입어 위협을 받을 경우 정보의 수집과 보고서 및 위기관리 등을 지원한다.

　2004년 중국의 쑤저우에서 개최된 제 28차 세계유산위원회의 결과 현

재 유네스코 세계유산으로 등록되어 있는 유산은 모두 788점으로 이중
문화유산이 611점, 자연유산이 154점, 복합유산이 23점이다(그림 2). 세
계유산으로 등록되어 있는 유산의 분포는 자연유산에 비하여 문화유산
이 월등히 많고, 문화유산이 자연 속에 어우러져 있다고 간주되는 복합
유산은 23점밖에 되질 않아 유산별 세계유산은 심한차이를 보이고 있
다. 이들 유산들은 한 국가에 분포하고 있는 경우가 대부분이나 국경을
초월하여 유산이 분포하는 경우에는 인접한 국가들의 합의에 의해 함께
유산등재를 신청할 수 있다. 현재 국경을 초월한 유산(Transboundary
properties)으로 등재되어 있는 세계유산은 모두 13건이다.

더구나 이들 유산은 전 세계 134개국에 분포하고 있으나 아직도 1점
의 세계유산도 소유하고 있지 못한 국가가 있다. 반면 이탈리아의 경우
39점으로 가장 많은 세계유산을 보유하고 있고, 스페인이 38점, 독일이
30점으로 그 뒤를 잇고 있다. 아시아에서는 중국이 30점, 인도가 26점,
우리나라는 7점의 세계유산을 보유하고 있다. 이러한 세계유산의 지역
별 분포를 보면 그림 3과 같다. 이탈리아나 스페인, 독일이 위치하고 있
는 유럽과 북미지역이 전체 세계유산의 51%인 398건의 가장 많은 세계
유산을 보유하고 있으며 그 다음은 전체의 20%인 159건의 세계유산을
보유한 아시아와 태평양 지역이다. 세계유산의 지역별, 국가별 분포 역
시 지역별, 국가별로 심한 차이를 나타내고 있다.

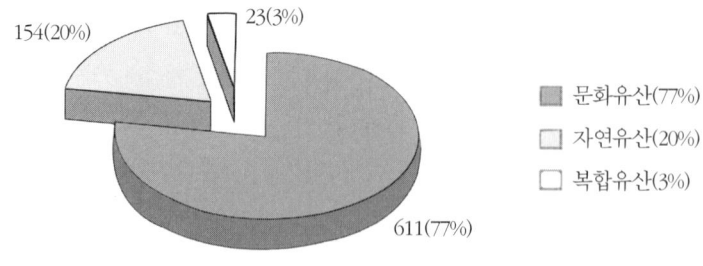

그림 2. 유형별 세계유산 현황

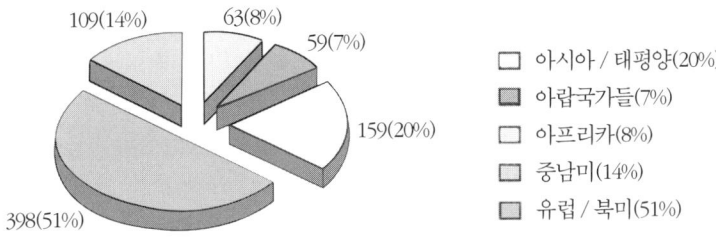

그림 3. 세계유산의 지역별 분포현황

최근 들면서 세계유산 등재에 대한 각국의 관심이 점점 더 높아지면서 자국유산에 대한 세계유산으로의 등재는 최고의 관심 과제가 되고 있는 현실이다. 따라서 세계유산의 지역적, 국가적 불균형을 해소하기 위하여 2002년 케인즈에서 개최된 세계유산위원회에서는 세계유산 등재심사를 위해 한 해에 신청하는 유산을 1국 1건의 등재신청으로, 전체 30건으로 제한하는 규정을 통과시켰다. 세계유산 등재를 위한 전체 신청할 수 있는 수는 2003년 세계유산위원회에서 40건으로 상한 조정되었고, 쑤저우에서 개최된 세계유산위원회에서는 1국 2건의 세계유산 신청을 가능하게 하였지만, 2건을 신청할 경우에는 반드시 자연유산이나 복합유산을 포함하여야 함을 조건으로 하고 있다. 이러한 일련의 조치는 세계유산의 유형별, 지역별, 국가별 차이를 줄이도록 하는데 있다.

또한 이러한 차이를 지양하기 위하여 문화유산, 자연유산, 복합유산의 기준을 달리하던 것을 세계유산 기준으로 통합하여 신청국가에서 유산의 유형을 결정하여 신청하는 것이 아니고 등재신청 유산에 대하여 실질심사를 한 후 어떤 기준에 적합한가에 따라 유산 유형을 결정하도록 추구하고 있다. 더불어 종전의 문화유산 개념이 유형의 물리적 사물에 치중하던 것을 지양하고, 무형의 비물리적, 정신적 국면을 강조하거나 통합하려는 경향이다. 이러한 경향은 2003년 짐바브웨에서 개최된 **ICOMOS** 14차 총회 및 과학 심포지엄이 유형의 유산(기념물 및 유적)

에서 무형의 가치를 보존하자는 주제로 개최된 것으로도 입증된다.

2. 인류 구전 및 무형유산 걸작
(Masterpieces of the Oral and Intangible Heritage of Humanity)

구전과 무형유산은 문화정체성, 창조성의 증진, 문화다양성의 보전에서 아주 중요한 요소로서 국제적 인식을 받아왔으며 각종 문화사이의 국가적 또는 국제적 발달, 포용력 있고 조화로운 상호작용에 기본적인 역할을 한다. 세계화시대에서 이러한 문화유산의 다양한 형태는 문화의 표준화, 전쟁, 대중관광의 폐단, 산업화, 이촌현상, 이주, 환경파괴 등에 의해 사라져가고 위협받는 위험 속에 빠져있다. 따라서 소멸위기에 처해있는 이러한 구전이나 무형 문화유산의 지속가능한 보존과 재생을 위해 독특한 가치를 지니며 독창적인 구전 및 무형유산을 '인류 구전 및 무형유산 걸작'으로 선정하여 보존하려는데 그 의의가 있다.

이러한 유산들은 대중적 전통적 유산의 형태로서 언어, 구전문학, 음악, 춤, 놀이, 신화, 의식, 관습, 공예 등을 포함하며, 이야기하기, 의식, 장터, 축제 등이 개최되는 즉, 정기적 또는 비정기적으로 대중문화나 전통문화활동이 이루어지는 문화공간도 이에 포함한다. 실질적으로 구전과 무형유산은 지속적으로 발전하고 변화하는 살아있는 유산의 복합적이고 광범위하며 다양한 형태를 포함한다.

세계무형유산으로의 선정은 2년에 한번씩 유네스코 국제심사위원회의 심의로 결정되며 1국 1건을 기본 원칙으로 하며, 2개국 이상이 공동으로 하나의 무형유산을 세계유산으로 등재할 수 있다. 인류 구전 및 무형유산 걸작은 뛰어난 가치가 있는 무형문화유산의 집합체이거나 역사적, 예술적, 민족적, 언어학적, 문학적 관점에서 뛰어난 가치를 지닌 대중적이고 전통적인 문화의 표현이어야 한다. 또한 ① 인간의 창조적 재능에 관한 걸작으로서 뛰어난 가치를 증명하고, ② 지역사회의 문화전

통이나 문화사의 기원을 증명하며, ③ 민족과 문화공동체의 문화 정체
성을 확인하는 수단으로서의 역할, 영감과 문화상호간 교류원천으로서
의 중요성, 민족이나 지역사회를 더 가깝게 하는 수단임을 증명하여야
하며, ④ 기능과 기술의 적용에 있어 우수성을 입증하여야 하고, ⑤ 살
아있는 문화전통의 독특한 증거물로서의 가치임을 확고히 하며, ⑥ 보호
할 수단의 부족이나 빠른 변화과정, 도시화 문화이식 등에 기인하여 사
라질 위험이 있는 유산이어야 한다는 6가지 기준에 의해 결정되어진다.

2001년과 2003년 두 차례에 걸쳐 선정되어진 세계무형유산은 2001년
에 19건, 2003년에 27건이 선정되어 현재 51개국에서 47건이 등재되어
있다. 철저한 1국 1건주의가 지켜지고 있기 때문인지 특정국가에 대한
집중현상이 없으며 44건은 단독으로 등재되어 있고 3건은 여러 국가에
서 공동으로 등재하였다. 예를 들면, 에콰도르와 페루, 타지키스탄과 우
즈베키스탄, 에스토니아 · 라트비아 · 리투아니아 3개국이 1건씩 7개국
에서 3건을 공동으로 등재하였다.

표 1. 지역별, 년도별 등재된 세계 무형유산의 분포

지역별 \ 연도별	2001	2003	합계(%)	
아프리카 지역	4	2	6	12.7
아랍권 지역	0	3	3	6.4
아시아와 태평양지역	7	11	18	38.3
유럽과 북미지역	4	6	10	21.3
라틴아메리카와 카리브지역	4	6	10	21.3
합 계	19	28	47	100.0

표 1에 의하면 아시아와 태평양지역에서 보유하고 있는 세계무형유
산은 가장 많은 18건으로 전체의 38.3%를 차지하고 있으며 유럽과 북미
지역, 라틴아메리카와 카리브지역이 똑같이 전체 21.3%인 10건을 각각
보유하고 있다. 아프리카는 6건으로 12.7%를, 아랍권은 가장 적은 전체
6.4%인 3건만 보유하고 있다. 아시아와 태평양지역이 가장 많은 세계무

형유산을 보유하는 것은 한 국가에서 2건의 세계유산을 포함하고 있는 국가가 5개국인데 그 중에서 우리나라, 일본, 중국, 인도 등 아시아에 위치한 국가가 4개국이기 때문으로 보인다.

3. 세계기록유산(Memory of the World)

세계 각 지역에서 문서로 전해져 오는 유산들은 각 지역의 언어, 민족, 문화의 다양성을 반영하며, 세계가 어떻게 발전해 왔는지에 대한 세계사에 대한 거울이라 할 수 있다. 그러나 이러한 기록들도 잘 보존하지 않으면 없어지기 쉬우며 한번 파손되면 부분적으로는 복원될 수도 있으나 부분적으로는 영원히 사라지기도 한다. 따라서 유네스코에서는 세계적 가치가 있는 귀중한 기록유산을 가장 적절한 기구를 통해 보존할 수 있도록 지원하며 기록유산에 대한 중요성과 보존의 필요성을 전 세계인에게 인식시키고, 가능한 많은 대중이 기록유산에 접근할 수 있도록 하기 위하여 세계기록유산을 지정하였다.

세계기록유산에는 도서관, 문서고 등에 보관된 세계적 가치가 있는 기록문서로서 그 유형에는 필사본이나 인쇄본을 모두 포함한다. 또한 도서, 신문, 포스터 등 기록이 담긴 자료와 그림, 프린트, 지도 등 비기록 자료, 전통적인 움직임과 현재의 영상이미지, 오디오, 비디오, 원문과 아날로그 또는 디지털 형태의 정지된 이미지를 포함한 모든 종류의 전자 자료까지를 포함한다.

세계기록유산으로의 지정은 2년에 한 번씩 개최되는 유네스코 세계기록유산 국제자문위원회에서 결정되며 1997년 타쉬켄트에서 개최된 회의에서 처음으로 세계기록유산을 지정하였으며 2001년에는 우리나라의 청주에서 개최되었다. 세계기록유산으로 지정하는 기준은 ① 한 국가를 초월하여 세계사와 세계문화에 중요한 영향을 준 자료, ② 역사적 중요시기를 이해하는데 중요하거나 그 시기를 특별한 방법으로 반영하는 자료, ③ 세계사 또는 세계문화 발전에 기여한 지역에 대한 정보를 지닌 자료, ④ 세계사 또는 세계문화에 기여한 인물에 관련된 자료, ⑤

세계사 또는 세계문화의 중요한 주제를 기록한 자료, ⑥ 형태와 스타일에서 중요한 표본이 된 경우, 뛰어난 미적 양식을 보여주는 자료, ⑦ 하나의 민족문화를 초월하는 뛰어난 사회적·문화적 또는 정신적 가치를 가지는 자료 등이다. 이러한 기준에 의해 현재까지 45개국에서 91점의 세계기록유산이 등록되었다.

　세계기록유산의 지역별, 연도별 분포현황을 고찰하면, 세계유산의 분포와 마찬가지로 유럽과 북미지역이 전체의 49.4%인 45건의 세계기록유산을 등재시켰으며 그 다음이 아시아와 태평양지역으로 25.3%인 23건을 보유하고 있다(표 2). 아랍권은 가장 적어 이제까지 2건의 세계기록유산만을 보유하고 있다. 연도별 분포를 보면, 처음 세계기록유산이 결정되던 1997년에 가장 많은 38건이 등재되었고 그 이후에는 격감하였으나 다시 매회 세계기록유산으로 등재되는 유산이 증가하고 있다. 이러한 추세로 미루어볼 때 앞으로 세계기록유산으로 등재되는 기록유산도 각 국에서 꾸준히 증가할 것으로 판단된다.

표 2. 지역별, 연도별 세계기록유산의 분포

지역별 ＼ 연도별	1997	1999	2001	2003	합 계	(%)
아프리카 지역	6	-	-	1	7	7.7
아랍권 지역	1	-	-	1	2	2.2
아시아와 태평양지역	8	3	7	5	23	25.3
유럽과 북미지역	16	5	14	10	45	49.4
라틴아메리카와 카리브지역	7	1	-	6	14	15.4
합 계	38	9	21	23	91	100.0

Ⅲ. 우리나라에 분포하는 세계유산

　현재 우리나라에 분포하고 있는 세계적인 유산으로 등재되어 있는 것은 유형유산으로 '세계유산'이 7건, '인류 구전 및 무형유산 걸작[무형유산]' 이 2건, '기록유산' 이 4건 등 총 11건이다.

1. 세계유산 (UNESCO World Heritage : 유형유산)

우리나라는 1988년 세계유산보호협약에 세계에서 102번째 국가로 가입하였으며 1994년 우리문화재 10건을 잠정목록으로 제출하였다(표 3). 그 다음해인 1995년 석굴암과 불국사, 해인사 장경판전, 종묘가 세계유산으로 등재되었다. 1997년에 다시 창덕궁과 수원의 화성이 세계유산으로 등재되어 모두 5건이 세계유산으로 등재되었으며 5건만이 잠정목록에 남게 되었다.

1998년 2차로 잠정목록 3건을 더 제출하여 모두 8건이 되었으며 그 중에서 경주역사유적지구와 고창 · 화순 · 강화의 고인돌이 세계유산으로 등재되었다. 2002년에는 다시 3건이 잠정목록으로 제출되었는데 그 중에서 제주도의 경우는 자연보존지구에서 자연유산지구로 명칭만 변경된 것이다. 따라서 현재 7건의 세계유산이 등재되어 있으며 8건이 잠정목록에 남아있다.

표 3. 우리나라 문화재의 세계유산 등록과정

년도	과정	문화재 목록
1994	1차 잠정목록 제출(10건)	석굴암과 불국사; 해인사장경판전; 창덕궁; 수원 화성; 종묘; 설악산 자연보호구역; 제주도 자연보존지구; 삼년산성; 강진군도요지; 무령왕릉
1995	세계유산 등재(3건)	석굴암과 불국사; 해인사장경판전; 종묘
1997	세계유산 등재(2건)	창덕궁; 수원 화성
1998	2차 잠정목록 제출(3건)	경주 남산의 신라유적; 안동 하회마을; 고창 · 화순 고인돌지역
2000	세계유산 등재(2건)	경주역사유적지구; 고창 · 화순 · 강화 고인돌 유적
2002	3차 잠정목록 제출(3건)	남해안일대 공룡화석지; 제주도 자연유산지구(명칭변경); 월성 양동마을
2005	준비	제주도 자연유산지구 (등재준비 중) 잠정목록 작성을 위한 문화재 선별작업중

　우리나라에서 세계유산으로 등재되어 있는 것은 〈표 4〉에서 보여주는 바와 같이 모두 문화유산기준에 의해 등재된 것으로 세계유산 중 문화유산으로 분류되어 있어 아직까지 자연유산으로 등재되어 있는 유산은 하나도 없는 실정이다. 더구나 잠정목록에 올라있는 8건의 유산도 3건만이 자연유산이고 나머지 5건은 문화유산으로 구분되어 있다(표 5). 현재 우리나라에서는 제주도 자연유산지구를 등재시키기 위해 준비 중에 있으며 더 많은 문화재를 세계유산으로 등재시키기 위한 논의가 이루어지고 있다.

　그러나 효율적인 세계유산의 등재를 위해서는 지방자치에서 그 지역에 분포하고 있는 유산을 문화재청에 신청하면, 문화재청에서는 신청된 유산을 심의하여 단독으로 목록에 올리던 이제까지의 방법과는 다른 방법으로 유산이 선별되어야 한다고 본다. 예를 들면, 지역을 배제하고 우리나라 전체에 분포되어 있는 유산을 모두 열거하여 같은 또는 비슷한 유산끼리 묶어 재분류하고 각각의 유산이 지닌 진정성을 파악한 후, 유사한 세계의 다른 유산들과의 비교연구를 통해 우리의 고유성을 잘 나타낼 수 있는 유산으로 선정해야 한다. 이러한 관점에서 볼 때 월성 양동마을이나 안동 하회마을은 각자 단독의 세계유산으로 신청하는 것 보다는 하나의 권으로 묶어서 세계유산으로 신청하는 것이 훨씬 유리할 수 있다는 의미이다. 또한 우리나라에서 세계유산으로 등재되어 있는 것이 모두 문화유산임을 고려할 때 앞으로는 자연유산이나 복합유산을 개발하도록 노력해야만 한다.

　북한의 경우는 우리보다 10년 늦게 1998년 153번째 국가로 세계유산 보호협약에 가입하였으며 2000년 5월 7건의 잠재목록을 제출하였다. 2002년에는 고구려 고분군을 첫 번째 세계유산 등재를 위해 신청하였으나 2004년이 되어서야 첫 번째 세계유산이 등재되었다.

표 4. UNESCO 세계유산으로 등재된 우리나라 문화재

번호	세계유산명	등재년도	등재기준**
1	석굴암과 불국사 (Seokguram Grotto and Bulguksa Temple)	1995	(i), (iv)
2	해인사 장경판전(Haeinsa Temple Janggyeong Panjeon, the Depositories for the Tripitaka Koreana Woodblocks)	1995	(iv), (vi)
3	종묘 (Jongmyo Shrine)	1995	(iv)
4	창덕궁 (Changdeokgung Palace)	1997	(ii), (iii), (iv)
5	수원 화성 (Hwaseong Fortress)	1997	(ii), (iii)
6	경주역사유적지구 (Kyeongju Historic Areas)	2000	(ii), (iii)
7	고창, 화순, 강화 고인돌 유적(Gochang, Hwasun, and Ganghwa Dolmen Sites)	2000	(iii)

* 영어는 세계유산으로 등재된 명칭임.
** 등재기준은 모두 문화유산의 등재기준임.

표 5. 세계유산 잠정목록에 등록된 문화재

	문화재		문화재
1	삼년산성	5	안동 하회마을
2	공주 무령왕릉	6	월성 양동마을
3	강진 도요지	7	남해안일대 공룡화석지*
4	설악산 천연보호구역*	8	제주도 자연유산지구*

* 자연유산으로 간주됨.

2. 무형유산 - 인류 구전 및 무형유산 걸작

(Masterpieces of the Oral and Intangible Heritage of Humanity)

　우리나라에서 인류 구전 및 무형유산 걸작으로 등재된 유산은 〈표6〉에서 보여주는 바와 같이 2001년에 등재된 '종묘 제례 및 종묘제례악'과 2003년에 등재된 '판소리'가 있다. 종묘제례는 종묘에서 이루어지는 제향의식으로 조선시대의 국가 제사 중에는 가장 규모가 크고 중요한 제사였으며 최고의 품격을 갖추고 유교절차에 의해 거행되는 왕실의 의례이다. 조선시대에는 종묘제례를 통해 동양의 기본이념인 '효'를 국가 차원에서 실천함으로써 민족공동체의 유대감과 질서를 형성하는 역할을 수행하였다.

　종묘제례악은 종묘에서 제사를 드릴 때 연주하는 기악과 노래, 그리고 춤을 총칭한다. 이는 조선 세종대에 궁중희례연에 사용하기 위해 만들어졌던 보태평과 정대업에 연원을 두고 있으며 1464년(세조 10년) 제례에 필요한 악곡이 첨가되면서 정식으로 채택되었다. 임진왜란후에 약화되었다가 광해군때 복구되었고 일제강점기에 맥이 끊겼으나 1967년 종묘제례가 다시 이루어지면서 종묘제례악도 제 모습을 찾게 되었다.

　2003년 세계무형유산으로 등재된 판소리는 한명의 소리꾼이 고수의 장단에 맞추어 소리[창], 아니리[말], 너름새[몸짓]을 섞어가며 구연하는 일종의 솔로 오페라다. '판소리'의 '판'은 '여러 사람이 모인 곳' 또는 '상황과 장면'을 뜻하며 '소리'는 '음악'을 의미하므로 판소리는 '많은 청중들이 모인 놀이판에서 부르는 노래'라는 뜻이다. 판소리는 전라도를 중심으로 충청도, 경기도 등지에 까지 전승되어 지역적 특징에 따른 소리제를 형성하고 있는데, 전라도 북동지역의 소리제를 동편제라 하며 전라도 남서지역의 소리제를 서편제라 하고 경기도와 충청도의 소리제를 중고제라 한다.

　판소리는 지배층인 양반과 피지배층인 평민들이 함께 즐기는 예술로서 판소리를 통해 서로의 생각을 조절하여 온 점에 비추어 단순한 노래가 아닌, 사회적 조절과 통합의 기능까지 담당하였다고 평가된다. 또한 한국어의 표현 가능성을 최대한 발휘한 민족적 표현방식이며 민족문화의 전통 계승과 발전에 기여하였다.

우리나라에서 앞으로 세계무형유산으로 등록하고자 제출한 잠정목록
에는 강릉 단오제를 비롯하여 옹기장, 처용무, 제주 칠머리당굿, 나전장
등 5건이 올라있다(표 7). 이중에서 강릉 단오제를 세 번째 세계무형유산
으로 등재시키기 위해 준비 중이다. 무형유산의 세계유산으로의 등재도
유형유산의 등재와 같이 방법의 전환을 모색하고 있는 단계이므로 우리
도 이러한 변화에 적극 동참하여 세계유산으로 등재시킬 수 있는 탁월한
보편적 가치를 지닌 무형유산의 선정에 더욱 노력해야 한다고 본다.

표6. 세계무형유산으로 등록된 한국의 무형유산

번호	유산명	등재년도
1	종묘제례 및 제례악 (Royal Ancestral Rite and Ritual Music in Jongmyo Shrine)	2001
2	판소리 (The Pansori Epic Chant)	2003

*영어는 세계유산으로 등재된 명칭임

표7. 세계무형유산 잠정목록에 등록된 문화재

	문화재	우리나라 중요 무형문화재
1	강릉 단오제	제 13 호
2	옹기장	제 96 호
3	처용무	제 39 호
4	제주 칠머리당굿	제 71 호
5	나전장	제 10 호

3. 기록유산 (Memory of the World)

세계 45개국에서 등록되어진 91건 중에서 우리나라에서 등록된 기록
유산은 모두 4건이다. 〈표 8〉에서 보여주는 바와 같이 우리나라에서는
기록유산에 대한 등재심의가 처음으로 이루어진 1997년에 훈민정음과

조선왕조실록을 기록유산으로 등재시켰다. 2001년 우리나라 청주에서 개최된 등재심의 회의에서 승정원일기와 직지심체요절이 등재 결정되었다.

백성을 가르치는 올바른 소리란 의미의 훈민정음은 조선조 제 4대 임금인 세종에 의해 1443년(세종 25년) 완성된 우리말의 표기에 적합한 문자체계를 지칭한다. 그후 1446년(세종 28년)에 정인지 등이 세종의 명을 받아 훈민정음을 설명한 한문해설서를 전권 33장 1책으로 발간하였는데 이 책의 이름을 훈민정음이라고 하였다. 이 책에는 해례가 있어서 흔히 『훈민정음 해례본』 또는 『훈민정음 원본』이라고도 한다. 간송미술관에 보관되어 있는 이 책은 1940년경 경북 안동에서 발견된 것으로 국내에서 유일하게 현존하는 귀중본이다. 바로 이 책이 세계유산으로 등재된 것이다.

1997년 훈민정음과 함께 세계기록유산으로 등재된 조선왕조실록은 조선왕조의 시조인 태조로부터 철종까지 25대 472년간(1392~1863)의 역사를 연월일 순서에 따라 편년체로 기록한 책으로 총 1,893권 888책으로 구성되어있다. 조선왕조실록은 세계적으로 그 유례를 찾을 수 없는 조선시대 472년간의 정치, 외교, 군사, 제도, 경제, 산업, 교통, 통신, 사회, 풍속, 예술, 종교 등 각 방면의 역사적 사실을 총망라한 역사서이다.

2003년 세계기록유산으로 등록된 한국의 기록유산은 승정원일기와 직지심체요절이다. 승정원일기는 조선왕조 최대의 기밀 기록인 동시에 사료적 가치에 있어서 조선왕조실록을 편찬할 때 기본 자료로 이용하였기 때문에 실록보다도 오히려 더 가치있는 자료로 평가되고 있다. 원본이 1부밖에 없어 더욱 귀중한 자료이며 우리의 역사연구뿐만 아니라 정치, 경제, 사회, 외교, 군사, 문화 등 모든 학문연구에 필수적인 자료이다.

직지심체요절은 '백운화상초록불조직지심체요절' 이라는 긴 제목으로 청주 흥덕사에서 1377년 세계 최초로 금속활자로 인쇄되어진 일종의 학습서이다. 이 책은 상ㆍ하 2권으로 구성되어 있었으나 현재는 하권만이 프랑스 국립도서관에 유일하게 남아있다. 책의 내용도 중요하지만,

금속활자로 인쇄한 것이므로 독일의 구텐베르크보다 70여년이나 앞서 세계 최고의 금속 활자본으로 공인되고 있다.

가장 안타까운 것은 세계기록유산으로 선정되었고 우리에게 아주 중요한 사료이나, 사연이야 어찌 되었든 현재 우리나라에는 현존하지 않는다는 사실이다. 인쇄를 한 것이기 때문에 혹시라도 전국 어딘가에는 남아있지 않을까 생각된다. 따라서 원본을 찾는데 우리 모두 노력해야 할 것이라 본다.

표 8. 세계기록유산으로 등록된 한국의 유산

번호	기록유산명	등재년도
1	훈민정음 (Hunmin Chongum manuscript, Kansong Art Museum, Seoul, Republic of Korea)	1997
2	조선왕조실록 (Annals of the Chosun Dynasty, Chongjoksan Sagobon, Seoul, Republic of Korea)	1997
3	승정원일기 (Seungjeongwon Ilgik the Diaries of the Robyal Secretariat, Gyujanggak Library and Seoul National University, Seoul, Republic of Korea)	2001
4	직지심체요절 (Buljo jikji simche yojeol(vol.II), the second volume of "Anthology of Great Buddhist Priests' Zen Teachings", Bibliotheque nationale de France, Parice, France)	2001

*영어는 유네스코 기록유산으로 등재된 명칭 및 보관장소를 설명함.

IV. 세계유산이 지닌 의미

우리나라에 분포하고 있는 유형·무형의 유산들이 1995년부터 세계유산으로 등재되기 시작하였다. 이제까지 등재된 세계유산은 모두 유형의 문화유산으로 7건, 세계무형유산으로는 2건, 세계기록유산으로는 4건이다. 앞으로도 많은 우리의 자랑스런 유산들이 세계유산으로 등재되기 위하여 준비 중에 있다.

그렇다면 왜 세계의 많은 국가들이 자국의 유산을 세계유산으로 등재하기 위하여 많은 노력을 기울이는가? 2003년과 2004년에는 북한과 중국에서 고구려 유적의 세계유산 등재를 위해 보이지 않는 문화전쟁을 하였다. 경우에 따라 국경을 접한 국가에서는 서로 협조가 안 되어 한꺼번에 등재를 못하는 경우도 있고, 서로 협조하여 국경을 초월한 유산을 등재하는 경우도 많다.

왜냐하면 이는 자국 내에서만 중요한 유산으로 간주되었으나 이제는 그 유산이 지닌 가치는 세계적인 가치가 인정되는 것이며, 또한 세계적인 가치가 있는 유산을 보유하고 있다는 단순한 사실보다는 그로 인한 영향력이 크기 때문이다. 예를 들면, 세계유산을 보러 오는 세계인들로 인해 관광산업이 발달하며, 세계유산으로 등재된 유산들은 잘 보존되고 관리되어 지속가능한 유산으로 우리의 후손에게 남겨줄 수 있고, 유산 관리가 잘 안되는 경우에는 위험유산으로 분리되어 세계가 관심을 갖는 속에서 집중관리를 해야 하기 때문에 자국이 지닌 유산이 더욱 잘 보존될 수 있기 때문이다.

따라서 우리의 유산이 세계유산으로 등재된 것을 단순히 기뻐할 뿐만 아니라 우리가 해야 하는 의무도 크다. 전문가나 일반인들에 의한 모니터링을 지속적으로 행하여 의무를 수행하는 것에 그치기보다는 국민 누구나 한마음으로 우리의 유산을 보호하고 보전하며 관리해야 하는 문화적 사고와 행동을 실천해야 하는 것이다. 우리의 유산에 대한 자긍심과 함께 보존의 의무를 충실히 지켜나갈 때 우리는 세계유산을 보유할 자격이 있는 것이다.

참고문헌

김리나, 이혜은, 황기원, 제 13차 ICOMOS 총회 및 자문회의 참가보고서, 2002.

이혜은, 『북한의 고구려 유적 세계문화유산 등재신청과정과 현황』 고구려연구회 학술
　　　토론회 「한 · 중 고구려 유적 UNESCO 세계유산 등재의 현황과 대책」 발표
　　　논문, 2003.

_____, 『고구려 고분의 세계유산 등재현황과 대책』, 고구려의 역사와 문화유산, 한
　　　국고대사학회 & 서울시정개발연구원, 2004.

_____, 『세계문화유산의 새로운 영역과 전통역사마을』, 세계유산보호정책 세미나
　　　발표논문, 2004.

_____, 황기원, 『세계문화유산 Global Theme 개발연구』, 연구보고서, 2003.

Rii, Hae Un, 『World Heritage in Korea』 Special lecture in Deakin
　　　University, 2004.

_____, 『World Heritage in Koreas』 presented paper at the ICOMOS
　　　Asia-Pacific Regional Meeting, Beijing, China, 2004.

문화재청 홈페이지 : 〈http://www.ocp.go.kr〉

UNESCO의 관련 홈페이지 : 〈http://www.unesco.org〉,
　　　　　　　　　　　　　〈http://whc.unesco.org〉,
　　　　　　　　　　　　　〈http://portal.unesco.org〉

세계 문화유산

유네스코지정 한국의 세계유산

창덕궁

황기원 서울대학교 환경대학원장

창덕궁

Ⅰ. 머리말

1. 창덕궁 찾아보기

창덕궁은 조선시대를 대표하는 궁궐로서 현재 서울시 종로구 와룡동 2-71번지에 위치에 있다. 창덕궁이 입지한 지역은 서울의 중심인 종로-광화문지역으로 주변에 현대건설과 같은 회사 사옥에서부터 일본대사관이나 서울대학병원과 같은 공공기관 건물들이 많이 들어서 있다. 창경궁과는 이웃하고 있으며, 종묘의 뒤편에 자리 잡고 있다.

창덕궁은 청계천로, 종로, 율곡로, 그리고 대학로와 매우 가까운 위치에 있다. 서울의 중심지역이기 때문에 주변의 차량소통이 매우 많으며, 특히 돈화문 앞의 율곡로는 상시 정체가 일어나는 곳이기도 하다.

다음장의 그림들을 살펴보면 서울시내의 궁궐들은 모두 가까운 자리에 위치해있는 것을 알 수 있다. 조선시대의 중심이 되었던 궁궐은 걸어서 다닐 수 있는 거리에 위치해 있다는 것을 알 수 있다.

조선의 궁궐은 비교적 그 모습이 정확히 남아있는데, 기능에 따라 정궁(正宮), 별궁(別宮), 행궁(行宮)으로 구분할 수 있다. 현재 남아있는 궁궐은 정궁인 경복궁, 일종의 별궁이었으나 실제로는 조선의 정궁 역할을 한 창덕궁, 그 옆에 있던 창경궁, 임진왜란 때 임시 궁궐의 역할을 담당하면서 광해군 때 정식 궁궐이 된 덕수궁, 광해군 때 지어진 별궁으로

그림 1. 창덕궁의 위치 * 출처 : 비틀맵 사대문안지도

'서궁(西宮)' 이라 불린 경희궁 등이 있는데, 이들 조선의 5대 궁은 모두 당시 수도이던 서울에 위치해 있으며, 도보로 이동할 수 있을 정도로 가까운 곳에 위치해 있다.

한편 궁궐은 아니지만 왕이 궁궐을 떠나 잠시 경유하는 궁을 '행궁(行宮)' 이라 한다. 예를 들어 왕이 온천욕을 위해 온양에 잠시 머물었을 때 사용하던 처소는 온양행궁이다. 또한, 국방상의 중요지역에 수원 행궁, 남한산성 행궁, 북한산성 행궁, 강화도 행궁, 평양 행궁 등의 행궁을 두었다. 혹은 '왕의 아버지' 정도의 격이 되는 사람들의 집을 가리켜 '궁(宮)' 이라고 붙이기도 한다. 이러한 예로 흥선대원군의 집을 운현궁 이라 한다.

창덕궁은 제3대 태종이 이궁으로 조성한 궁이기 때문에 처음부터 정궁인 경복궁과는 건립목적이나 자리한 위치도 달랐다. 도성 북쪽의 북악(北岳)의 지맥인 응봉(鷹峰)을 주산으로 삼아 그 맥을 이은 곳에 조성되었다. 응봉은 도성 내에서는 거의 정북방에 위치하여 남산과 마주보는 봉우리다. 이미 종묘가 응봉을 주산으로 삼고 있었는데 바로 종묘 뒤현체 같은 맥을 이으면서 창덕궁이 자리 잡은 것이다.

지형은 굴곡이 많고 불규칙하여 경복궁과 같은 평탄한 곳이 거의 없는 곳이었는데 이러한 불규칙한 지세를 적절히 이용하여 건물을 배치시킨 것이 경복궁과 대조되는 가장 큰 이유이다.

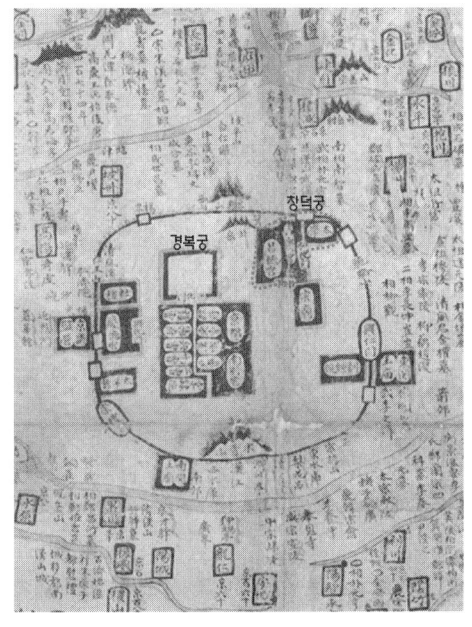

그림 2. 한양상세도 - 조선팔도고금초감도 부분
*출처 : 서울의 고지도. p.10

2. 창덕궁의 이름에 숨겨진 비밀

태조 이성계가 조선을 건국한 후 한양으로 수도를 옮기면서 경복궁을 창건하였으나, 정종 때 다시 개성으로 환도하였고 태종 때에야 수도를 옮길 준비를 하면서 경복궁 동쪽에 궁궐을 조성하였다. 창덕궁은 정궁이 아닌 이궁(離宮)으로 건립되었으며, 창덕궁의 "창덕(昌德)"이란 덕을 빛낸다는 뜻이다. 또한 경복궁을 중심으로 한 상대적 위치 때문에 '동관대궐' 또는 '동궐(東闕)'이라도 불렸다.

창덕궁의 궁원의 후원은 '비원(秘苑)'이란 이름으로 널리 알려져 있으며 현재는 '창덕궁 후원(後園)'으로 불려지고 있다. 그러나 조선초기부터 고종 때까지는 후원(後苑), 상림원(上林苑), 내원(內苑), 서원(西苑), 북원(北園), 금원(禁苑) 등으로 불리어진 기록이 있다. 문헌상으로는 후원이라는 용어가 가장 빈번하게 사용되었다.

그러한 창덕궁의 '궁원 (宮苑)' 이름의 조선시대 변천을 살펴보면 다음과 같다.

금원(禁苑)

금원이라는 용어는 궁원 (宮苑)을 일컫는 대표적 용어 중의 하나로써 조선시대 이전부터 써왔던 용례로 가장 일반적인 명칭이다. 기록에는 후원에 이어 가장 많이 등장하는 용어로써, 금원이라는 명칭 속에는 각각의 개별적 조경요소들과 장소가

그림 3. 수선전도, 1824년 목판본, 지본수묵
*출처 : 서울의 고지도. p.22

다 포함되었다는 것을 禁林, 禁場, 禁垣 등의 용어에서 찾아 볼 수 있다. 즉 궁원내의 숲은 금림, 담장은 금원, 어떤 장소는 금장 등으로 지칭하면서 궁궐 안의 사물과 금지된 장소라는 개념으로 불렀던 것을 알 수 있다.

후원(後苑)

후원이라는 용어는 기록에 가장 많이 나오는 용어로 현재는 '후원양식' 등 일반 명사화하여 쓰이고 있다. 우리나라의 궁궐은 지형과 배치상 후원이 발생할 수밖에 없었다. 후원의 원은 원(園)과 원(苑)이 혼용되어 쓰였다.

상림원(上林苑), 상림(上林), 상원(上苑)

상림원 역시 금원과 마찬가지로 중국에서 유래된 용어이다. 그 밖에 상림이란 용어는 상림원 내의 숲을 지칭하는 것으로 장소적 성격이 짙

고, 상원이란 용어를 통해 중국에서 유래된 전통적인 궁궐배치형식을 추구했었다는 것을 알 수 있다. 실록에 등장한 상원이라는 명칭은 용례를 살펴볼 때 한정된 특정장소일 것으로 추측된다.

내원(內苑)

사용된 용례를 살펴보면 내원이란 자기가 위치한 장소에서 본 상대적인 개념으로 쓰였다.

북원(北苑)

북원이라는 명칭은 정조 때 쓰인 용어로 그 외의 용례를 찾아보기 어렵다. 이 명칭 역시 자신이 현재 위치에서 상대적인 위치를 가리키는 것으로 보인다.

서원(西苑)

서원이란 명칭 역시 상대적인 개념으로 이 기록은 영조 때에만 나타난다.

그 밖에 원유(園囿), 원기(園基), 원(園), 원(苑), 소원(小苑), 어원(御苑) 등의 용어가 사용되었다.

비원(秘苑)이라는 용어는 고종실록 권34 광무7년(1903) 12월 30일기록에 처음 보인다. 이때 한자로는 '비원(秘院)'으로 사용되었다. 이는 창덕궁 관리를 위해 세운 관청이름이었다. 이후에 순종 때 기록에서 비원(秘苑)으로 등장하게 된다. 즉 비원이란 이름은 경술국치 이후가 아닌 그 이전부터 사용된 것을 알 수 있다.

창덕궁 궁원의 이름은 이렇듯 많은 변화를 거쳐 오늘에 이르렀다. 각 명칭들은 크게 방향 또는 상대적인 위치와 관련된 것(後苑, 上林, 上苑, 內苑, 西苑, 北苑 등), 출입이 제한된 성스러운 장소(禁苑), 혹은 관리기관의 명칭이 변하여 된 것(上林苑, 秘苑) 등이 있다.

3.창덕궁은 어떻게 이루어져 있나

창덕궁 문화재지정 현황은 아래의 표와 같다.

- 문화재 지정구분 : 사적 제122호 (1963. 1. 18지정)
- 지정면적 : 579,319㎡
- 위치 : 서울 종로구 와룡동 2-71

표 1. 문화재 지정건수 및 지정문화재 현황

구분	내용	지정일	수량
국보	창덕궁 인정전(국보 제225호)	1985. 1. 8	1
보물	창덕궁 인정문(보물 제813호)	1985. 1. 8	7
	창덕궁 선정전(보물 제814호)	(이하 동일)	
	창덕궁 희정당(보물 제815호)		
	창덕궁 대조전(보물 제816호)		
	창덕궁 구선원전(보물 제817호)		
	창덕궁 돈화문(보물 제383호)	1963. 1. 21	
사적	창덕궁(비원포함, 사적 제122호)	1963. 1. 18	1
천연기념물	창덕궁의 향나무(천연기념물 제194호)	1968. 3. 4	2
	창덕궁의 다래나무(천연기념물 제251호)	1975. 9. 2	

　창덕궁의 공간구조는 정전(政殿), 침전(寢殿), 편전(便殿)으로 이루어진 인정전 주변의 공간과 후원(後苑)이라는, 크게 양분된 공간구성을 가지고 있다. 창덕궁은 조선시대 내내 거주가 실질적으로 이루어졌던 궁궐이기 때문에 왕의 어머니인 대비가 거주하는 곳(만수전, 춘휘당, 천경루, 양지당 등)이라던가 왕의 초상화를 봉안하는 장소 등의 다양한 기능들이 부가되었다.

　창덕궁의 정문은 돈화문(敦化門)이며, 진입하는 입구에는 금천교(錦川橋)가 놓여져 있다. 창덕궁 정문에서 정전인 인정전까지 진입부에 해당하며 이 구역에는 다음과 같은 건물과 시설들이 있다.

돈화문

창덕궁의 정문으로 원래는 화강석조의 하얀색 댓돌이 있었고 그 위에 이층으로 세운 중문이었다. 이런 양식은 옛날 삼국시대로부터 궁궐의 정문으로 채택되어 왔다. 조선왕조의 정궁인 경복궁의 대문은 광화문으로, 홍예문이 셋이 열린 육축(陸築)위에 올려 세운 구조이다. 돈화문과는 그 모습이 완연히 다르다. 창덕궁의 모든 구성은 이궁(離宮)으로서의 조촐한 맛을 지니고 있다. 돈화문은 그런 구조를 대표한다.

금천교

조선왕궁에는 북(玄武)에서 발원하여 외당을 회유하면 극히 길하다는 명당수가 있고 궁의 정문에서 궁전으로 들어가려면 이 명당수 위에 놓여진 돌다리를 통과하여야 한다. 경복궁의 영제교, 창경궁의 옥천교와 덕수궁과 경희궁에도 있었던 그런 다리가 창덕궁에서는 금천교이다. 금천교는 길이가 12.9미터, 폭이 12.5미터로, 태종 11년(1411)에 조성되었다. 현재 서울에 남아 있는 석교 중에서 가장 오래된 것이다.

진선문

진선문은 대문인 돈화문(敦化門) 다음에 나오는 일종의 중대문이다. 돈화문과 인정문 사이에 다시 한 번 문을 만들어 놓은 것은, 창덕궁 정전(正殿)인 인정전의 권위를 높이기 위함이다. 1908년 탁지부 건축사무소에 의해 시행되었던 인정전 개수공사 때 헐렸던 것을 1996년 복원에 착수, 둘레의 긴 회랑들도 같이 복원, 1999년 완공하였다. 진선문에는 억울한 일이 있는 백성이 와서 치면 왕이 듣고 억울한 사정을 해결해 주고자 했던 큰 북이 달려 있었다. 태종 대에 처음 설치하였다가 중간에 유명무실해졌던 것을 영조 대에 다시 설치하였다. 이 북을 신문고(申聞鼓)혹은 등문고(登聞鼓)라고 하였다.

인정전

임금이 높이 앉아 내려다볼 수 있도록 어좌를 중앙에 두고 여러 가지 장엄을 베풀면서 권위를 보일 수 있도록 지은 정전이 각 궁궐마다 있다. 인정전은 창덕궁의 법전으로 궁궐의 배설로는 외전의 중심이 된다. 외전은 보통 내전의 남쪽에 있어서 중요한 전각들은 자오선을 주축으로 하는 선상에서 좌향시키기 마련인데, 창덕궁은 경복궁에서와 같은 규범에서 벗어났다. 이궁이란 점을 강조하면서 지형에 따라 적절히 배설하는 방도를 강구한 것이다.

희정당

대조전 남쪽에 있으며, 임금의 거처로, 평시 임금이 정사를 보던 곳이다. 중앙의 정면 3칸, 측면 3칸을 통간(通間)으로 만들어 응접실로 사용하였고, 응접실의 서편은 같은 크기의 회의실로 사용하였다. 응접실의 동쪽 벽 상부에는 〈총석정절경도〉, 서쪽에는 〈금강산만물초승경도〉가 걸려 있다.

선정전

보통 때 임금이 신료들과 만나 정사를 의논하는 곳을 편전이라 부르는데, 이 전각이 창덕궁의 편전이다. 건물 중앙에 임금이 일월오악병(日月五嶽屛)을 배경으로 앉고, 그 앞에 대소신료들이 위계에 따라 동서로 벌려 앉는다. 동쪽엔 문관이, 서쪽엔 무관들이 자리 잡고, 한쪽에 사관이 앉아 문답하는 내용을 속기하여 사초(史草)로 삼는다.

대조전

침전 여섯 중에 으뜸은 왕비의 침소인 곤전이다. 곤전은 임금의 정침 바로 뒤에 위치하여 중심 자리를 차지한다. 창덕궁의 곤전은 대조전으로, 희정당의 바로 뒤편에 있다. 경복궁의 임금의 침전인 강녕전을 헐어서 희정당을 지을 때 왕비의 침전이던 교태전도 함께 옮겨다 대조전을 지었는데, 고스란히 옮긴 것이 아니라 창덕궁에 적합하도록 그 구조는 새롭게 하였다.

내의원

전의들이 왕과 왕족의 치료를 위하여 머물던 일종의 궁중 의료기관으로, 약방이라고도 부른다. 성정각이 중심인 건물로, 거기에는 임금 받들기를 지극히 한다는 의미의 '보호성궁', '조화어약' 등의 편액을 높이 달아 두었는데, 이는 정조 임금의 친필이다. 전의들은 외상을 입은 사람의 응급처치를 비롯하여, 비빈들이 산기가 있어 산실청이 차려지면 분만의 일을 맡아 다스리는 등 전공에 따라 각각 소임이 달랐다. 그 중에는 여의관(女醫師)도 있어서 지체 높은 부인들의 치료를 담당하였다.

어차고

인정문에서 내의원 쪽으로 올라가는 도중 오른쪽에는 고종과 순종이 사용하던 어연과 주정소(晝停所),[1] 외바퀴의 초헌, 마차와 승용차들이 전시된 건물이 있어 승용차의 변천 과정을 실감할 수 있어 흥미롭다. 원래 내전으로 들어가는 대문이었던 숙장문의 안쪽이며 동시에 편전으로 들어가는 길목에 해당하는 곳으로 〈동궐도〉에서는 '빈청'이라 하였고 『궁궐지』에서는 '비궁당'이라 하였다. 대신과 비변사 당상관이 국왕을 만나기 위해 모이는 장소이며 때로는 외국의 사신이 임금을 접견하기 위해 잠시 머무르는 곳이라고 한다.

---

1) 국왕의 능행 등 행차 때에 잠시 쉬기 위한 용도의 구조물

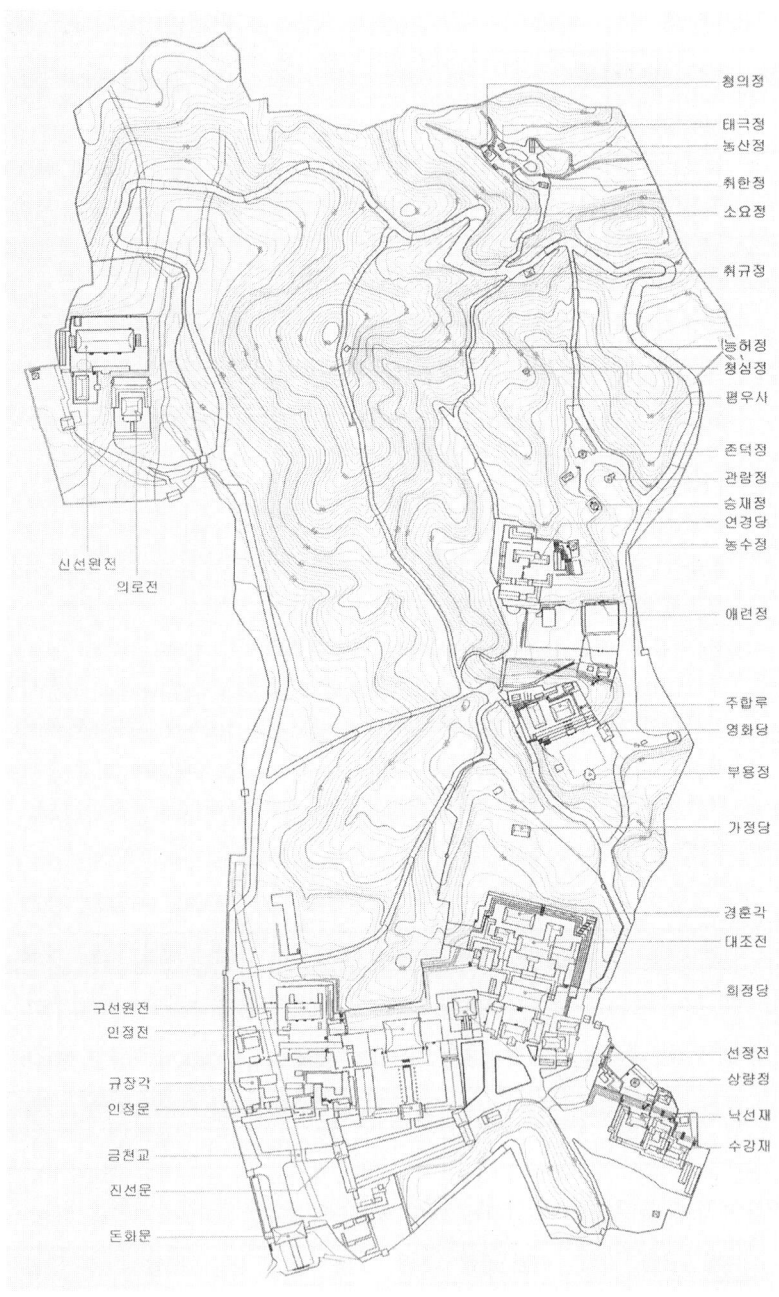

청의정
태극정
농산정
취한정
소요정

취규정

능허정
청심정
평우사

존덕정
관람정
승재정
연경당
농수정

애련정

주합루
영화당

부용정

가정당

경훈각
대조전

희정당

선정전
상량정

낙선재
수강재

신선원전
의로전

구선원전
인정전

규장각
인정문

금천교
진선문

돈화문

그림 4. 창덕궁 건물의 배치도 *출처 : 문화재청(2002), 『창덕궁·종묘 원유(苑囿)』

낙선재

『궁궐지』에서는 창경궁에 속한 건물로 기록되고 있으나 근래에는 창덕궁에서 들어가도록 되어 있는 건물로, 창덕궁의 동남쪽에 창경궁과 이웃한 곳에 자리 잡고 있다.『승정원 일기』와 낙선재 상량문에 헌종 13년(1847)에 건립된 것으로 기록된 건물로서 국상을 당한 왕후와 후궁들이 거처하기 위하여 세워진 것으로 전하고 있다.

창덕궁의 후원은 대조전의 동쪽 담장을 끼고 고개를 넘어가면 나타나게 되는 자연을 바탕으로 형성된 원(苑)이다. 이 후원은 정전이 있는 인정전 영역과는 달리 자연의 모습을 고스란히 간직하고 있다. 부용지를 중심으로 부용정, 주합루, 영화당 등의 영역과 연경당이 있는 영역, 관람정과 반도지, 존덕정과 연지가 있는 영역, 그리고 옥류천을 중심으로 취한정, 소요정, 어정, 청의정, 태극정 등이 있는 영역으로 크게 4분된다. 보다 자세한 부분은 별도로 3장에서 자세히 설명할 것이다.

III. 창덕궁의 가치

1. 세계문화유산으로서의 창덕궁

세계유산이란 국제연합 교육과학문화기구(유네스코)가 1972년 11월, 제17차 정기총회에서 채택한 "세계 문화 및 자연유산 보호협약"에 따라 지정한 유산을 말한다. 인류문명과 자연사에 있어 매우 중요한 자산인 세계유산은 전 인류가 공동으로 보존하고 이를 후손에게 전수해야 할 세계적으로 매우 중요한 가치를 가진 유산이다.

세계유산으로 지정하는 것은 자연재해나 전쟁 등으로 파괴의 위험에 처한 유산의 복구 및 보호활동 등을 통하여 보편적 인류 유산의 파괴를 근본적으로 방지하고, 문화유산 및 자연유산의 보호를 위한 국제적 협력 및 각 나라별 유산 보호활동을 고무하기 위함이다. 따라서 『세계유산협약』에 따라 세계유산위원회가 인류 전체를 위해 보호되어야 할 현저한 보편적 가치가 있다고 인정하여 UNESCO 세계유산일람표에 등록한 문화재로 문화유산, 자연유산, 복합유산으로 분류하고 있다.

2004년5월 기준 가입국 수는 178개국이다. 유네스코 세계유산에는 역사적으로 중요한 가치를 가지고 있는 문화유산과 지구의 역사를 잘 나타내고 있는 자연유산 그리고 이들의 성격을 합한 복합유산으로 구분된다. 2005년 1월 현재 총 788곳(sites)의 유산이 세계유산으로 지정되었으며 이중 611곳이 문화유산, 154곳이 자연유산, 23곳이 복합유산이다.

한국은 1988년 『세계 문화 및 자연유산 보호협약』에 가입하였으며 1995년 12월 베를린에서 개최된 세계유산위원회 제19차 회의에서 종묘, 불국사와 석굴암, 해인사 팔만대장경 판전이 등록되었고 이어 수원 화성, 창덕궁이 제21차 회의 (1997년 12월1일~6일, 나폴리)에서 등록되었으며, 2000년 12월(24차 회의 / Cairns, Australia) 경주 역사지구와 고창·화순·강화 고인돌 사이트가 등록되어 현재 총 7곳의 유산이 세계유산목록에 올라있다.

그 가운데에서 창덕궁은 동아시아 궁전 건축사에 있어 비정형적 조형미를 간직한 대표적 궁으로 주변 자연환경과의 완벽한 조화와 배치가 탁월하다는 평가를 받아 선정기준 제 ii항(건축, 예술, 도시계획, 디자인 등 분야에서 전 세계적으로 인류가치의 중요한 교류현상을 보여주는 유산), 제 iii항(고대문명 또는 문화적 전통에 관한 독특하고 탁월한 증거가 되는 유산), 제 iv항(인류역사의 발달단계를 보여주는 건축물 또는 조경)을 적용하여 등록되었다.

즉 창덕궁은 단순히 조선시대의 궁궐건축을 대표하는 유적으로서가 아니라 주변의 여러 가지 환경적 요인들과의 조화, 그리고 한 시대의 문화적 전통을 대표하는 장소로서 그 역사적, 문화적 가치를 인정받아 세계문화유산으로 등록된 것이다.

더불어 경복궁, 창경궁 다른 궁궐들도 같이 세계문화유산으로 등재하려는 움직임이 있다. 앞서 말했듯이 서울의 궁궐들은 서로 다른 역할을 가지고 있으면서도 긴밀한 관계를 맺고 있었으며 걸어서 다닐 수 있는 위치에 있다. 창덕궁만이 아니라 조선조의 역사를 간직한 중요한 역사적 자원으로 평가된다.

2. 생태적 가치

서울시의 토지이용을 살펴보면 다음과 같이 생태적 가치가 높은 지역인 산림(녹지)이 25.82%라는 것을 알 수 있다. 그러나 대부분의 산림이 북한산과 관악산 등 서울 외곽지역에 집중되어 있어 녹지의 편중 현상이 매우 심각하다. 창덕궁은 그 가운데에서 상업업무시설이 집중되어 있는 서울시내 지역에 위치하고 있다.

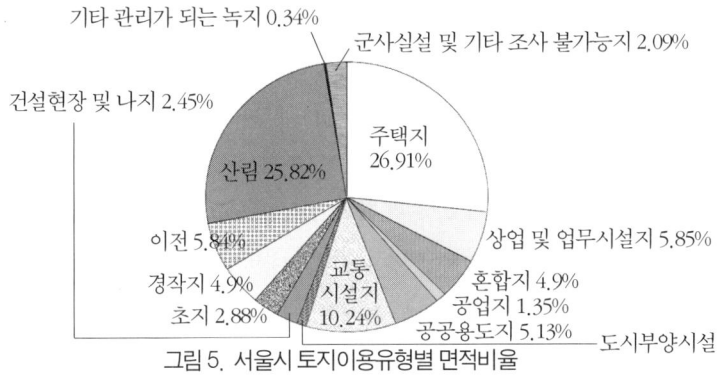

그림 5. 서울시 토지이용유형별 면적비율

녹지 가운데에서도 비오톱 영향평가를 실시한 결과[2] 서울시의 전반적인 비오톱은 2등급으로 평가되고 있다. 그 가운데에서 창덕궁 지역은

---

2) 서울시(2000), 『서울의 도시생태』에 나온 내용을 참조.

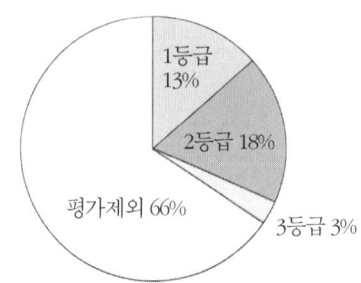

그림 6. 서울시 비오톱평가등급별 면적비율

불과 13%에 해당하는 1등급지로서 평가받고 있다.

　이렇듯 창덕궁은 서울 중심에 남아 있는 숲으로 사대문안의 허파의 역할을 수행하고 있다. 주변의 상업시설 등 생태적 환경이 열악한 지역에 둘러싸여 있는 만큼 그 역할은 매우 중요하다.

　창덕궁은 서울의 조선 고궁 가운데 자연생태가 가장 건강한 고궁이다. 특히 후원은 우리 시대까지 용케 살아남은 흔치 않은 옛 숲으로 인공으로 조림하고 다듬은 적이 없는 자연림이 대부분이다. 더러 사람 손으로 심은 나무도 있으나, 자연림과 조화를 잘 이루고 있다

　또한 창덕궁에는 다양한 동물들이 살고 있다. 조류는 텃새 22종, 여름철새 12종, 겨울철새 2종, 나그네새 4종으로 나타났다. 주로 살고 있는 새들은 참새, 박새, 까치, 쇠박새, 멧비둘기, 직박구리 등의 순으로 나타나고 있다. 특히 나그네새인 울새, 노랑딱새, 솔딱새, 흰배멧새가 관찰되고 있다는 것은 이 지역이 나그네새들의 이동경로 상에 위치한 중요한 중간 기착지로 이용되는 중요한 생태적 자원이라는 것을 의미한다.[3]

　천연기념물인 원앙이라든가, 생태계의 최고 포식자인 맹금류 등이 관찰되는 것으로 보아 창덕궁 지역이 안정된 생태계라는 것을 알 수 있다.

3) 문화재청(2002),『창덕궁 · 종묘 원유(苑囿)』, pp. 131-133 정리.

이렇듯 창덕궁의 생태계가 안정적이며 다양한 모습을 보여줄 수 있는 것은 탐방객의 관람을 제한하고 있기 때문에 가능한 것이다.

3. 역사적 가치

창덕궁은 조선시대 궁궐건축의 명맥을 이어온 유일한 궁이며, 광해군 이후 고종까지 13대에 걸쳐 258년간 본궁으로 쓰였던 곳으로서, 경복궁 보다도 오랫동안 조선 왕조의 정궁의 역할을 했었다.

현재 남아 있는 조선시대의 궁궐 가운데 비교적 그 원형을 잘 보존하고 있으며, 산세(山勢)에 따른 건물의 배치는 궁궐건축에서 요구하는 유교적 원리보다는 자연미를 살렸고, 궁궐의 실제 사용에 적합한 토착적인 건축구성이 이루어졌다. 따라서 조선시대의 궁궐건축의 대표적 사례로서 창덕궁이 지닌 역사적 가치는 매우 높다.

창덕궁의 연혁

- 창덕궁은 태종 4년 10월부터 시작하여 태종 5년(1405) 10월까지 1년 간의 공사 끝에 이궁(離宮)으로 창건되었다. 궁명(宮名)은 창덕(昌 德)이며 정전(正殿)은 인정전(仁政殿)이다. 태종 11년에 진선문과 금천교를 짓고, 태종 12년(1412)에 궁의 정문인 돈화문을 세웠다.
- 세종(世宗) 때 집현전과 장서각 등을 세웠고, 1459년 세조(世祖)가 옮겨 오면서 규모를 15만여 평까지 넓혔다. 세조가 즉위하면서 인 정전을 다시 짓고 궁내 각 전각의 이름을 새로 정하였다. 조계청(朝 啓廳)은 선정전(宣政殿), 후동별실(後東別室)은 소덕전(昭德殿), 후 서별실(後西別室)은 보경당(寶慶堂), 정전(正殿)은 양의전(兩儀殿), 동(東)침실은 여일전(麗日殿), 서(西)침실은 정월전(淨月殿), 루(樓) 는 징광루(澄光樓)라 하였다. 세조 9년(1463) 인접한 민가를 헐어내 고 후원을 확장하였다.
- 1592년에는 임진왜란으로 모든 궁궐이 불에 타버렸는데, 1606년(宣

祖 39년)에 복구하기 시작하여 1610년(光海君 2년)에 끝마쳤다. 이후
에는 경복궁이 복원되지 않았기 때문에 창덕궁이 정궁 노릇을 했다.
임진왜란 이후의 창덕궁의 복원을 "광해군의 영건"이라 부를 만큼
광해군이 미친 영향이 크다. 그러나 광해군은 창덕궁 이어를 싫어하
였기 때문에 인경궁, 자수궁, 경덕궁 등의 이궁(離宮) 건설에 힘썼다.

- 1623년 3월 인조반정이 일어나서 인정전을 제외한 대부분의 전각
  이 소실되어 그 복구공사는 인조 25년(1647)에야 완료되었다.

- 효종 7년(1656)에는 만수전(萬壽殿), 춘휘당(春輝堂), 천경전(千慶
  殿)을 건립하였다.

- 만수전과 천경전이 숙종 13년(1687) 화재로 소실되어 버렸다. 숙종
  21년(1694) 춘휘당을 선원전(璿源殿)이라 개칭하고 어진(御眞)을
  봉안(奉安)하였다. 숙종 30년(1704) 12월에 대보단을 조성하였다.

- 정조 원년(1776) 9월 후원에 규장각(주합루)를 건립하였다. 정조 6
  년(1782)에는 인정전 뜰에 품위석(品位石)을 설치하였다.

- 순조 3년(1803) 12월에 인정전이 화재로 소실되자 다음해에 즉시
  복구한 바가 있고, 순조 24년(1824) 8월에도 불이 나서 경복전(景福
  殿)이 모두 불탔다.

- 1912년 일제는 창덕궁과 후원을 일반 백성에게 관람시키기 시작하
  였다. 1917년에는 대조전을 중심으로 한 침전에 불이 나서 희정당
  등 19동의 건물이 다 탔다. 1920년 이들 침전을 복구하였는데 경복
  궁의 교태전을 헐어다가 대조전을 복구하고 강녕전을 헐어다가 희
  정당을 복구하는 등 경복궁의 많은 침전을 헐어 창덕궁 부속건물들
  을 복구하였다.

- 1921년 후원 훈국북영지(訓局北營址)에 선원전을 새로 건립하고 어
  진을 옮겨 봉안하였다. 1995년에는 일제가 변형시킨 인정전 회랑(廻
  廊)을 헐고 새로 건립하였으며 1997년에는 진선문을 복원하였다.

- 연혁에서 살펴보았듯이 임진왜란 때 대부분의 정자가 소실되었고

지금 남아 있는 정자와 전각들은 인조 원년(1623)이후 역대 제왕들에 의해 개수중축된 것들이다. 이 곳에는 각종 희귀한 수목이 우거져 있으며, 많은 건물과 연못 등이 있다. 역대 제왕과 왕비들은 이 곳에서 여가를 즐기고 심신을 수양하거나 학문도 닦았으며 연회를 베풀기도 하였다. 후원은 우리나라의 대표적인 전통 조원 시설로서 자연적인 지형에다 꽃과 나무를 심고 못을 파서 아름답고 조화롭게 건물을 배치한 왕궁의 후원인 것이다. 창덕궁은 조선시대의 전통건축으로 자연경관을 배경으로 한 건축과 조경이 고도의 조화를 표출하고 있으며, 후원은 동양조경의 정수를 감상할 수 있는 세계적인 조형의 한 단면을 보여주고 있는 특징이 있다.

표 2. 창덕궁의 연혁

연도	연혁
1404년(태종 4)	9월, 이직, 신극례를 한경이궁조성제조(漢京離宮造成提調)로 삼음 10월, 한성에 다시 천도하기로 하고 향교동에 이궁을 만들 것을 명함
1405년(태종 5)	이궁 조성되고 창덕궁 이라 부름
1406년(태종 6)	광연루가 건립됨
1409년(태종 9)	광연루 앞 연못을 건설함
1411년(태종 11)	창덕궁이 누침실을 조성하고, 진선문 밖에 석교를 만듦
1412년(태종 12)	돈화문을 건립함
1413년(태종 13)	돈화문에 현종(懸鍾)함
1418년(태종 18)	인정전 영건을 시작함
1419년(세종 1)	인정전 준공
1453년(단종 1)	중수공사가 있었음
1461년(세조 7)	전각의 이름을 붙임 - 조격청은 선정전, 후동별실은 조덕당, 후서별실은 보경당, 정전은 양의전, 동침실은 여일전, 서침실은 정월전, 누는 등광루, 동별실은 의복정, 서별실은 옥화당, 누하는 세광전, 광연루별실은 구현전이라 각각 명함
1463년(세조 9)	궁궐 담장의 동쪽과 북쪽을 확대함
1475년(성종 6)	이름이 없었던 전각의 이름을 정함
	외동장문은 선인문, 중동장문은 경양문, 내동장문은 건양문, 남장문은 단봉문, 남달문은 숙장문, 서행랑문은 금호문, 서장문은 요금문, 외북

	장문은 광지문 등
1496년(연산군 2)	수문당이 화재로 소실됨
	대조전을 중수하였으며 수문당을 다시 지음
	숭문당을 희정당이라 함
1592년(선조 25)	임진왜란으로 창덕궁 소실됨
1607년(선조 40)	창덕궁 재건이 시작됨
1609년(광해군 1)	창덕궁의 재건이 대략 완성됨
1610년(광해군 2)	전란 후 창덕궁의 제2차 영건공사가 있었음
1623년(인조 1)	인조반정 때 화재로 인정전을 제외한 모든 전각이 소실됨
1636년(인조 14)	탄서정이 건축됨(후에 소요정으로 개명됨)
	운영정이 건축됨(후에 태극정으로 개명됨)
	청의정이 건축됨
1640년(인조 18)	취규정이 건립됨
1644년(인조 22)	육면정이 건립됨(후에 존덕정으로 개명됨)
1645년(인조 23)	취향정을 건립함(후에 희우정으로 개명됨)
1647년(인조 25)	6월, 인조반정 때 화재로 소실되었던 창덕궁의 복구공사를 시작함
	11월, 조영공사가 끝남
	- 대조전, 선정전, 희정당, 정묵당, 집상당, 옥화당, 태화당, 연화당, 등광루 등이 중건됨
	낙민정을 건립함(후에 취규정으로 개명됨), 관풍각을 건립함
1651년(효종 2)	창덕궁 수리가 있었음
1656년(효종 7)	흠경각 옛터에 만수전, 춘휘당, 천경전을 건립함
1667년(현종 8)	집상전을 건립함
1687년(숙종 13)	만수전, 천경전이 화재로 소실됨
1694년(숙종 21)	춘휘당을 선원전이라 개칭하고 어진을 봉안함
1704년(숙종 30)	대보단이 조성됨
1744년(영조 20)	인정문이 화재로 소실됨
1745년(영조 21)	인정문을 중건함
1776년(영조 52)	후원 북쪽에 규장각을 건립함
1777년(정조 1)	창덕궁 수리가 있었음
1782년(정조 6)	중희당을 건립함
	인정전 마당에 품석을 세움
1785년(정조 9)	수강재를 세움
1794년(정조 18)	수정당을 전(殿)으로 개칭하고 그 전의 계단공사와 수정문을 수리함
1799년(정조 23)	황단 서편에 경봉각을 세움
1802년(순조 2)	선원전을 수리함
1803년(순조 3)	인정전이 화재로 소실됨

1804년(순조 4)	인정전을 완성함
1811년(순조 11)	향실, 예문관이 화재로 소실됨
1816년(순조 16)	선원전 수리가 있었음
1824년(순조 24)	경복전이 화재로 소실됨
1827년(순조 27)	유덕당을 중수함
1833년(순조 33)	대조전을 중심으로 한 내전 일곽이 화재로 소실됨
1834년(순조 34)	내전을 수리함
1862년(철종 13)	신우문이 화재로 소실됨
1876년(고종 13)	이듬 해 까지 창덕궁을 수리함
1911년	후원 서향각에 양잠소를 설치함
1912년	인정전, 후원, 창경원 특별 종람자 허가취급규정을 고시함
1917년	대조전을 중심으로 한 내전 일곽이 화재로 소실됨
1920년	화재로 소실된 내전 일곽을 복구함 - 경복궁의 교태전 등 구재(舊材)를 이용함
1921년	후원 북편에 선원전을 새로 짓고 어진을 봉안함

창덕궁의 역사에 대한 기록은 『조선왕조실록』, 『궁궐지』,[4] 『창덕궁 조영의궤』 등의 역사자료에 기록되어 있으며 특히, 1830년경에 그린 〈동궐도〉[5]가 창덕궁의 건물 배치와 건물형태를 그림으로 전하고 있는데, 궁궐사와 궁궐건축을 연구 고증하는데 귀중한 자료가 되고 있다.

4. 문화적 가치

창덕궁은 조선시대의 왕가가 가장 오랫동안 머물렀던 궁으로서 삶의 흔적과 역사적인 궤적을 찾아 볼 수 있는 사료로서의 가치가 매우 높다.

---

4) 편자 · 편년 미상의 朝鮮의 宮闕誌이다. 제1책은 景福宮, 제2책은 昌德宮과 昌慶宮을 다루고 있다. 내용은 殿號, 堂號, 門號, 間數, 尺量, 宮墻間數로 이루어져 있다. 각 건물의 명칭 · 위치 · 규모만 실려 있다.

5) 조선 후기의 도화서 화원들이 동궐인 창덕궁과 창경궁의 전각 및 궁궐 전경을 조감도식으로 그린 16폭의 궁궐 배치도로 국보 제249호이다. 견본채색(絹本彩色)에 576×273 cm의 크기이다. 현재 고려대학박물관에서 소장하고 있다.

그림 7. 동궐도

뿐만 아니라 조선시대의 사대부 주택형태를 엿볼 수 있는 연경당이라든가, 다양한 형태의 정자와 누각 등이 보존되어 있다는 점에서 그 가치가 매우 높다.

또한 궁궐건축으로서 유교적 논리에 의한 정형적인 공간구조를 가지고 있는 것이 아니라 지형과 지세에 맞추어 배치를 하는 한국건축의 특성을 잘 보여주는 곳이기도 하다. 특히 건축 외부 공간, 조경사적인 의의가 큰 곳이기도 하다. 다양한 형식의 담장과 괴석과 같은 것들은 한국의 건축 외부공간을 꾸며가는 방식에서 시사하는 바가 크며, 얼마 남아있지 않은 조선조 시대의 원림(園林)이기도 하다.

정전 공간의 건축은 왕의 권위를 상징하여 높게 되어있고, 침전건축은 정전보다 낮고 간결하며, 후원은 자연지형을 위압하지 않도록 작은 정자각을 많이 세웠다. 건물배치에 있어 정궁인 경복궁, 행궁인 창경궁과 경희궁에서는 정문으로부터 정전, 편전, 침전 등이 일직선상에 대칭으로 배치되어 궁궐의 위엄성이 강조된데 반하여, 창덕궁에서는 정문인 돈화문은 정남향이고, 궁 안에 들어 금천교가 동향으로 진입되어 있으며 다시 북쪽으로 인정전, 선정전 등 정전이 자리하고 있다. 그리고 편전과 침전은 모두 정전의 동쪽에 전개되는 등 건물배치가 여러 개의 축으로 이루어져 있다. 이렇듯 공간배치에 있어서 한국 궁궐건축의 한 단면을 볼 수 있다.

창덕궁은 연구할 수 있는 다양한 매체로 변환되어 있다. 〈동궐도〉, 〈동궐도형〉과 같은 그림과 도면들을 통해서 그 원래의 모습과 현재의 모습을 비교 고찰하는 연구가 활발하게 진행되고 있으며, 문화재 복원 및 관리에 있어서 중요한 가치를 지닌다.

〈동궐도〉에서는 단순히 건물의 배치형태 뿐만이 아니라 그림에는 주변의 산에 둘러싸인 창덕궁과 창경궁의 전경이 오른쪽 위에서 내려다보는 평행투시도법의 시점으로 포착되어 있다. 당시 궁안에 실재하던 모든 전당과 누정, 다리, 담장은 물론 연못, 괴석 등의 조경과 궁궐외곽의 경관까지 정밀하게 그렸다. 이를 통해 당시 화원들의 뛰어난 계화(界畵)[6] 기법을 엿볼 수 있다. 〈동궐도〉는 평면도인 〈동궐도형〉보다 외부 공간의 표현이나 건물의 위치에 대해서 자세히 볼 수 있다. 이 그림은 창덕궁과 창경궁의 복원의 중요한 자료를 제공한다.

창덕궁 후원에 관한 시도 여러 편 남겨져 있어서 당시의 사람들이 후원에 대해서 품었던 감정, 즐겼던 풍경과 장소들이 어떤 곳들이었는가에 대해 짐작할 수 있다. 특히 정조가 남긴 『상림십경(上林十景)』을 살펴보면 후원 곳곳에 걸쳐서 사계절의 변화를 노래하며 풍경을 즐기는 풍류를 보여주고 있다.

---

6) 재尺와 같은 보조기구를 써서 정밀히 그리는 그림.

IV. 창덕궁의 후원(비원) 끽연

1. 후원이 지나온 길

후원의 면적은 약 9만여 평에 이른다. 북악(北岳)의 동쪽 봉우리인 응봉(鷹峰)에서 남으로 뻗어 내린 용 같은 산줄기 중간에 후원이 조성되어 있는데, 능허정(凌虛亭)이 있는 언덕(표고 98m)이 제일

그림 8. 부용지의 전경

높은 지역이다. 임진왜란 이후 20여 년간을 폐허로 있다가 광해군에 의하여 복구되었다.

후원의 연혁

• 1459년(세조 5)에는 후원 좌우에 연못을 만들고, 열무정(閱武亭)을 세웠다. 1463년에는 후원을 확장하여 경계가 거의 성균관까지 이르렀다고 한다.

그림 9. 입수구

- 임진왜란 때 창덕궁과 함께 후원도 불타버렸으나 광해군 때 복원되었다. 이때의 모습이 왕조실록의 주해에 기록되어 있는데 "기이한 화초와 괴석들을 늘어놓고 원유의 꽃과 돌 사이의 곳곳에 작은 정자들을 만들어 그 기교하고 사치스러움이 예전에 일찍이 없었다"라고 했다.

- 1636년(인조 14)에 지금의 소요정(逍遙亭)인 탄서정(歎逝亭), 태극정(太極亭)인 운영정(雲影亭), 청의정(淸亭) 등을 세웠고, 청의정 앞쪽 암반에 샘을 파고 물길을 돌려 폭포를 만들었으며 옥류천(玉流川)이라는 인조의 친필을 바위에 새겨놓았다. 1642년에는 취규정(聚奎亭)을, 1644년에는 뒷날 관덕정(觀德亭)인 취미정을, 1645년에는 희우정(喜雨亭)인 취향정(醉香亭)을, 1646년에는 청연각(淸閣)인 벽하정(碧荷亭)을, 1647년에는 취승정(聚勝亭)과 관풍정(觀豊亭)을 세웠다.

- 1688년(숙종 14)에는 청심정(淸心亭)과 빙옥지를, 1690년에는 술성각 옛 자리에 사정기비각(四井記碑閣)을 세웠다. 1704년에는 대보단을 축조했고, 1707년에는 택수재(澤水齋)를 세웠다. 1776년에는 왕실의 도서를 두는 규장각을 세웠는데 이는 주합루(宙合樓)라 부르는 중층 누각이며, 그 아래 연못 남쪽에 자리 잡고 있던 택수재를 지금의 부용정(芙蓉亭)으로 고쳤다.

- 1828년(순조 28)에는 사대부들의 생활을 알기 위해 후원 안의 개금재 자리에 연경당(演慶堂)을 지었다. 일제강점기인 1921년에는 선원전을 지었다.

후원에는 17개 동의 정자(亭子)가 있는데 연산군 때 건물로 농산정(籠山亭)이 있고, 인조 때 건물로는 청의정, 소요정, 태극정, 취규정, 희우정(喜雨亭), 존덕정이 있다. 숙종 때 건물로는 영화당, 사정기비각, 애련정(愛蓮亭), 능허정, 청심정(淸心亭), 취한정(翠寒亭), 괘궁정(掛弓亭), 몽답정(夢踏亭)이 있으며, 정조 때는 주합루, 서향각, 부용정이 있고, 순조 때는 의두각, 기오헌, 연경당, 농수정이 있으며 조선말 일제 초의 건물로 승재정, 관람정이 있다.

연못으로는 부용지, 애련지, 반월지(半月池), 관람정 앞 연못, 몽답지, 빙옥지(氷玉池), 연경당 앞 방지(方池, 원래 魚水堂의 방지임)가 있다. 식물은 160여종에 297,000여주가 서 있으며 300년이 넘은 느티나무, 주목, 음나무, 회화나무, 산뽕나무, 상수리나무 등이 있다. 천연기념물 제 194호로 지정된 다래나무와 천연기념물 제 251호로 지정된 향나무도 있다.

괴석(怪石)은 크기가 사람의 키보다 모두 작은데, 정자 옆이나 연못가, 집안 담장 옆이나 후원의 화계에 배치되어 있다. 옥류천의 소요암에는 유상곡수연(流觴曲水宴)[7]을 하던 곡수구(曲水溝)도 조성되어 있다. 후원의 수목은 계절 변화에 민감하게 변한다. 봄이면 신록이 움트고 여름이면 녹음이 우거지고 가을이면 단풍이 곱게 타며, 겨울에는 나목(裸木)과 설경이 아름답다.

2. 창덕궁의 주요 건물과 시설

영화당

조선왕조에선 옛 제도에 따라 국가의 동량(棟梁)을 뽑는 일을 과거제도에 의존하였다. 공개시험으로 우수한 인재를 발탁하는 방법이었다. 지방에서 초시에 합격한 사람들만 골라 임금이 친히 참석

그림 10. 영화당

한 자리에서 시험을 치게 하였다. 이를 전시(殿試)라 하는데, 영화당은 그런 과거를 보는 장소였다. 원래 이곳은 임금이 신하들과 꽃구경을 하고 시를 지으며 놀던 곳이다. 정조 때부터 이곳을 과거장으로 사용하여, 영화당에는 시관이, 그 앞 춘당대에는 응시자들이 자리 잡고 과거를 보았다.

부용정

영화당에서 과거를 보고 급제를 하면 주합루에 올라가 왕실도서관의 수만 권의 서책을 읽으면서 능력을 함양하게 된다. 그때 그 일을 축수해 주는 자리가 부용정이다. 부용정의 평면은 亞자형이면

그림 11. 부용정

서 변화를 주어서, 작은 건물이지만 그 구성이 복잡해 보인다. 한쪽의 두 다리를 연못 속에 담그고 섰다. 연꽃에서 아름답게 피어난 한송이 꽃과

---

7) 유상곡수연의 시초는 중국 동진시대(東晉時代)까지 올라간다. 영화(永和) 9년(353) 3월 3일에 중국 절강성(浙江省) 남서에 있는 회계산(會稽山) 북쪽 난정(蘭亭)에 왕희지(王羲之) 등 41인의 명사들이 모여 흐르는 개울에 몸을 깨끗이 씻고 결제사를 올리고 개울 위에 술잔을 띄우고 술잔이 자기 앞에 올때까지 시 한수를 지어 읊는 놀이를 하였다. 이때 시를 짓지 못하면 벌주 3잔을 마시었다. 이 시회의 서문이 유명한 왕희지의 난정서(蘭亭序)이다. 이런 고사를 본따서 동양의 왕궁에는 유상곡수연의 유배거(流盃渠)가 만들어졌다. 이러한 유배거(流盃渠)는 북경(北京)의 고궁에도 있고 일본 나라시 평성궁(平城宮) 유적에도 있다. 우리나라에서는 포석정이 유명하다.

같은 정자를 꾸민 것이다.

부용정은 정조 때 개건했는데, 구조가 특이한 정자이다. 동쪽에 열린 문을 열고 들어서면 불발기창이 달린 창과 외짝의 문이 있다. 그 안에 들어서면 단문이 있다. 필요할 때 문짝을 열어 걸면 온 천지가 한꺼번에 정자 안으로 달려드는 듯하다.

부용지

부용지는 장방형 연못으로 못 가운데에는 직경 9미터의 원형 섬이 조성되어 있다. 원래 이곳에는 숙종 때부터 연못이 있었으며, 1707년 지금의 부용정 터에 택수제가 건립되었던 것을 1792년에 정조

그림 12. 부용지

가 택수제를 헐고 부용정을 개건한 것이다. 부용정 옆에는 석분위에 아름다운 괴석(怪石)이 심어져 선산을 상징하고 있다. 부용지에는 수련(睡蓮)이 심어져 있고 북쪽의 주합루와 동쪽의 영화당, 남쪽의 부용정이 수면에 그림자를 드리우면 한 폭의 아름다운 그림과 같다.

주합루

정조가 즉위하던 해에 주합루가 완성된다. 실학의 분위기가 팽배하던 시절에 정조는 등극하여 유능한 문신들과 더불어 문치에 노력한다. 임금 자신이 박식하여 많은 저술을 하였을 뿐만 아니라 중요한 서책들을 많이 출판하였다. 주합루를 짓고 아래층을 규장각이라 하여 수만 권

의 책을 보존하는 서
고로 꾸몄다. 여기에
서 나라에 진출할 동
량들을 육성시켰다.
또한 주합루 주변을
아름답게 가꾸어서
영화당에서 취재된
인재들의 양성에 부
족함이 없도록 하였
다.

그림 13. 주합루

애련지(애련정)

주합루 후원으로
해서 언덕 아래로 내
려가는 층층다리를
딛고서면 건너편에
방지(方池)가 있고
그 북쪽에 단문의 정
자가 서 있는 모습이
눈에 뜨인다. 애련정
이다. 애련정에 들어
가 앉으면 난간위로

그림 14. 애련지

기둥에 장식한 낙양각이 드리워지는데, 마치 그림틀의 액자 같아서 앉
아서 내다보는 경치가 한 폭의 그림 같다. 철따라 변하는 기막힌 경관을
여기에서 즐길 수 있다. 연못에 물을 담기 위하여 입수시키는 부분의 석
조는 아주 단조로우나 재기(才氣)가 넘친다.

연경당

순조 28년 당시의 사대부집을 모방하여 창덕궁 안에 지은 유일한 민가형식의 건물로, 사랑채의 당호가 연경당이다. 사랑채엔 안채가 이어져 있고 사방에 행각들이 설비되어 있다. 이른바 아흔 아홉 간

그림 15. 연경당

집의 구성이 완비되어 있어 당시 사대부 주택을 잘 보여주며 한국 주택사나 생활사 등 여러 측면에서 귀중한 자료가 되고 있다.

선향재

연경당에 장성한 아들이 살고 있다면 그 아이를 위하여 교육에 소요되는 여러 가지들을 구비하려고 어른들은 노력한다. 서당의 구비도 그

그림 16. 선향재

중의 한 요소가 된다. 수천 권의 책을 쌓아 두고 유능한 스승을 모셔다 열심히 가르치면 영재교육에 손상이 없을 것이다. 선향재는 독서와 서고를 겸한 건물이다.

관람정

반도지(半島池)라 불리는 연못가에 있는 이 정자는 그 평면이 합죽선(合竹扇)을 편듯한 모양으로 되어 마루틀이나 지붕틀에서도 평면형태에 따라 곡재를 사용한, 우리나라에서 유일한 형태의 건물

그림 17. 관람정

이다. 이 정자는 언제 창건되었는지 알 수 없으나 대한제국 말이나 일제 초에 건립된 것으로 추정된다. 반도지의 모양도 19세기 전기에 그린 것으로 추정되는 동궐도에는 없는 것으로 보아 역시 많은 변모가 있었던 것으로 보인다.

옥류천

이곳은 창덕궁 후원 속에서 가장 깊은 계원(溪苑)이다. 1636년 인조가 이 계원을 조성했다. 계류는 북악산의 동편 줄기의 하나인 응봉(鷹峯)의 산록에서 흘러내리는 맑은 산내와 어정(御井)을 파서 천수(泉水)를 흐르게 하였다. 계류가에는 청의정·소요정·태극정·농산정·취한정을 적절히 배치하고 판석 등으로 간결한 석교를 놓고 어정 옆의 자연 암석인 소요암을 ㄴ형을 파서 곡수구와 폭포를 만들고 암벽에 시문

을 새기기도 했다.
정자 앞에는 작은 지
당(池塘)도 설치하고
초정(草亭)인 청의정
은 수전 속에 건립하
여 긴 판석 다리를
거쳐 들어가게 하였
다. 이곳은 삼복의
더위에도 물이 차고
숲이 짙어 냉기를 느

그림 18. 옥류천

끼게 하는 공간이다. 주위의 숲은 심산계곡을 연상시킨다. 이 옥류천에 앉
아 계간에 피어오르는 운무(雲霧)를 보고 있으면 선경에 들어온 듯 하다.

이 소요암에 곡수구를 파고 폭포를 만든 것은 1636년 인조 때이다.
'옥류천' 이란 각자(刻字)는 인조의 글씨이고, '飛流三百尺 遙落九天來
看是白虹起 飜成萬壑雷' 의 오언시는 옆에 주기한 '庚子二月 癸未題'
라 하여 1690년 숙종의 시를 새긴 것이다. 이 시를 풀어보면 "흐르는 물
은 삼백 척 멀리 날고, 흘러 떨어지는 물은 높은 하늘에서 내리며 이를
보니 흰 무지개가 일고 온 골짜기에 천둥과 번개를 이룬다."는 뜻이다.

3. 창덕궁 후원을 만나러 가는 길

찾아가기 전에 준비해야 할 것

• 개별 자유 관람을 할 수 없고 지정된 시간에 지정된 코스를 안내원
  의 안내를 받아서 관람해야 하기 때문에 사전에 여러 가지 정보를
  수집해서 알아두는 편이 편리하다. http://www.cdg.go.kr에서 특
  별관람 예약을 받고 있다.

• 창덕궁은 1960년에서 1979년까지 16년 간 실시된 자유 관람의 결

과, 문화재의 원형과 울창한 원림이 훼손되어 3년간의 정비 후에 안내에 의한 시간제 관람과 제한공개를 실시하고 자유 관람은 허용되지 않는다.

• 궁궐 내에서는 음료수나 음식반입이 허용되지 않으며, 지정된 장소에서만 음료수를 먹을 수 있다. 또한 흡연, 애완견 입장 등이 금지되어 있으며 기념촬영은 무료이나 자유촬영은 허가를 받고 일정한 금액을 지불해야 가능하다.

• 매주 월요일은 휴궁일이다.

관람코스는 일반 관람코스와 특별 관람코스로 구분된다.

• 일반 관람코스는 약 2.1km의 구간으로 돈화문에서 시작하여 인정전, 선정전, 희정당 등을 거쳐 부용지, 부용정, 애련지, 애련정, 연경당, 선향재 등의 후원의 일부구간을 포함하고 있다. 일반 관람코스는 개별 자유 관람을 할 수 없고 정해진 시간에 입장하여 직원의 안내를 통해 1시간 20분 동안 관람할 수 있다. 자세한 시각은 관련 홈페이지를 찾아보는 것이 유리하다.

• 개별 관람코스는 약 3.1km의 구간으로 옥류천, 존덕정과 폄우사, 관람정을 더 포함하며 5월~11월까지 7개월 동안 관람이 가능하며 매일 3회만 입장이 가능하다. 창덕궁의 후원을 보다 깊숙하게 들어가 볼 수 있는 코스이며 방문할 경우에는 산행에 유리한 복장을 준비하는 것이 좋다.

창덕궁의 즐거운 관람

• 창덕궁을 관람하면서 미리 〈동궐도〉와 같은 그림이나 '상림십경'과 같은 시를 사전에 읽고서 과거와 현재의 창덕궁이 어떻게 달라졌는가를 서로 비교해 보는 것도 즐기는 하나의 방법이다.

• 창덕궁의 후원을 제대로 즐기기 위해서는 부용지와 애련지 주변의

정자들을 세심히 살펴보고 서로 어우러져 만들어 내는 장면과 장면들을 즐겨보는 것도 하나의 맛이다. 특히 부용지와 애련지 주변은 창덕궁 후원을 대표하는 경관으로 많이 소개되어 있다.

- 연경당과 낙선재를 세심히 살펴보면 당시 거주하던 왕들의 흔적을 찾아낼 수 있다. 공간을 즐기기 위해 구석구석에 놓여진 괴석과 문짝 옆에 박아 넣은 문양벽돌에 이르기까지 세심한 손길을 찾아볼 수 있다.

- 옥류천의 물소리와 주변 자연의 소리가 함께 만들어 내는 화음, 그리고 바위에 새겨진 글귀를 즐기면서 거닐어 보는 것은 과거의 조선조의 왕들이 후원을 거닐면서 맛보았던 정취를 그대로 재현하는 것이다. 한국의 원유는 시와 서화가 어우러져 장면을 재현하는 것이 하나의 방법으로 내려져오고 있다.

참고문헌

허영환, 『서울의 고지도』, 삼성출판사, 1989.
우동선, 『창덕궁의 변천에 관한 연구』, 서울대학교 석사학위논문, 1991.
장순용, 『창덕궁』, 대원사, 1993.
윤한택, 『궁궐지 1-21』, 서울시립대학교 부설 서울학연구소, 1994.
정재훈, 『한국전통의 원』, 도서출판 조경, 1996.
조재모, 『창덕궁의 성장과정과 배치 특성에 관한 연구』, 서울대학교 석사논문, 1997.
이수학, 『창덕궁 후원의 경관에 관한 소고 ; 정조의 "상림십경 (上林十景)"을 중심으로』, 「한국조경학회지」, Vol.28, No.1, 2000, pp.92~108.
홍광표 · 이상윤, 『한국의 전통조경』, 동국대학교 출판부, 2001.
문화재청, 『창덕궁 · 종묘 원유(苑囿)』, 2002.
진상철, 『창덕궁 궁원 명칭의 사적고찰 ; 비원 명칭 사용의 적합성에 대한 고찰』, 「한국조경학회지」Vol.21, No.4, 2003, pp.39~46.
문화재청 홈페이지 http://www.ocp.go.kr
창덕궁 홈페이지 http://www.cdg.go.kr

유네스코 지정 한국의 세계유산

수원 화성

김동욱 경기대학교 건축학과 교수

수원 화성

I. 세계문화유산 화성

수원 화성은 유네스코가 지정한 세계문화유산의 하나이다. 2004년 현재 우리나라가 보유하고 있는 세계문화유산은 모두 7 군데이다. 경주 불국사와 석굴암, 해인사 장경판전, 서울 종묘, 창덕궁, 수원 화성, 그리고 화순·고창·강화의 고인돌 유적과 경주이다. 각 유적들은 모두 유형이나 시대를 대표하는 것들이다. 불국사와 석굴암은 고대 불교예술의 뛰어난 사례이며, 해인사 장경판전은 불교 경전과 이를 모신 독특한 건물구조로, 서울 종묘는 6백년을 이어 오는 왕실의 제사지내는 사당을 대표하는 유적이다. 창덕궁은 조선왕조 궁전 가운데 가장 우수한 건축물로 평가받고 있으며 고인돌은 세계적으로 내 놓을 수 있는 대표적인 선사시대 무덤이고 경주는 천년이 넘은 유구한 역사가 담겨있는 도시 유적으로 손꼽히는 곳이다. 이런 가운데 수원 화성은 우리 나라 성곽 유적을 대표해서 문화유산으로 인정받은 것이다.

우리 나라는 유난히 성곽이 많은 나라였다. 주변에 강대국이 자리잡고 있고 또 외적의 침입이 잦은 탓에 전국 어느 곳이나 성곽을 쌓아 방비를 튼튼히 했다. 제주에도 제주현, 정의현, 대정현에 각각 읍성이 있어서 고을의 방어에 힘써왔다. 그러나 이런 성곽들은 근대에 들어오면서 대부분 철거되어 사라지고 말았다. 서울이 그 대표적인 사례이며, 전

주나 대구, 평양과 같은 전통적인 대도시는 물론, 지방의 군소 도시의 성곽들도 대개 20세기초를 지나면서 사라졌다. 이제 도시에서 성곽이 온전한 형태로 남아있는 곳은 특별히 나라에서 문화재로 지정해서 관리하는 몇 군데를 빼고는 거의 없다. 충청도의 해미읍성, 전라도의 낙안읍성, 제주 정의현 읍성으로 지어졌던 성읍리가 비교적 성곽의 본래 모습이 잘 남아있는 곳이다. 이런 곳은 근대화 과정에서 소외되어 도시 개발이 이루어지지 않았던 탓에 성곽의 원형을 유지할 수 있었던 곳이다. 수원 화성은 교통의 요지에 자리잡고 있었기 때문에 성곽 보존이 쉽지 않은 곳이었지만, 다행히 성곽 훼손의 손이 미치기 전에 그 보호와 보존 노력이 깃들여져 원형이 잘 보존될 수 있었다. 특히 1970년대 국방 유적 정비 차원에서 훼손되었던 부분을 원래 모습으로 전면적으로 수리하였다. 그러나 화성은 단지 성곽이 잘 남아있다는 것만이 아니고 이 성곽이 축조되던 18세기의 역사적 의의가 큰 성곽이란 점에서 그 가치를 찾을 수 있다.

II. 정조대왕과 화성

화성은 정조대왕과 깊은 관련을 지니고 있다. 조선후기 문예부흥의 군주로 평가되는 정조는 신하들이 득세하고 있던 정치 구도를 바꾸어 왕이 강력한 권력을 갖는 정치 체제를 회복하고자 애쓴 왕이었다. 동시에 각별한 효성심을 지닌 인물이었다. 친아버지인 사도세자가 신하들 사이의 알력에 휘말리어 억울하게 뒤주 속에 갇혀 죽는 비극을 겪었다. 그 때가 나이 열살 이었다. 25세 청년이 되어 왕위에 오른 정조는 차근차근 왕권 강화를 위한 주변 정비를 시행했다. 어느 정도 왕권의 안정이 이루어졌다고 판단한 1789년 즉 왕에 오른 지 13년이 되던 해에 한 가지 일을 단행했다. 아버지 사도세자의 무덤을 당시 조선 최고의 길지로 꼽

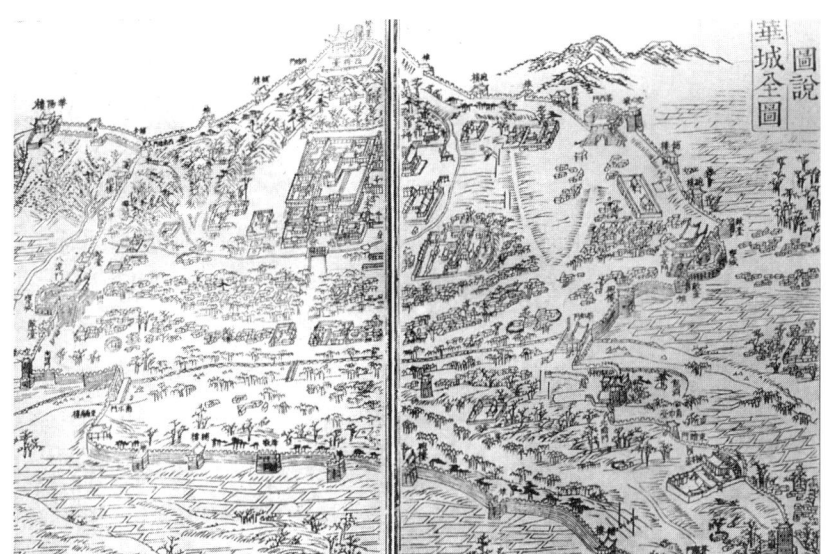

화성 전도

히는 수원읍 뒷산으로 옮긴 것이다. 무덤 이름을 현륭원이라고 고쳤다.

현륭원이 새로 만들어진 곳은 수원 고을이 자리 잡은 곳이었다. 죽은 사람이 묻혀있는 무덤과 산 사람이 사는 고을이 한 곳에 있을 수는 없는 노릇이었다. 결국 고을이 다른 곳으로 옮겨가지 않으면 안 되었다. 이제 오랜 역사를 지닌 경기도 굴지의 고을 수원이 새로운 장소로 옮겨지는 대 역사가 벌어지게 되었다. 이것은 하나의 신도시를 건설하는 큰 일이 었다. 신도시는 옛 고을 북쪽 약 5km되는 지점의 팔달산 아래 너른 평지를 택해 자리 잡았다. 팔달산 아래는 사방이 평탄하고 서울과 충청도나 전라도를 잇는 도로의 길목이었다. 옛 고을 자리는 사방이 산으로 막혀있고 넓은 길을 내기 어려운 좁은 곳이어서 과연 무덤을 모시기에는 더할 나위 없이 좋았지만 대도시가 설 땅은 아니었던 셈이다.

지금도 그렇지만, 하나의 도시를 새로운 장소로 옮겨 새로 건설한다는 일은 막대한 경비가 들어갈 뿐 아니라 주민들의 큰 반발을 불러오는 어려운 사업이었다. 이런 어려운 일을 정조는 왜 단행했을까? 과연 정조는 단순히 부친에 대한 효성심을 만족시키려고 그런 큰 일을 벌인 것일까? 새로 조성된 신도시의 여러 면모를 살펴보면, 신도시 건설이 단지 왕의 효성심을 충족시키려고 한 일이 아니라는 생각이 강하게 든다.

신도시 수원이 자리 잡은 곳은 과거처럼 풍수지리설을 만족시키는 땅이 아니다. 풍수지리설에서 말하는 좋은 도시 터는 사방에 산이 둘러싸고 있고 물이 안에서 밖으로 흘러나가는 곳을 가리킨다. 서울이 비교적 그런 조건을 잘 갖춘 곳이다. 그러나 수원은 서쪽에 팔달산이라는 작은 산이 하나있을 뿐이고 나머지는 모두 평탄하다. 또 물은 멀리 북쪽 산에서 흘러 도시를 관통한다. 풍수와는 아무래도 맞지 않는 듯하다. 그 대신 이 곳은 주변이 트이고 넓으며 특히 서울에서 남쪽으로 이어지는 교통의 중심이었다. 바로 이런 사통팔달하는 지리 특징을 지닌 곳이 수원이다.

도시 이전이 결정되자 주민의 이주가 시작되고 관청이 들어섰다. 신도시 건설은 빠르게 진행되어 불과 두 달만에 어느 정도의 도시의 모습이 갖추어졌다. 이 단계에서 나라에서 특별히 신도시에 관심을 둔 정책은 상인들을 적극 유치하는 문제였다. 비축된 나랏돈의 일부를 할애해서 무이자로 장기 융자를 해서 상인을 불러 모으는 사업이 이루어졌다. 그 덕분에 신도시의 가로 중심부에는 서울처럼 상점들이 처마를 잇댄 상점가가 형성되었다. 서울과 남쪽 지방을 잇는 교통 요지에 맞추어 가로 중심부에 상점이 늘어선 새로운 모습의 도시가 탄생한 것이다. 바로 이 점이 정조가 꿈꾸고 있던 신도시의 모습이었다. 즉 교통 요지에 상점이 늘어서서 상업이 번성하는 새로운 도시를 건설하려는 꿈이었다.

Ⅲ. 화성의 축성

수원 신도시가 건설되던 18세기 말에는 이미 상업의 중요성이 크게

화성성벽 정면

대두되고 있었다. 상업은 나라 경제를 활성화시킬 뿐 아니라 왕권을 강화하고 유지하는데도 긴요하였다. 수원 신도시의 건설은 부친에 대한 효성심을 충족시키는 동시에 왕권 강화를 위한 새로운 상업도시 건설이라는 또 다른 목적을 달성시키고자 한 정조의 원대한 정치 구상 아래 추진된 일이었다.

　신도시는 이름을 화성이라고 고쳤다. 종래의 수원읍과는 격을 달리하는 명칭이다. 그리고 고을 수령의 지위를 서울 한성부 장관과 같은 정2품 당상관으로 대폭 승격시켰다. 이제 수원 즉 화성은 서울 다음가는 대도시로 성장할 여건을 갖추게 된 것이다.

　화성에 성곽을 축조하는 공사가 시작된 것은 신도시 건설 5년 후의 일이다. 신도시에 인구가 늘어나고 상인 유치도 성공적으로 이루어져 도시가 제법 모양을 갖추게 되고 나서 착수된 일이다. 신도시의 성곽은 기존 성곽과 다른 점이 많았다. 서울 성곽처럼 성벽만 길게 쌓고 성문 몇 개를 뚫어 놓는 허술한 것이 아니었다. 성벽은 서울 보다 높고 튼튼하게 쌓았다. 성문도 서울 성곽보다 더 높고 웅장하게 지었다. 여기에 그치지 않고 화성에는 서울 성곽에 없는 수많은 방어용 시설이 들어섰다. 성문 앞에는 이중으로 성벽을 쌓은 옹성이 세워지고 성문 좌우에 높은 대를 쌓아 좌우에서 성문을 지키게 했다. 성벽 곳곳에 성벽을 돌출시킨 치성을 쌓고 또 대포를 설치한 포루를 두었다. 주변을 감시할 수 있는 곳에는 각루라고 부르는 감시 초소를 두었다. 공심돈이라는 시설도 만들었다. 사방을 감시하는 높은 망루의 일종인데 안에 군사들이 들어갈 수 있게 내부를 비웠다. 이런 시설들이 한 성곽에 가득 설치된 예는 이전에 없었다.

이런 새로운 시설을 설계하는데 기존의 인물이 아닌 신진 학자가 기용되었다. 바로 조선 실학을 집대성했다고 평가받는 다산 정약용이다. 새로운 성곽 설계를 명 받은 정약용은 우리나라 성곽의 장점을 살리면서 그 동안 국내에서 실행하지 않았던 새로운 형태의 시설을 설계해 냈다. 아울러 공사의 편의를 위해 돌을 운반하는 기계 장비도 고안했다. 서양의 기술 서적을 참고해서 만든 이 기계는 이름을 거중기라 했다. 무거운 것을 들어올린다는 이 기계 장비는 도르래의 원리는 이용한 것이었는데, 낙후되었던 조선의 과학 기술 수준을 한 단계 올리는 과학적 성과였다. 새로운 시설을 설계하고 거중기 같은 장비를 활용하는데 실학의 정신이 담겨져 있었다.

기계장비의 고안은 백성들의 수고를 덜어주려는 애민정신에 바탕을 두었다. 아울러 공사과정에서 발생하는 방대한 인건비를 줄일 수 있는 경제적 고려도 담겨있었다. 당시에는 축성공사에 종사한 사람들에게는 일정한 노임을 주는 것이 제도화되어 있었다. 따라서 기계장비의 도입은 인건비를 줄일 수 있는 중요한 방안이었던 것이다.

IV. 화성의 성곽형태와 시설

화성 성곽은 행궁 주변 도심부 전체를 성벽으로 둘러싼 모습이었다. 성벽은 서쪽의 팔달산 정상에서 각각 남북 산등성이를 따라 평탄한 곳으로 내려와서 다시 동쪽의 낮은 구릉으로 길게 이어지면서 불규칙한 형태를 이룬다. 이처럼 성벽이 지형에 따라 불규칙하게 이어지면서 도시 전체를 둘러싸는 형태는 조선시대 도성이나 지방 읍성에서 흔히 볼 수 있는 일반적인 모습이다.

성에는 성벽만이 아니고 여러 가지 방어용 시설이 따르게 마련이다. 그러나 조선시대 대부분의 읍성에서는 이러한 방어용 시설이 별로 갖추어지지 않았다. 17세기이후 외침을 겪고 나서야 일부 지방 읍성에 포루나 옹성을 부분적으로 설치하는 정도였다. 대신에 읍성 주변에 산성을 쌓고 유사시를 대비하였다. 도성인 서울의 성곽에서조차 성문을 제외하고는 성벽에 이렇다할 시설이 없었다. 대신 남한산성이나 북한산성

장안문 전경

을 마련해서 유사시를 대비한 것이다.

그러나 이런 읍성과 산성의 이중 구조는 많은 경제적 손실을 초래하는 문제를 안고 있었다. 18세기가 되면서 도시의 경제력이 커질수록 문제점은 더 커졌다. 이제는 유사시라고 산성으로 피난가기 보다는 읍성에서 재산을 지키는 것이 더 절실한 과제가 된 것이다. 화성이 축조되던 18세기말은 더 이상 산성에 의존하는 시대가 아니었다. 즉 산성으로 피난하는 대신 평상시 거주하는 읍성의 방어력을 키우는 것이 시대적 요구가 된 것이다.

전쟁의 무기도 바뀌었다. 조선초기까지만 해도 활과 창으로 무장한 군사들이 성곽을 기어오르는 적에 대비하는 것이 고작이었다. 따라서 성곽은 돌을 높게 쌓아올리는 것에 충실하도록 지었다. 그러나 17세기 이후에는 화포가 등장했다. 화포의 시대가 되자 쇳덩이리가 날아와 성곽을 강타하면 성벽은 쉽게 무너지곤 했다. 인조 때 남한산성에 피난해 있던 왕이나 신하들은 건너편 산에서 화포 공격을 해 대는 청나라 군사에 곤혹을 치렀다. 이제는 화포공격에도 잘 무너지지 않는 축성방식이 필요해졌다. 그 방안은 성벽을 높지 않게 하는 대신 돌을 반듯하게 다듬어 마찰력을 높이고 성벽 뒷채움을 든든히 하는 것이었다. 화성은 이런 시대적인 변화를 모두 갖춘 새로운 성곽이었다. 그런 점에 비추어보면, 화성은 조선시대 모든 성곽 가운데 각종 방어시설을 가장 충실히 갖추고, 진보된 축성술에 의해 지어진 성곽이라고 말할 수 있다.

화성의 시설은 성문이나 치성, 포루, 암문 등을 포함해서 모두 48개소에 달한다. 이제 각 시설의 명칭과 위치를 하나씩 알아보기로 하자.

성문은 네 곳이다. 서울을 향한 장안문과 남쪽 지방으로 열린 팔달문 외에 서쪽 문인 화서문(華西門)과 동쪽의 창룡문(蒼龍門)이 있다. 문마다 이중으로 성벽을 둥글게 쌓은 옹성(甕城)이 갖추어져 있는데, 네 개의 성문 모두 옹성을 갖춘 것은 매우 보기 드문 예이다. 서울 성곽도 동대문에만 옹성이 있을 뿐이다.

화서문

성벽에는 적군의 눈에 띄지 않는 곳에 비상시의 출입을 위한 암문(暗門)을 모두 다섯 두었다. 암문의 위치는 하나같이 성벽의 후미진 곳이면서 사람들의 통행에 필요한 장소를 골랐다. 남북으로 관통하는 물길이 지나도록 수문도 두 곳에 마련되었다. 북쪽 수문은 일곱 개 아치를 틀고 그 위에 누각을 세워 화홍문(華紅門)이라고 이름 지었다. 남쪽 수문은 물의 하류이므로 화홍문보다 많은 아홉 개의 아치를 틀어 물이 쉽게 흘러 나가도록 하였다.

장안문과 팔달문의 좌우에는 적을 감시하는 적대(敵臺)가 있다. 적대는 다른 성곽에서는 보기 드문 시설이다. 적대에는 성벽에 바짝 접근한 적을 공격할 수 있도록 현안(懸眼)이 설치되었다. 현안은 중국의 병서에 자주 언급돼 온 것인데, 우리나라에서는 화성에 처음으로 설치되었다. 현안은 각 적대 외벽에 세 개씩 만들어졌는데 그 덕분에 세로로 된 긴 홈 셋이 나란히 장식되어 독특한 외관을 이룬다.

서북공심돈

적대

봉돈

방화수류정 전경

　장수가 군사들을 지휘하는 장대(將臺)는 두 군데 마련되었다. 서장대는 팔달산 꼭대기 성곽 안팎이 한눈에 들어오는 높은 곳에 마련되었으며 동장대는 동쪽 넓은 곳에 자리 잡았다. 장대 옆에는 큰 활 궁노(弓弩)를 쏠 수 있는 노대(弩臺)를 따로 두었다. 망루의 일종인 돈대의 안을 비우고 꼭대기에 군사들이 몸을 숨길 수 있는 건물을 지은 것을 공심돈(空心墩)이라 하는데 이 시설물은 다른 성곽에는 없던 새로운 것이었다. 화성에 설치된 서북·남·동북 공심돈 가운데 특히 동북공심돈은 원통형으로 되어 있으며 내부에는 원형 계단이 설치되어 있다.

　성벽 남쪽에는 봉화불을 피우는 봉돈(烽墩)을 두었다. 연기를 내는 굴뚝을 다섯 개 만들고 평상시에는 남쪽 첫번째 굴뚝만 연기를 내다가 유사시에는 다섯 곳 모두 연기를 피웠다. 화성의 봉돈은 동쪽으로는 용인의 석성산 봉화로 이어지고 서쪽으로는 서해 바닷가 흥천대 봉화와 연결되도록 하였다. 각루는 성벽 가까이 밖을 관찰하기 좋은 곳에 세우는 누각으로, 모두 다섯 곳에 있는데 그 중 방화수류정(訪華隨柳亭)이라 이름 붙은 동북각루가 가장 유명하다. 이 각루는 용연 바로 옆의 용두암 위에 자리 잡고 있는데 건물 외관도 아름답지만, 근처 일곱 개 홍예에 수문과 그 위에 세워진 화홍문 누각과 함께 빼어난 경치를 이룬다. 포루(砲樓)는 성벽을 돌출시켜 치성처럼 쌓고 내부를 비워 3층으로 만들고 그 위에 작은 건물을 지은 것으로, 안에 각종 화포를 장치해서 적을 공격할 수 있게 하였다. 이 시설은 17세기부터 여러 학자들이 설치의 필요성을 강조했던 것으로 모두 다섯 곳에 세워졌다. 이밖에 단순히 성벽만을 돌출시킨 치성이 여덟 곳이고, 치성 위에 군사들이 몸을 숨길 수 있는 포루(鋪樓)가 다섯이었다. 그리고 군사들이 머무는 포사(鋪舍)가 세 군데 더 있었다.

각 시설들을 종류별로 나열하면 다음과 같다.

성문(城門) 4 : 창룡문(동문), 화서문(서문), 팔달문(남문), 장안문(북문)
암문(暗門) 5 : 동암문, 서암문, 남암문, 북암문, 서남암문
수문(水門) 2 : 북수문(화홍문), 남수문
적대(敵臺) 4 : 북문의 동과 서, 남문의 동과 서
장대(將臺) 2 : 서장대, 동장대
노대(弩臺) 2 : 서노대, 동북노대
공심돈(空心墩) 3 : 서북공심돈, 남공심돈, 동북공심돈
봉돈(烽墩) 1
각루(角樓) 4 : 동북각루(방화수류정), 서북각루, 서남각루(화양루), 동남각루
포루(鋪樓) 5 : 동북포루(각건대), 서포루, 북포루, 동포루, 제2동포루
포루(砲樓) 5 : 북동포루, 북서포루, 서포루, 남포루, 동포루
치성(雉城) 8 : 북동치, 서1치, 서2치, 서3치, 남치, 동1치, 동2치, 동3치
포사(鋪舍) 3 : 중포사, 내포사, 서남암문포사

성곽 공사는 2년 반이라는 짧은 기간 안에 성공적으로 이루어져서 1796년 여름에는 완성되었다. 화성은 우리 나라 성곽의 전통을 계승하면서 동시에 시대 변화를 반영한 새로운 모습을 조화시킨 것이었다. 경사진 지형을 살려 자연과 조화된 건축을 만들면서 시대 변화에 앞장 서

18세기 신건축으로 탄생한 것이다. 벽돌을 대대적으로 활용한 것도 화성의 중요한 건축적 성과였다. 그때까지 건축 재료로 크게 활용되지 않던 벽돌에 대해서 목재에 대체할 수 있는 신재료라는 판단 아래 이를 적극 활용한 것이다. 각루의 하나인 방화수류정은 기존의 목조 건물에 신재료인 벽돌이 절묘한 조화를 이룬 아름다운 건물이다. 전통과 새로움이 조화를 이룬 화성의 특징은 성곽 전체는 물론 이런 작은 건물 하나에서도 유감없이 드러나 있다.

V. 혜경궁홍씨의 회갑연

공사 도중인 1795년 2월, 왕은 그 때까지 생존해 있던 어머니 혜경궁홍씨를 모시고 화성에 내려와 어머니 회갑연을 베풀었다. 조선시대 최대의 왕실 회갑연이라고 평가될 만한 성대한 잔치가 신도시 화성에서 거행되었다. 왕과 왕의 어머니가 탄 가마와 이를 수행하는 고위 관리나 군사들이 길고 화려한 행렬을 이루며 서울을 떠나 노량진을 건너 화성에 닿는 모습은 오랫동안 사람들의 기억에서 지워지지 않는 장대한 구경거리였다. 8일 간 진행된 이 행사는 『원행을묘정리의궤』라는 아름다운 책자로 기록되어 오늘까지 전하고 있다. 이 책자 덕분에 요즘 매년 10월이 되면 수원에서는 행사 모습을 재현하는 화성문화제가 벌어져 2백년 전 왕의 부친에 대한 효성심을 다시 한번 가슴에 새기는 순간을 만들고 있다.

VI. 『화성성역의궤』의 간행

화성 축성이 완성되고 나서 나라에서는 그 공사과정의 시작과 끝을 상세히 기록한 방대한 책자를 간행하고 그 이름을『화성성역의궤』라고 하였다. 모두 10권으로 이루어진 이 책자는 화성축성을 위한 임금의 명령이나 공사에 종사한 관리들의 이름은 물론, 공사를 담당한 미장이나 석공 등 기술자 모두의 이름을 적고 각 건물에 들어간 자재가 무엇이며 그 가격은 얼마인지를 일일이 기록하였다. 나라의 큰 일이 있을 때 의궤를 작성해서 후세에 참고가 되도록 하는 것은 조선시대에는 흔히 있는 일이었지만,『화성성역의궤』의 경우는 그 체제의 정밀함이나 내용의 방대함에서 다른 어떤 의궤보다 돋보이는 책자였다. 1970년대에 일부 훼손되고 무너져버린 성곽을 수리할 때, 화성을 본래 모습대로 다시 수리하는데 이 책자가 결정적인 자료가 되었다. 또한 이 책자는 화성이 세계문화유산으로 등재되는데도 중요하게 활용되었다. 왜냐하면, 70년대의 성곽 수리가 현대적으로 임의로 이루어진 것이 아니고 과거의 정확한 기록에 근거해서 이루어졌음을 입증하는 자료가 되었기 때문이다.

VII. 축성 이후의 변화와 세계문화유산 등재

1800년 6월, 정조는 나이 48세에 갑작스런 죽음을 맞았다. 왕의 죽음과 함께 왕이 꿈꾸었던 신도시 화성의 영화도 사라졌다. 정조는 왕의 나이 52세가 되는 갑자년(1804년)에 아들에게 왕위를 물려주고 자신은 상왕이 되어 어머니를 모시고 화성에 내려와 지내려는 계획을 가지고 있었던 것으로 알려져 있다. 이렇게 해서 서울에는 아들이 왕으로 버티고 있고 화성에는 자신이 머물면서 신하들을 다스리는 강력한 왕권을 꿈꾸었다고 짐작된다. 이런 통치구도 아래서 강력한 개혁정치를 추진하려고 했던 것으로 알려져 있다. 또한 화성을 경제가 번성하고 막강한 군사력을 지닌 신도시로 가꾸어나가려고 계획하였다. 이런 계획이 왕의 갑작스런 죽음으로 수포로 돌아갔다. 정조가 죽고 나서 정권은 구세력의 손에 넘어가고 정조가 계획했던 개혁은 모두 사라졌다.

그러나 시대를 앞서 갔던 이 신도시의 지리적 이점은 현대에 와서 진가를 발휘하고 있다. 수원은 1960년대 이후 꾸준한 성장을 이루어 지금은 인구 100만을 오가는 경기도 최대 도시로 성장하였다. 인구가 이처럼 급증하기 전에 성곽에 대한 보존 조처가 이루어졌다. 화성은 아직 수원이 대도시로 발전하기 훨씬 전에 국가의 사적으로 지정되었다. 또 1970년대에는 국방 유적지로 인정되어 몇 년에 걸친 대대적인 보수 공사가 이루어졌다. 수원의 인구가 늘어나고 산업시설이 확장되면서 성곽으로 둘러싸인 구 도심부는 그대로 보존하고 그 인근 동쪽에 새로운 시가지가 조성되어 현대적인 도시 수요를 충당할 수 있었다. 이것은 수원으로써는 다행스런 일이었다. 그 덕분에 수원은 옛날과 오늘의 역사가 살아있는 도시로 자리 잡을 수 있었다. 역사가 있고 문화가 살아 숨쉬는 현대 도시- 이것이 수원이다. 화성이 세계문화유산으로 등록되어 인류 모두의 문화유산이 된 것이 결코 우연이 아닌 셈이다.

유네스코 지정 한국의 세계유산

불국사와 석굴암

김성우 연세대학교 건축공학과 교수

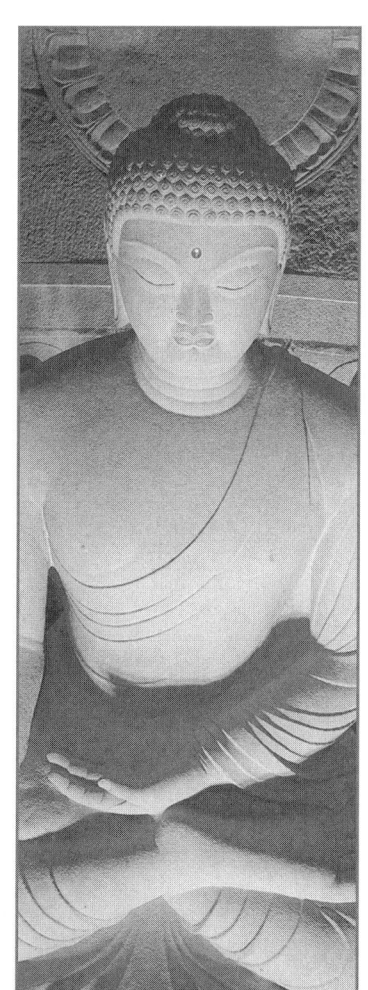

불국사와 석굴암

Ⅰ. 들어가며

사람은 누구든지 죽음에 대한 공포와 함께 진리에 대한 궁금함을 갖고 있다. 그것은 동서고금을 막론하고 모든 인간에 있어서 공통적이 문제이다. 동아시아의 문화는 선진문명에서부터 나름대로의 인간과 자연에 대한 해석을 시도하였었고 그러한 시도들 중에서 유교와 도교가 두드러지게 사람들에게 진리에 대한 궁금함을 나름대로 채워주고 있었다. 중국의 한(漢)나라가 통일된 중국의 영토 안에 유교적 가치관과 도교적 신앙을 전파시키는데 중요한 역할을 담당하였다. 한나라 말기에 인도로부터 상인들과 승려를 통하여 전달되기 시작한 불교가 중국 및 동아시아 전체의 역사를 크게 바꾸어놓게 된다. 인도의 불교는 본래 중국의 유교문화와는 그 구조와 성격이 몹시 다른 것이기 때문에 중국 사람들에게 쉽게 받아들여질 수 있는 종교는 아니었다, 예를 들어서 사람의 전생 또는 후생에서 윤회 및 업에 따라 짐승으로 태어난다든가 죽은 후에 화장을 한다던가 하는 것은 중국의 문화에서는 받아들이기가 어려운 것이었다. 그러나 인간과 세계의 궁극에 관한 불교적 설명방식은 진리를 궁금해 하는 중국인들의 마음에 완전히 새로운 세계를 열어놓는 것이었고 그 유혹을 중국인들은 거절하기 어려웠다.

처음에 불교가 중국에 전래되었을 때에는 중국의 토속신앙의 한 종류처럼 흡수되어 민간신앙의 하나 정도로서 취급되었었다. 그러나 육조시대를 거치면서 불경이 중국어로 번역되고 인도 승려의 전도가 중국에서 활발해 지면서 중국의 육조 시대는 불교의 시대로 접어들게 된다. 이후 중국 및 동아시아의 역사전체는 불교에 의한 문화적 홍역을 심하게 치르게 된다. 중국 역사를 통 틀어서 불교와 공산주의가 유일하게 중국 사람의 마음을 점령한 두개의 외래 사상이었다는 이야기를 다시 한번 기억하게 된다. 이것은 중국에만 해당하는 이야기가 아니고 한국을 포함한 동아시아 국가들에게 공통적인 문화현상이었다. 불교는 동아시아 문화에 심한 충격을 주었음과 동시에 동아시아 문화를 풍부하게 해주었던 가장 중요한 원천중의 하나였다.

우리나라의 불교가 전해진 것은 4세기말 삼국시대였다. 삼국의 왕실이 중국과의 외교관계를 통해 불교가 전래되면서 불교는 민간불교이기 전에 국가불교가 되었고 개인적 신앙의 문제가 됨과 함께 호국적 정신의 문제가 되었다. 신라가 불교적 정신을 힘입어 삼국의 통일을 성취한 후에 한반도는 통일신라시대로 접어든다. 통일신라시대의 기간은 중국의 당나라에 해당하는 시대로서 강력한 왕권에 의해 광대한 중국 영토가 통일되고 찬란한 불교문화를 꽃피운 기간이었다. 우리나라는 통일을 전후로 하여 삼국이 수준 높은 문화적 성취를 이룩하였으며 그것은 불교문화라고 부를 수 있을 만큼 불교적 색채가 짙게 배어져 있었다. 통일 후 8세기로 접어들면서 신라왕실의 힘이 지방호족들로 분산되며 국가의 기강이 취약해지는 과정으로 점차 접어들게 되지만 불교에 대한 열심은 축소되지 않았으며 왕실뿐만 아니라 지방 호족들도 독자적으로 사찰을 건립하게 된다.

불국사와 석굴암은 통일신라가 국가적으로나 문화적으로나 가장 성숙된 단계에 있을 때 지어진 불교건축으로써 불교가 한반도에 수입된 이후 고전적인 불교건축 및 예술이 결집되어 나타난 사례이다. 불국사의 경우 대부분의 건축물은 20세기에 와서 재건된 것이기는 하지만 창건 시부터의 배치계획을 그대로 유지하고 있으며 석조물들은 대부분 천년이상의 역사를 그대로 보존하고 있다. 불국사와 석굴암은 동시대에 같이 축조되기 시작한 하나의 세트와 같은 창조물로써 8세기 당시까지 축적된 불교적 신앙과 예술적 표현 능력이 한국 사람의 손과 마음을 빌어서 출현된 자랑스러운 작품이다. 지금의 시대에 와서 불국사와 석굴암을 그것이 창출시킨 사람들의 심성과 생각에 얼마나 가깝게 근접하여 이해하는 것은 쉽지 않은 일이며 우리들의 과제이기도 하다. 우리는 단순히 불국사와 석굴암을 한국 문화의 자랑거리로 예찬하려는 것은 아니다. 그 드러난 현상과 의미를 정확하게 파악하고 심미감(審美感)의 수준과 성격을 정확하게 이해하는 것이 중요하다. 세계문화유산으로의 등재는 석굴암과 불국사를 새롭게 관찰하게 하는 계기가 되겠지만 등재여부가 반드시 불국사와 석굴암의 가치를 좌우하는 것만은 아니다, 오히려 등재여부와 관계없이도 불국사와 석굴암에 대하여 얼마나 정확하게 이해하는가 하는 것은 중요할 것이다.

II. 불국사와 석굴암의 개요

우리나라에 있는 많은 사찰의 창건 시기에 관하여는 설화적인 기록 또는 구전되어 온 얘기들이 남아있게 되는 것이 보통이다. 그것은 사찰마다 오래된 사찰이라는 역사적 유구성과 유명한 고승이 창건하였다는 유래를 강조하기 위한 배경도 있지만 동시에 본격적인 사찰건축이 이뤄지기 전에 암자, 암거 등의 형식으로 소규모 사찰로써 시작하였던 배경이 있었던 경우도 흔히 찾아진다. 불국사의 경우도 5세기에 아도화상이 창건하였다든지, 6세기 법흥왕 때 초창하였다든가, 7세기 문무왕 때에 건물을 지었다든가 하는 설이 있다. 이것은 확인이 안 되는 사실들이지만 그렇다고 무시할 필요도 없다고 생각되는 것이 지금의 불국사 이전에 다른 형식의 사찰이 같은 자리에 있었을 수도 있기 때문이다.

지금의 불국사 형식과 석굴암이 처음 만들어진 것이 8세기의 일이라는 점에 대해서는 일연(一然)의 삼국유사(三國遺事)의 기록에서 볼 때, 거의 확실하다.(제 5권 대성효 이세 부모) 여기에 따르면 경덕왕때 행정수반인 집사부(執事部)의 중시(中侍),이었던 재상 김대성이 은퇴한 이듬해(751년)부터 불국사와 석굴암의 건립을 시작하였다. 전생 부모를 위하여는 불국사를, 현세 부모를 위하여 석불사를 창건하였고 김대성이 75세로 죽은 해(774년)에도 공사를 계속하다가 혜공왕(765~779년)때에 완성되었다고 기록되어 있다. 그렇다면 김대성 보다 5년 뒤에 혜공왕이 붕어하였으므로 774년에서 779년 사이에 공사가 마무리된 것으로 추정된다. 30년 가까이 걸린 공사기간이 된다. 삼국유사에서도 "불국사의 운제나 석탑은 그 다듬은 것이 마치 나무를 조각하듯 공교하여서 동도(서라벌)의 어느 절이라 해도 이보다 나은 것이 없다"고 기록하였다. 최치원의 시에서도 "임금이 주인이 되어 친히 이룩하시니…"라는 표현이 나온다. 이러한 기록으로 미루어볼 때, 국가적인 관심과 능력이 기울여진 중요한 사찰건립이었던 것이 확인된다. 토함산에 자리 잡게 된 것은 신라 오악(五岳) 중 동악(東岳)으로써 동방을 상징하는 용의 신앙과 결부된 영지(靈地)이었다는 점이 기억될 수 있다.

불국사는 혜공왕대에 필성한 이후 진성여왕대(887년)에 중창하였고 고려시대에 들어서 명종대(1172년)에 비로전과 극락전을 중수하였고 충선왕대(1312년)에도 중수하였던 기록이 남아 있다. 조선시대에 들어서서 세종대(1436년), 성종대(1480년), 명종대(1564년)에 여러 건물을 중수하였던 기록이 있으며 선조 25년(1593년)에 침입한 왜구에 의하여 한 순간에 잿더미가 되었었다. 선조대(1604년)에 부분적인 복구공사를 시작하였고 광해군대(1612년)에 대웅전이 복구되었으며 인조대(17세기 전반)에 극락전을 포함한 기타건물이 복원되었었다. 석굴암은 본래 석불사(石佛寺)라는 이름으로 불렸으나 1714년에 석굴암으로 개칭되었다. 1703년 및 1718년에 부분적인 중창이 있었다고 기록되었으나 그 자세한 내용과 규모는 알 수 없다. 석굴암은 돌로 지어지고 흙으로 덮여 있었던 만큼 불국사와 같이 불에 타거나 중건해야 하는 과정은 거치지 않고 조선시대까지 유지되어 왔던 것으로 보인다.

일제강점기에는 일인들에 의하여 불국사보다 석굴암이 해체 수리되는 과정을 심하게 겪는다. 1913년에서 1915년까지 석굴암은 완전히 해체되어서 재조립된 후 두꺼운 콘크리트를 뒤집어씌우는 공사를 하였으며 이것이 그 이후의 보존에 많은 어려움을 남기게 된다(그림 2). 그 이후에 이 공사 때문에 생기는 누수

그림 1. 1913년경 불국사의 모습

그림 2. 1913년의 석굴암 해체 공사장면

문제로 인하여 그것을 보완하려는 2차 공사(1917년)와 3차 공사 (1920~23년)가 있었지만 결로현상을 비롯한 어려움이 여전하였다. 한편 불국사는 조선시대 때 마지막으로 재건된 상태가 20세기까지 유지되면서 퇴락한 모습을 보여주고 있었다(그림 3). 1923년 일인들에 의하여 범영루가 수리되고 1925년에는 다보탑이 해체되었으며 1936년에는 계단과 다리도 부분적으로 손보아졌다.

해방 후 우리 정부와 전문가의 작업에 의하여 석굴암과 불국사 모두 다시 태어나는 과정을 겪게 된다. 석굴암은 1960년대에 보수공사를 하였으며 (1961~64년), 그 후 다시 공기조화 및 제습공사로 이어졌고 (1965~66년), 1970년과 1996년에도 습도 조절 및 안전에 대한 연구가 있었다. 한편 불국사는 1969년의 조사에 이어서 3년간에 걸친 복원공사가 있었다(1970~73년). 이때 대부분의 건물이 대대적으로 보수, 복원되었고 범영루, 좌경루, 회랑

그림 3. 수리 전의 연화 · 칠보교

그림 4. 1970년대의 수리 후 연화 · 칠보교

일부, 문 등을 신축하였으며 석축과 계단 역시 수리되었다(그림 4). 그러나 연못을 복원하지 못했던 점 등 부분적인 문제도 남아 있는 복원이었다.

III. 고대 불교건축의 흐름

인도에서 불교가 처음 중국에 전래되었을 때 중국인들은 기존에 있던 민속신앙의 한 유형으로 불교를 받아들였다. 기록에 처음 나타나는 불교건축은 2층의 목조건물 안에 불상을 안치하고 그 주변에 회랑을 사각형으로 만든 것으로써 AD 2세기 후반 전후하여 나타난 것으로 보인다. 그것은 중국의 재래적 사당 건축형식으로 추정되며 단지 그 내부 안치물이 간다라로부터 전래된 불상의 일종이었다는 점과 중심건물 꼭대기에 인도식 다층탑 모양의 장식물이 안치되었던 점이 달랐을 뿐이었다. 3·4세기를 지나면서 이러한 불교건축이 중앙에 목조 다층탑이 세워지고 회랑으로 둘러 쌓여있는 탑사(塔寺)로 발전한다. 처음에는 인도의 전통에 따라 탑 안에 사리를 안치하는 것이 중요한 전통이었으나 사리를 구하는 것이 쉽지 않을 뿐 아니라 중국인에게 보다 익숙한 불상의 숭배로 점차 이전하게 된다. 한편 탑 중심의 사찰건축은 불상 안치를 위한 불전을 포함시키게 되며 이의 실현을 위한 모델을 당시의 궁궐건축에서 취하게 된다. 당시의 궁궐건축은 중심 되는 정전건물 좌우에 동서당(東西堂)으로 불리우는 두개의 정무처리용 건물이 동서쪽에 하나씩 있었다. 이러한 사례에 근거하여 처음에는 불탑 좌우에 두개의 불전이 생기는 것으로 시작하였고 이러한 사례가 우리나라의 고구려 사지(寺址) 중에 상오리(上五里) 사지에 해당되는 것으로 추정된다(그림 5). 그 이후 불탑좌우의 불전은 유지되면서 탑 북쪽으로 또 하나의 불전이 지어지되 이 불전이 중심축에 있는 만큼 동서불전보다 중요한 불전으로 점차 발

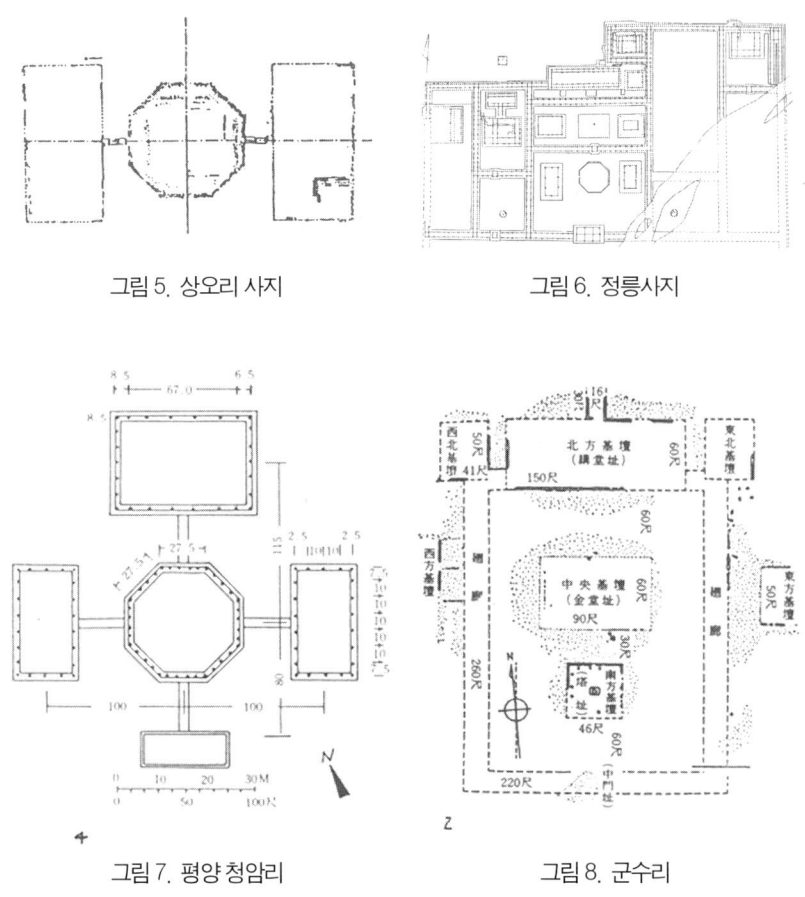

그림 5. 상오리 사지   그림 6. 정릉사지

그림 7. 평양 청암리   그림 8. 군수리

전하게 된다. 이러한 과정의 사례를 고구려 평양의 정릉사지(定陵寺址)
에서 찾아볼 수 있다(그림 6). 5세기말에서는 중심의 탑 주변에 동서북
으로 세 개의 불전이 한 경내에 위치하되 북쪽의 불전이 더 중심적인 건
물이 된다. 평양의 청암리(淸岩里) 사지가 여기에 해당하며 중심 불전의
뒤쪽으로 강당 및 식당으로 추정되는 다른 건물들이 확인되었다(그림
7). 6세기 이후의 사찰건축 계획은 백제의 부여에 있는 사지들을 통하여
확인된다. 6세기 중엽의 군수리(軍守里) 사지에서는 회랑 안에 중심축

선상에 배치된 탑, 금당 및 강당이 확인되었고 회랑 밖에 금당으로 추정되는 건축물이 동서에 하나씩 있었던 것으로 추정된다(그림 8). 부여 주변에 있었던 많은 사지들은 대부분 일탑 일금당형식을 유지한다. 하나의 예외가 있다면 일탑일금당이 3개가 놓여있는 미륵사지이다.

삼국이 통일된 이후부터의 사찰은 중요한 변화를 겪는다. 그것은 경내에 탑이 하나가 아니고 두 개가 되는 것이다. 경주 인근에 있었던 사천왕사(四天王寺)와 〈그림 9〉 망덕사(望德寺)가 두 개씩의 목탑을 갖고 있었고 감은사에는 처음으로 두 개의 석탑이 세워졌다. 〈그림 10〉 감은사 이후 통일신라시기에 지어진 수많은 사찰들이 두 개의 석탑을 갖고 있는 경우가 대부분이다. 불국사는 이러한 발전단계에 위치하는 사찰이면서, 불국사만의 또 다른 변형을 시도한 경우에 해당된다. 그러나 불국사는 이러한 중국에서부터 시작된 고대불교건축의 흐름 안에서 이해되는 것이 불국사의 정확한 이해를 위하여 필요하다. 탑이 하나에서 둘

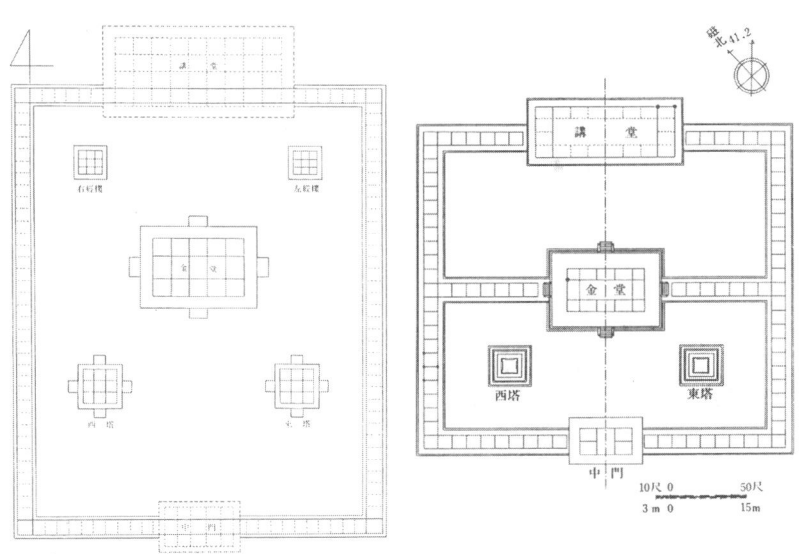

그림 9. 사천왕사지   그림 10. 감은사지

로 변한 것은 불교건축의 흐름에서 볼 때, 매우 큰 변화로써 그 중요 원인을 탑의 상징적이고 종교적인 의미와 비중이 감소되고 대신에 불상을 모시는 금당의 비중이 커졌다는 데에서 찾아진다. 탑의 비중 감소는 사리신앙에 대한 비중 감소를 의미하고 금당의 비중 강화는 불상신앙의 강화를 의미한다. 한편 사리신앙의 비중 감소는 인도적 불교에 대한 상대적 위축을 의미하고 불상신앙의 강화는 중국화 된 불교에 대한 상대적 비중 강화를 의미한다. 즉, 고대불교건축 배치계획의 다양한 변화는 인도불교가 중국화 하면서 불가피했던 변화과정이 건축적 배치로 나타난 것으로 이해할 수 있다. 불국사는 그러한 과정에 포함되어 있는 경우이면서 8세기 중엽의 발전단계를 보여주고 있는 것이다.

IV. 불국사의 건축적 구성

불국사뿐만 아니라 우리나라의 수많은 사찰들을 일반인들의 입장에서 정확하게 이해하기 어렵게 하는 사유가 있다면, 다음의 두 가지가 있을 수 있다. 그 하나는 고건축의 전문가들이 건물에 대하여 하는 설명들이 대부분 전문용어와 개념을 사용하게 됨으로 일반인들이 그 뜻을 정확하게 이해하기 어려운 점이다. 또 하나는 고건축의 심미적 표현과 수준을 객관적으로 파악한다는 것이 나름대로의 경험의 축적을 필요로 하며, 말로 그것을 설명하여 전달한다는 것이 갖는 한계가 있다는 것이다. 이 문제는 본 논고에서도 예외가 아니다. 여기서는 제한된 지면을 통해서 불국사의 건축적 경험과 세부내용을 전달하려는 시도를 하기보다 배치 계획적 개념과 주요건조물의 특성 정도를 언급하는 것으로 대신하는 것이 바람직할 것으로 생각된다. 전체적이고 개념적인 차원에서 앞으로의 이해를 깊게 하는데 도움이 되고자 하는 배경적 이유 때문이다.

전체적인 배치개념에서 볼 때 불국사는 그 앞에서 지어졌었던 모든 사찰의 전통을 이어받음과 동시에 그 전통을 벗어나는 양쪽의 측면이 공존한다. 전통을 이어받는다는 것은 통일 신라 시대까지 이어져 내려 온 사찰 배치계획의 흐름에 따라서 하나의 금당 앞에 두개의 탑을 세우

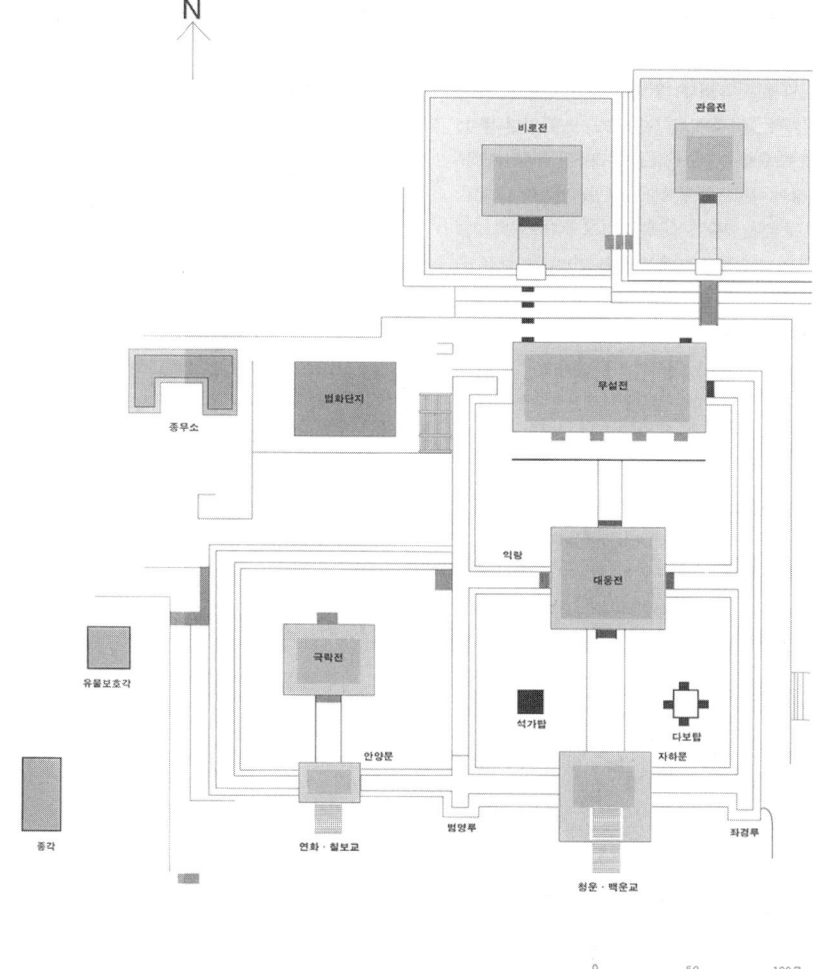

그림 11. 불국사 배치도

는 배치를 유지한다는 점이다. 전통적 흐름에서 벗어난다는 것은 그 중심 사역(寺域) 주변에 부속적인 불전을 연결시켜 지었다는 점, 그리고 두 개의 탑이 서로 모양이 다르다는 점을 들 수 있으며, 또 하나를 꼽는다면 석조기단의 형식이 불국사 이전의 다른 어떤 사찰과도 다르다는 점이다. 이러한 배치계획의 새로운 시도는 당시의 신라인들이 불교에 대한 이해뿐만 아니라 불교 건축의 조영에 대한 상당한 자신감이 있었기에 가능한 것이었다. 물론 그러한 자신감 이외에 예술적 재창조 역량이 뒷받침되었기에 가능한 일이기도 하다. 그리고 그러한 새로운 시도가 바로 불국사의 가치를 돋보이게 하는 요인이다.

불국사는 토함산 서쪽 경사면에 자리 잡고 있다. 절의 이름도 "불국"이지만 불국사는 이 사찰에 접근하는 사람이 불교적 이상세계에 도달하는 과정과 경지를 상징적으로 구현해내려는 의지를 담고 있다. 경사진 산길을 오르는 과정과 옛 문헌에 나와 있는 연못을 지나 석조계단을 오르고 문을 통과하여 두 탑을 만나고 대웅전과 안에 안치된 불상을 만나는 과정이 세속세계에서 불국토에 도달하려는 인간의 염원을 건축적으로 실현시키려 했다는 의도를 놓쳐서는 안 된다. 신라시대 때에 불국사를 '대화엄불국사(大華嚴佛國寺)'라고 불렀다는 것은 이러한 불국 세계가 화엄사상에 입각한 것이었다는 사실을 나타내준다.

불국사를 크게 나눈다면 두개의 영역으로 구분할 수도 있고 더 구분한다면 세 개의 영역으로도 나눌 수 있다. 둘로 나눈다면 대웅전을 중심으로 하는 중심영역과 그 옆에 붙어있는 극락전 구역이다. 세 영역으로 나눈다면 이 두 영역에 추가하여 북쪽의 비로전과 관음전 영역을 또 다른 영역으로 보는 것이다(그림 11). 대웅전은 법화경에 근거한 석가모니 부처님의 영역이고 극락전은 무량수경 또는 아미타경에 근거한 아미타 부처님의 극락세계이며 비로전은 화엄경에 근거한 비로자나 부처님의 연화장 불국세계이다. 불국사의 배치를 이렇듯 둘 또는 세 영역으로 나

눈 것은 당시에 유행
하였던 불교사상을
건축화 함과 동시에
불국토의 구성이 보
다 완전하기 위해서
는 이렇게 서로 다른
영역들이 인간의 깨
우침을 위하여 필요
하다는 나름대로의
주장이 깔려있다고
봐야 한다. 그 중에
서도 대웅전 영역이
중심에 위치하며 규
모가 제일 크고 가장
완전한 격식을 갖추
고 있다(그림 12). 극
락전은 그 중심영역
옆에서 보좌하는 듯
한 구성을 하되 전면
에서 볼 때 대웅전

그림 12. 불국사 대웅전

그림 13. 불국사 극락전

영역보다 약간 낮은 위치에서 나란히 불국사의 전면외관을 형성한다
(그림 13). 비로전 및 관음전은 대웅전 영역 뒤에서 보다 높은 언덕위에
자리 잡은 제 3의 영역으로써 자리하고 있다. 이러한 각 영역의 전체적
배치계획 자체가 불국사 이해의 기본적인 틀이 되어야 한다.

불국사 하면 누구나 석조기단 위에 회랑과 문이 보이는 전면의 경관
을 연상하게 된다. 이 석조 기단과 계단은 8세기부터의 유물로써 불국

사에서만 찾아지는 독특한 면모이다(그림 14). 석축이 필요했던 이유는 구조적으로 볼 때 산의 경사면에 기하학적 구도를 갖는 평지사찰을 구축하기 위해서는 축대를 세우는 것이 불가피 하였다.

그림 14. 석조기단과 계단

불국사에서는 그 축대를 단순한 구조체로만 보기보다 예술적 처리를 가미하여 기단자체를 아름다운 예술품으로 승화시켰다. 그 석축은 목조식 가구법을 석재로 번안시켜 만든 것으로 알려지고 있다. 두 탑과 대웅전이 있는 구역은 청운교, 백운교라고 이름 붙여진 계단과 다리를 지나

그림 15. 불국사 다보탑

그림 16. 불국사 석가탑

서 도달하게 된다. 한편, 극락전은 연화교, 칠보교라는 다리와 계단을 지나서 도달하게 된다. 이 계단은 불국토로 인도해 주는 다리를 상징하는 것으로 아치형의 터널을 만들어 물이 흐르는 다리임을 상징적으로 표현하였다. 화엄경에는 구름과 바다에 관한 상징적 설명이 포함되는 바다리를 건너 도달하게 하려는 신라인의 건축적 처리 의지를 보여준다.

통일신라시대 사찰에 석조 쌍 탑이 출현한다는 설명을 앞에서 하였었고, 불국사만이 유일하게 두 탑의 모양이 같지 않다는 언급도 하였다. 대부분의 신라석탑은 불국사의 석가탑 유형에 해당하는 모양을 갖고 있다. 따라서 다보탑이 신라 석탑의 전형을 벗어나는 특별한 사례이다. 이러한 다보탑의 출현에 대하여는 법화경의 견보탑품(見寶塔品)에 근거하였다는 의견이 지배적이다(그림 15). 석가탑은 목조탑이 전탑으로 바뀌는 과정과 연관되어 석조탑으로 번안된 것으로 한국 석탑의 전형이고 동시에 신라적 성향을 잘 보여준다(그림 16). 석가탑과 같은 유형에 속하는 불국사 이전의 석탑에 비하여 보다 날렵하고 쾌적한 비례를 사용하였으며 8세기 이후 석탑의 전형으로 볼 수 있다. 1966년에 상층부를 해체하였을 당시 제 2층 탑신부의 사리공에서 세계 최고의 목판 불경을 포함한 유물이 발견되었다(그림 17, 18). 다보탑은 석가탑과는 완전히 다른 개념과 조형의도를 표현한다. 사각기단과 기둥으로 짜여 올라가서 난간층 위에 팔각 옥개석을 받치고 있다. 목조건축의 형식을 석재로 구현한 것이기는 하지만 화려하고 장엄하며 독창적 구성은 세계의 다른 어느 곳에도 유례가 찾아지지 않는 경우이다.

불국사의 건축물들은 석조물과 달리 신라시대의 원형을 유지하고 있지 않다. 1970년대에 신축되지 않은 것은 조선후반의 건물들이다. 신라시대의 원형을 확인하기 어려우므로 고려시대의 건축의 형식을 따르는 쪽으로 복원되었다. 그러나 주요건물의 석조기단은 신라시대의 유물이며 건물의 규모와 주칸 등의 목조 법식은 크게 달라지지 않았다고 봐야 할 것이다. 한 가지 배치 상의 특이한 점을 꼽는 다면 대웅전 좌우로 익 랑(翼廊)이 놓여진 것이 다. 이것은 감은사에서 도 시도된 것으로서 중 심경내를 전후 두 부분

그림 17. 석가탑 금동사리외함

으로 구분하 는 효과를 거둔다. 전 면석조기단 위에 돌출된 누각건축도 불국사의 또 하나의 특징 이다. 대웅

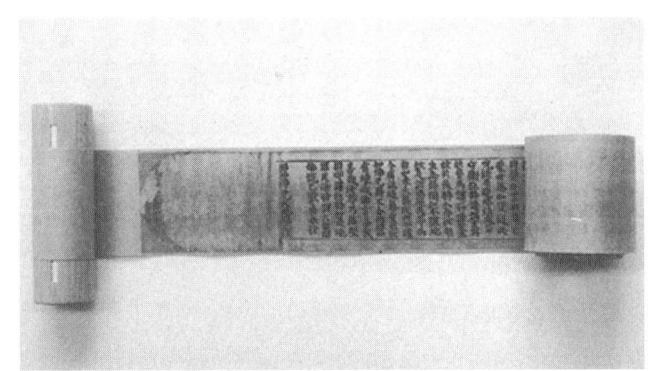

그림 18. 석가탑 무구정광대다라니경(복원 후)

전으로 진입하게 하는 자하문의 좌측에 종루에 해당하는 범영루가 있고 또 한쪽에는 경루에 해당하는 좌경루가 있다. 좌경루는 본래 경판을 보 관하는 누각이지만 현재는 목어(木魚)와 운판(雲版)을 보관하고 있다. 현재는 사찰의 진입을 계단우측으로 돌아서 좌경루 옆의 다보탑 쪽으로 하게 하지만 그것은 원래의 형식이 아니며 계단을 보호하기 위한 불가 피한 조치였다.

V. 석굴암의 구성과 의미

불교의 발상지인 인도는 날씨가 매우 더운 곳이다. 인도불교가 종교적 형식을 갖추어 민간에게 전파되고 승려사회가 조직화 되면서 예배와 수련을 행할 수 있는 공간적 장치가 필요하게 되었다. 인도의 자연환경에서 더위를 피하면서 이러한 공간을 확보할 수 있는 가장 효과적인 방법이 암벽을 파고 들어가 그 속에 사람이 거할 수 있는 내부공간을 만드는 것이었다(그림 19). 이러한 석굴사원이

그림 19. 인도 아잔타석굴

그림 20. 중국 운강석굴

불교의 전래와 함께 중국에 소개되었고 중국에서는 5세기부터 석굴사원이 등장하기 시작한다. 운강석굴 같은 중국의 석굴사원도 암벽을 파고들어가서 불상과 불교적 장식을 구현한 실내공간을 만들었었다(그림 20). 이러한 석굴사원의 계보가 통일신라시대의 석굴암에까지 이어져 있다.

그림 21. 석굴암 통로와 주실

　석굴암은 이러한 석굴사원의 전통을 계승하지만 축조 방식은 완전히
다르다. 인도와 중국의 석굴이 자연암벽을 수평으로 파들어 가면서 공
간을 형성하는 것이었고, 그 규모가 비교적 큰 편이라면 석굴암은 상대
적으로 규모는 작으며 자연암벽을 파 들어간 것이 아니다. 석굴암의 경
우는 산경사면에 돌로 축조하여 쌓아 올려서 내부공간을 만들고 그 주
변이 흙으로 덮혀 석굴과 같은 결과를 만들었으나 실제적으로는 파 들
어간 석굴이 아니고 축조된 석굴이다. 그렇게 보았을 때 석굴암은 석굴
이면서도 건축에 가까운 편이다. 우리나라와 같이 사계절의 구분이 뚜
렷하고 인도처럼 덥지 않은 곳에서 석굴 안에 사람이 기거해야하는 자

연 환경적 이유는 없었다. 따라서 중국과 한국의 석굴은 사람의 기거가 목적시 된 것이 보다는 불상을 안치하는 곳이라는 의미에서의 석굴사원과 해당된다(그림 21).

석굴암은 세부분으로 구성된다. 사람의 진입순서로 보아 처음에는 4각형 전실이 있고 안쪽 깊숙히 불상이 안치된 주실이 있으며 그 사이를 좁은 통로가 연결하고 있다(그림 22). 이렇게 보면 전실과 통로 및 주실의 세부분으로 구성된다. 물론 이러한 구성의 의도는 가장 중요한 주실의 본존불을 강조하는 방법으로 거기에 도달하게 하는 과정으로써의 전실과 통로를 만든 것이다. 잘 알려져 있다시피 주실은 원형 평면을 갖고 있으며 천정은 돔 형식으로 만들었다(그림 23). 주실과 통로가 만나는 주실의 입구에는 두개의 석조 기둥이 서 있어서 주실영역과 그 이전의 영역을 구별 시켜준다(그림 21). 이렇게 돌로 축조된 석굴사원은 그 유래를 찾기 쉽지 않은 것으로써 한국의 풍토와 화강암이라고 하는 재료 및 한국인의 불교 조각과 건축술이 혼합되어 만들어준 결과이다.

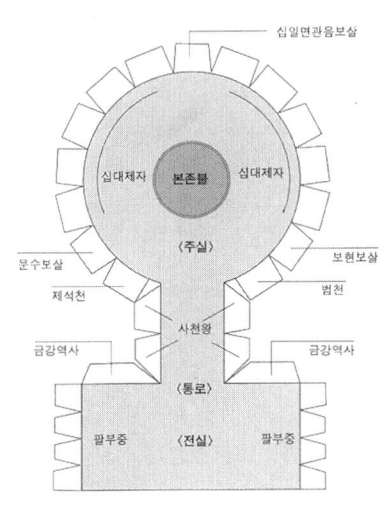

그림 22. 석굴암 배치도

그림 23. 석굴암 천정

그림 25. 석굴암 본존불 얼굴

그림 24. 석굴암 본존불

그림 26. 석굴암 본존불 손

그림 28. 석굴암 십일면관음보살(얼굴부분)

그림 27. 석굴암 금강역사(상반신)

　석굴암의 중심적 의미가 주실의 중앙에 안치된 본존불에 있음은 물론
이다. 동해를 향하여 가부좌를 틀고 앉아있는 석가모니 불상이 원형 연
화대좌위에 앉아있다(그림 24). 그 얼굴의 표정과 표현은 사람이 얻을
수 있는 가장 깊고 높은 깨달음의 경지를 보여준다(그림 25). 몸체와 팔,
다리의 신체부위가 원만하고 부드러우며 안정감이 있다. 손모양은 항
마촉지인(降魔觸地印)으로써 이러한 손모양은 석가모니가 큰 깨달음을
얻은 모습을 나타낸 것이므로 성도상(成道像)이라고도 한다(그림 26).
본존불의 뒷벽에 연화문을 조각한 원형두광(圓形頭光)으로 나타내었
다. 석굴암의 본존불은 신라불교 미술의 도달점이며 가장 완전한 성취
와 같은 것으로서 그 표현의 경지가 보는 이를 압도당하게 한다. 하나의
석조불상이지만 한국인의 조형의지와 표현경지가 높음을 잘 보여주는
대표적인 작품이라 하겠다. 본존불은 중심적 조형물이므로 그 상징적
의미가 큰 것은 당연하지만, 입구에서부터 주실벽에 가득차있는 많은
조각들도 본존불 못지않은 수준을 보여준다. 전체적으로 37개의 조각
상이 좌우대칭으로 질서정연하게 배치되어 있다. 본래 39개이었으나 2
개가 분실되어 현재 37개가 남아있다. 전실에는 양쪽벽면에 팔부중상 8
개가 위치하고 전면의 통로의 양측은 두 개씩의 금강역사상이 조각되어
있다(그림 27). 원형 주실에는 본존불 뒤편에 십일면관음보살이 위치하
고(그림 28) 그 양쪽으로 십대제자상이 있으며 주실의 입구 쪽으로는 제
석천과 문수보살이 본존불의 오른편에 있고 범천과 보현보살이 왼편에
있다. 팔부중상은 불법을 수호하는 여러 모습의 신들이며 금강역사상
도 불법을 수호하는 역할을 한다. 사천왕상도 동서남북 사방을 다스리
는 수호신이므로 전실과 입구에는 본존불과 불법을 수호하는 수호상들
이 배치되어 있는 셈이다. 주실 주변의 조각들은 수호상이 아닌 석가모
니의 설법을 듣기 위해 모인 회중의 성격을 갖는다. 그 중에서도 본존불
뒤편의 십일면관음보살상은 가장 화려하고 섬세하며 아름다운 모습을
형상화 하였다.

VI. 교리적 배경

앞에서 언급하였듯이 석굴암의 본존불은 석가모니가 정각을 얻어 모든 악마의 방해와 유혹을 물리치고 얻은 승리의 모습을 나타낸 것이다. 석가모니의 정각은 불교의 시작이고 구심점이다. 하지만 이렇게 출발한 불교가 대중에게 전파되고 교리화 되는 과정에서 수많은 경전상의 해석과 대중의 접근하기 위한 방편들이 나타난다. 신라시대의 불교는 그러한 불교교리의 흐름 안에서 발전하여 왔으며 그러한 흐름은 불국사에서 건축과 공간을 통해 표현되었다. 의상과 원효는 한국의 화엄종을 창시하였지만. 화엄사상은 일반대중에게는 너무 심오하고 난해한 것이었다. 따라서 일반대중에게 쉽게 접근할 수 있게 하는 방편으로써 아미타신앙이 통일신라시대에 크게 유행하였다. 아미타신앙이 화엄사상의 범주 안에 있었고 화엄사상 안에서는 아미타정토가 낮은 단계의 세계이지만 의상과 원효 같은 고승(高僧)도 대중교화를 위하여 아미타신앙을 널리 펼쳤다. 석가모니의 해탈의 경지에 해당하는 가장 높은 단계를 화엄사상에서는 연화장세계(蓮華藏世界)라고 부른다. 연화장세계는 가장 이상적 상태인 법계(法界)로써 아미타신앙이 주장하는 정토세계(淨土世界)와 차이가 있지만 이러한 차이는 깨달음을 통하여 극복되어 하나로 합쳐질 수 있게 된다.

불국사가 두 탑이 있는 중심영역과 그 보다 규모가 작은 극락전 영역으로 나뉘어 있는 것은 이러한 교리적 배경에서 이해되어야 한다. 중심영역은 연화장세계를 대변하는 석가정토를 상징한다면 극락전영역은 아미타정토를 상징한다. 불국사 이전의 모든 사찰은 중심영역 만으로 구성되었었으나 통일신라시대에 유행한 아미타신앙을 건축화 하여 두 개의 영역으로 실현시켰다. 교리적 단계로 보면 석가정토가 아미타정토보다 높고 중심적이기 때문에 불국사에서도 그에 상응하는 위계적 구성을 할 수 밖에 없었다. 그러나 불교의 목표가 사람들이 사는 사바세계를 연화장 세계로 변모시키는 것인 만큼 그 목적은 대중적인 아미타정토의 단계를 거쳐 석가정토의 단계를 이루게 된다는 의미에서 볼 때 이두 영역이 하나로 합치되는 과정적 필요가 건축으로 나타났다고도 볼수 있다.

이와 같이 불국사의 건축은 화엄경과 아미타경 그리고 다보탑의 출현을 언급한 법화경이 복합적으로 작용하지만 화엄사상의 전체적 윤곽 안에서 소화되었다고 볼 수 있다. 석굴암에서는 석가모니가 깨달음을 얻어 석가여래가 되는 순간을 항마촉지인 성도상이라는 도상으로 나타내었지만 불국사는 이러한 깨달음의 세계에 도달하기 위해 필요한 과정을여러 개의 불국토(佛國土)로 나누어 배치한 것이 된다. 극락전은 대중의교화를 위한 아미타정토의 세계이고 북쪽의 비로전은 석가여래가 설법한 진리의 형상화로써 비로자나불을 모셨으며 관음전의 관음보살은 석가여래의 자비심을 형상화한 것이다. 이렇게 볼 때 석굴암과 불국사는교리적으로도 상보적인 위치에 있으되 석굴암은 이상적 깨달음의 상태를 형상화하였고 불국사는 그 깨달음을 사바세계에 있는 중생들의 도달처가 되게 하기 위한 교화의 방편으로써 건축된 것으로 이해할 수 있다.

Ⅶ. 불국사, 석굴암의 의미와 가치

유네스코가 주관하는 세계문화유산으로 석굴암과 불국사가 등재되었다는 사실이 석굴암과 불국사의 가치를 등재 이전과 다르게 만들지는않는다. 세계문화유산으로의 등재는 그 가치를 국제적으로 공인한다는절차와 같은 것일 뿐 우리는 그러한 공인절차와 관계없이도 석굴암과불국사의 변하지 않는 가치를 읽을 수 있어야만 한다. 그리고 세계문화유산으로 등재되지 않은 다른 수많은 유산들의 가치도 등재되지 않았다는 것을 이유로 해서 폄하되어서도 안된다. 한편 유네스코를 움직이고 세계유산으로 지정하는 과정은 서구인들의 의하여 더 많이 좌우되고 있고 서구적 판단기준이 더 많이 적용되는 것도 사실이다. 동아시아문화와 거기에 귀속되는 수많은 문화유산은 서구문화와는 다른 세계관과 가치관에 의해 창조되었다. 석굴암과 불국사는 그러한 동아시아 정신의 정수가 한국장인의 마음과 손을 통하여 현실화된 것이다. 우리는 세계문화유산 등재와는 무관하게 이러한 정신적 가치를 주체적으로 판단하고 받아들이는 마음가짐을 필요로 한다.

한국 건축사와 미술사의 흐름에서 볼 때 불국사와 석굴암은 그것이 제작된 8세기에서만 가능한 문화적 축적을 토대로 하고 있다. 석굴암의 경우는 석굴암보다 앞서는 석굴사원의 사례가 많지 않기 때문에 역사적 진화의 맥을 집어내기가 좀 더 어렵겠지만 불국사는 그렇지 않다. 앞서서 소개하였던 한국고대 불교건축의 흐름에서 볼 때 불국사의 출현은 몇 가지 점에서 중요한 의미를 갖는다. 그 하나는 삼국 통일 후 시작된 양 탑 제도가 불국사에 와서 모양이 같은 탑으로 남아있지 않고 완전히 다른 모양의 다보탑이 출현하게 되었다는 점이다. 이것은 불국사에서만 찾아지는 유례없는 사건으로써 불교건축사에서 볼 때 매우 획기적인 것이다. 그 뿐 아니라 새로 나타난 다보탑이 매우 독창적이고 조형성이 뛰어난 사례라는 점이 높게 평가되어야만 한다. 다보탑의 출현은 법화경의 견보탑품의 설명으로 그 유례라 설명된다고 보는 것은 충분치 않은 해석이다. 다보탑의 출현은 8세기의 신라인들이 갖고 있던 불교의 이해의 수준과 독창적 재창조가 얼마든지 가능하다는 문화적 자신감이 없이는 불가능한 것이었다.

한편, 극락전을 비롯한 부속 불전영역이 중심영역에 첨가되어 독특한 배치형태를 갖게 된 것도 전혀 새로운 현상이다. 4세기부터 8세기까지 약 400년에 이르는 불교건축의 흐름은 중국에서 유래된 기하학적 배치 계획이 그 법식에 충실한 방향으로 한국에서 재현되었던 것으로 추정된다. 이러한 흐름에 비교하여 볼 때 불국사는 그 정통적 흐름을 따라가면서도 독창적 변형을 시도한 결과이다. 앞에서 설명하였듯이 그 배경에는 나름대로의 교리적 이해와 주장이 뒷받침되어 있었다. 여기서도 중요한 사실은 그동안의 정형적 흐름을 이탈하여 새로운 시도를 할 수 있다고 하는 문화적 자신감이 8세기에 와서는 형성될 수 있었고 그것이 불국사라는 사찰의 계획으로 나타난 것으로 이해될 필요가 있다.

이러한 두 가지 중요한 사실 이외에 석조기단의 창안도 불국사만이 갖는 매우 특별한 기법이다. 탑의 조성과 같이하여 신라인들이 돌을 다듬고 건축적으로 축조해 내는 기술과 미적 감각을 읽게 해준다. 물론 그러한 석조예술의 정수는 석굴암의 본존불에서 찾아진다고 봐야 할 것이다. 그 석불의 조각은 전 세계의 수많은 불상조각 중에서도 빼어남을 자랑하고 있다. 석굴의 축조방식도 독창적이고 뛰어난 석조 예술에 해당하지만 석불과 석굴이 합하여서 만드는 전체적인 분위기가 그 각각의 독자적 가치보다 더 소중하다고 보아야할 것이다. 우리에게 있어서 특히 소중한 것은 이러한 모든 조각과 건축의 결과가 한국 땅에서 한국인에 손에 의하여서만 가능한 표현과 구상의 특성을 갖고 있다는 것이다. 어느 부분이 어떻게 한국적 특성을 보여주는가 하는 점을 말로 설명하기는 어렵다. 그것은 모든 사람의 마음속에 남아있는 느낌이고 공감되는 분위기 같은 것이다.

불국사와 석굴암은 한국적인 창조물임과 동시에 서양과는 다른 동아시아 문화의 고유정신을 잘 대변하고 있다. 그것은 서양의 조각과 건축이 보여주지 못하는 다른 세계관을 배경으로 하여서만 얻어질 수 있는 결과이다. 우리는 불국사와 석굴암의 가치와 의미를 이해하려 할 때 이러한 동아시아 문화의 정신적 배경에서도 읽을 수 있어야 한다. 인간의 개인적 자아보다 자연과의 합일을 사랑하였고 그래서 물리적 존재를 추구하기보다 관계적 상황을 연출하려 하였고 눈에 보이는 형상적 결과에 집착하기보다 상호감흥적 교감을 원했으며 형상의 비례적 아름다움에 멈추지 않고 기운적 하나 됨의 경지에서 오는 심미감을 소중하게 보았다. 결과적으로 볼 때 인간이 창조해 낼 수 있는 기계적 구성과 그러한 효율성을 욕심내기보다 자연과 같이 생성되게 하는 과정 안에서 충족되는 생명성의 충만감을 더 바람직한 이상으로써 추구하였던 것이다. 이렇듯 불국사와 석굴암은 세계문화유산으로써의 등재여부를 떠나서 한국 건축과 예술의 흐름 안에서 찾아지는 특수성과 동아시아의 정신적 바탕을 한국적으로 재현시켰다는 측면에서도 그 의미와 가치가 찾아져야만 한다.

참고문헌

한국 정신문화 연구원, 『한국 민족 문화 대백과 사전』, 한국 정신문화 연구원, 1991.
황수영, 『석굴암』, 예경산업사 , 1991.
김상현, 김동현, 곽동석 『불국사』, 대원사 , 1997.
삼성문화재단, 『한국의 세계문화유산』, 학고재, 1998.
윤장섭, 윤재신 『석굴사』, 도서출판 학천, 1998.
신영훈, 『석불사, 불국사』, 조선일보사, 1998.
강우방 『한국미술, 그 분출하는 생명력』, (주)월간미술, 2003 .

유네스코 지정 한국의 세계유산

해인사 장경판전

이상해 성균관대학교 건축학과 교수

해인사 장경판전

Ⅰ. 머리말

해인사(海印寺)는 경상남도 합천군 가야면 치인리 10번지에 자리 잡고 있다. 해인사는 우리 민족의 가장 소중한 유산 중의 하나인 고려팔만대장경을 600년이 넘도록 보존하고 있는 법보사찰이다. 해인사 팔만대장경을 모신 건물인 장경판전은 1995년 12월 9일 유네스코 세계유산총회에서 건물의 탁월한 건축적인 가치와 특징을 인정받아 세계문화유산으로 등록되었다. 세계문화유산으로 등록된 공식 명칭은 "고려대장경 목판을 보관한 해인사 장경판고 (The Haeinsa Temple Changgyong P'ango, the Depositories for the Tripitaca Koreana Woodblocks)" 이다.

해인사는 불교의 가르침 중에서 화엄사상을 펼치기 위한 사찰로 창건되었다. 해인사 창건의 참뜻은 '해인(海印)' 이라는 낱말에 응집되어 있다. '해인' 이라는 말은 『화엄경』(원이름은 『대방광불화엄경』)에 나오는 '해인삼매' 에서 비롯되었다.

해인삼매는 일심법계(一心法界)의 세계를 가리키는 말이며, 부처님의 정각(正覺)의 세계를 나타내는 말이기도 하다. 불교에서는 있는 그대로의 세계, 진실된 지혜의 눈으로 바라본 세계, 개관적인 사실의 세계가 바로 영원한 진리의 세계라고 한다. 일심법계란 바로 그러한 세계를 말하는데, 그것은 곧 사람들의 물들지 않은 청정무구한 본디 마음을 나타내는 말이다. 마음이 명경지수의 경지에 이르러 맑고 투명해서 있는 그대로의 세계가 그대로 비치는 세계를 가리킨다. 이런 이유로 해인삼매는 있는 그대로의 세계를 한없이 깊고 넓으며 아무런 걸림이 없는 큰 바다에 비유하여, 거친 파도 곧 중생의 번뇌 망상이 비로소 멈출 때 우주의 온갖 참된 모습이 그대로 물속에(海) 비치는(印) 경지를 말한다.

해인사가 화엄종 사찰임은 사찰 이름에서뿐만 아니라 법당인 대적광전에 화엄경에서 받드는 비로자나불을 주불(主佛)로 모신 점, 해인사를 구성하는 전체 건물 배치의 중심 되는 곳에 위치한 건물인 구광루의 명칭을 석가모니가 아홉 번을 옮기면서 설법하며 빛을 내셨다고 하는 화엄경의 내용에서 따온 점 등에서도 나타난다.

해인사 장경판전 일곽의 건물들(4동)과 해인사 팔만대장경판(81,258장)은 1962년 12월에 각각 국보 제52호, 국보 제32호로 지정되었으며, 고려각판 28종(2,725장)은 국보 제206호로, 고려각판 26종(110장)은 보물 제734호로 1982년 5월에 지정되었고, 해인사 일원은 1966년 6월에 사적 및 명승 제5호로 지정되었다. 장경판전은 장경각 혹은 판당(板堂)으로도 불린다. 장경판전을 두고 판고(板庫)라고도 하는데, 이는 일본인들이 '대장경판을 보관한 창고'라는 의미로 비하하여 붙인 명칭으로 합당치 않다.

II. 해인사와 장경판전 연혁

해인사는 창건 연대를 확실하게 알 수 있는 사찰이다. 해인사의 창건 연대에 대한 기록은 『삼국사기』(권10 애장왕 3년 8월조)에 "가야산 해인사를 창건하였다"(創伽倻山海印寺)라고 적혀 있다. 애장왕 3년은 서기 802년에 해당한다.

　창건 연대와 더불어, 해인사는 창건 경위에 대해서도 비교적 자세하게 알 수 있는 사찰에 속한다. 해인사의 창건 경위가 기록되어 있는 대표적인 문헌으로는 최치원이 효공왕 4년(900)에 쓴 「신라가야산해인사선안주원벽기(新羅伽倻山海印寺善安住院壁記)」(『동문선』 권64)와 고려 태조 26년(943)의 문헌이라고 전하는 「가야산해인사고적(伽倻山海印寺古籍)」(『조선사찰사료』 상)이 있다.

　이 두 기록에 의하면, 순응(順應) 대덕이 가야산 토굴에서 그의 제자인 이정(利貞) 스님과 정진하던 중 왕후의 불치병을 법력으로 치료해 준 인연으로 왕실의 도움으로 창건하였다고 한다. 최치원이 썼다는 「신라가야산해인사선안주원벽기」에는 순응이 정원(貞元) 18년(802) 10월 16일에 터를 잡아 해인사를 창건하였다고 적혀 있다.

　창건이후 신라시대 해인사의 건축 조영과 관련된 내용은 최치원이 해인사 사역(寺域)을 확장한 사실을 쓴 「신라가야산해인사결계장기」(新羅伽倻山海印寺結界場記)에 보이는데, 자세한 내용은 전하지 않고 다만 "3첩(層)의 집(屋)을 세우고, 4급(級)의 누(樓)를 올렸다"고 적혀 있다.

　다음으로 전하는 해인사 건축 조영에 관한 기록은 창건된 때부터 약 130년이 지난, 고려 건국 초기의 「균여전」에 나온다. 「균여전」에 의하면, 해인사의 희랑(希朗, 889~967?) 대덕은 신라말에 해인사 주지로 있으면서 왕건을 도와 견훤을 물리치는데 도움을 주었다. 이에 대한 보답으로 왕건은 희랑을 더욱 공경하며 모시기 위해 토지를 주어 옛 사우(寺宇)를 중신(重新)하였을 뿐만 아니라 가장 중요한 국가 문서를 보관케 했다고 한다. 이로 미루어 해인사는 창건이후 희랑대사에 의하여 고려 태조 때 비로소 제대로 된 사찰의 면모를 갖추며 새롭게 중창된 것으로 짐작된다. 그 때가 서기 930년 무렵이다.

　고려시대에 들어 해인사는 균여대사, 대각국사 등 많은 고승 대덕을 배출하게 되는데, 사우의 중수에 관한 기록은 전하지 않고, 다만 『고려실록』과 주요 전적을 해인사에 보관하였다는 기록이 『고려사』에 수차례 나온다(권22 세가 제22조, 권134 열전 제47 신우 2년조, 권122 열전 제25 백문보조 등). 이러한 사실은 해인사는 전화(戰禍)에 안전한 입지 조건을 갖춘 곳에 자리 잡았을 뿐 만 아니라 해인사에는 실록과 전적을 보관할 규모와 시설을 갖춘 건물과 터가 있었음을 뜻한다.

조선시대에 와서 고려대장경판이 해인사에 봉안되면서 사격(寺格)은 더욱 높아진다. 해인사에 고려대장경판이 봉안된 연대와 옮긴 경로에 관하여는 여러 가지 다른 설이 있지만,『정종실록』에 해인사에서 대장 경을 인출하게(정종 원년 정월 9일조) 한 기록이 있는 것으로 보아, 고려 대장경판은 1399년 이전에 해인사로 봉안된 것으로 볼 수 있다. 이 때 고려대장경판이 해인사로 옮겨질 수 있었던 것은 해인사에 대장경판을 봉안할 규모의 건물이 있었음을 뜻하고, 그 건물은 앞에서 언급한 고려 실록과 여러 전적을 보관한 건물이었을 것이다.

해인사가 지금의 규모로 확장된 시기는 성종 19년(1488)에서 21년 (1490)까지다. 이 기간에 이루어진 불사는 성종 22년(1491) 조위(曺偉, 1454-1503)가 쓴 「해인사중수기(海印寺重修記)」에 자세히 기록되어 있 는데 장경판전과 관계되는 내용을 보면, "세조는 … 혜각존자(慧覺尊 者) 신미(信眉)와 등곡(燈谷) 학조(學祖) 등으로 하여금 장경 판당을 시 찰케 한 결과 비좁고 허술하므로 경상감사에게 명하여 40여칸을 다시 짓게 하려하였다. 12년 뒤 무자년(1468)에 세조가 세상을 떠나자, 정희 (貞熹)왕후가 큰 뜻을 정하고 백성을 편하게 하니 깊은 은혜가 사방에 미쳤다. … 신축년(1481)에 주지를 제쳐놓고 학조로 하여금 절을 맡아 관리케 하더니, 마침 흉년이 들고 나라에 일이 많아 미처 시작하지 못한 채 계묘년(1483)에 정희왕후도 세상을 떠나고 말았다. 그러자 인수(仁 粹, 세조의 장남인 德宗의 妃 昭惠王后 韓氏, 1437~1504) 왕대비와 인혜 (仁惠, 세조의 차남인 예종의 계비 安順王后 韓氏, ?~1498) 왕대비 두 분 이 … 정희왕후의 뜻을 두고 이루지 못한 것을 애달프게 여기어 학조로 하여금 역사를 감독케 하고, 도료장(都料匠) 박중석(朴仲石) 등을 보내

어 판당 30칸으로 고쳐짓고 보안당(普眼堂)이라 이름하였다. 그리고 판
당 중에서 불전 3칸을 뜯어 대적광전 서쪽에 옮겨 짓고 진상전(眞常殿)
이라 하였으며, 조당(祖堂) 3칸을 뜯어 진상전 곁에 옮겨 짓고 해행당
(解行堂)이라 하였다. … "고 기록되어 있다. 「해인사중수기」의 기사를
보면, 성종 당시 이루어진 해인사 불사는 사역 전체에 걸치는 아주 규모
가 큰 불사였음을 알 수 있다.

「해인사중수기」를 통하여 해인사 장경판전은 세조가 경상감사에게
40여칸 규모로 다시 짓게 하려 했으나 세조와 왕비 정희황후가 세상을
떠나게 되어 이루어지지 못하고, 성종 때 이르러서 인수, 인혜 두 왕대
비의 후원으로 비로소 이루어졌음을 알 수 있다. 학조대사가 중창한 이
불사는 해인사의 역사상 큰 획을 긋는 불사였다. 그것은 희랑대사가 해
인사를 중창한 이후 가장 규모가 큰 중창이었고 해인사 가람의 면목을
일신한 것으로서 지금의 해인사 가람 배치의 틀은 이때에 이루어졌다고
할 수 있다.

성종 19년(1488)에 세워진 판전은 30칸 규모다. 지금 판전 일곽에 앞
뒤로 나란히 위치한 수다라장전(修多羅藏殿)과 법보전(法寶殿)은 각각
정면 15칸, 측면 2칸인 30칸 규모의 건물인데, 위의 기록은 두 건물의 정
면의 칸 수 만을 합산하여 30칸이라고 지칭한 것이다. 최흥원(崔興遠,
1705-1786)의 『백불암문집』(百弗庵文集) 권13 「유가야산록」(遊伽倻山
錄)에도 "대장경각은 전후로 각 15칸이고, 건물은 각각 4가(架)이다."고
하였고, 신필청(申必淸, 1647-1710)의 『죽헌문집』(竹軒文集) 권7에는
"장경각은 모두 120가(架)이다."고 하였는데, 120가는 30칸, 4가 규모의
건물임을 말한다. 이로써, 성종 19년 세워진 판전은 두 건물인데 정면의
크기로는 30칸, 건물 규모로는 60칸으로, 지금의 장경판전은 이 때 세워
졌음을 알 수 있다. 지금의 해인사 장경판전이 1488년 건립되었다는 사
실은 1943년 법보전 지붕의 기와를 교체할 때 '홍치원년'(弘治元年,
1488)이라고 양각(陽刻)된 암막새가 나옴으로써 더욱 확실해졌다.

　판전은 1964년에서 65년에 걸쳐 있었던 보수공사 때 발견된 상량문에 의하여 수다라장전은 천계(天啓) 2년(광해군 14년, 1622) 중수하였고, 법보전은 천계 4년인 인조 2년(1624)에 중수하였음을 알게 되었다. 천계 4년의 중수 공사는 성종 19년(1488) 판전 건립으로부터 136년이 경과한 해다.

　조선 후기에 들어 해인사 중수에 대한 기록은 보이지 않고, 다만 숙종 21년(1695)부터 고종 8년(1871)에 걸쳐 해인사에 일곱 차례 화재가 나면서 일으킨 불사를 통하여 해인사에 무슨 건물이 화재를 당하였고, 또 새로 지어졌음을 알 수 있다. 조선 후기 해인사에 일어난 화재에 관하여는 1876년 2월 퇴암(退庵) 스님이 찬술한 「해인사실화적」(海印寺失火蹟)에 기록되어 있다.

　철종 11년(1860)에는 판전 건물이 한쪽으로 기울어 새로 손을 보고 바로 잡은 적이 있고, 1871년에는 혜봉(慧峰)화상이 판전의 담장과 축대를 수축하고 번와(翻瓦)하였으며, 1888년에는 범운(梵雲) 장로가 번와하였다. 1899년에는 보정(普淨)스님이 대장경 인출을 마치고, 판전 4면의 담

해인사 전경

장을 수축하였다. 광무 3년(1899)과 10년(1906)에는 각각 인쇄 및 경판과 마구리, 금속 장식 등에 대한 수리가 있었던 것으로 전해지며, 1925년에는 만응(萬應)스님이 판전의 돌계단을 새롭게 수축하였다는 기록이 있다. 일제 감정기 판전에 대한 개보수 공사에 대해서는 정확하게 파악되지 않고 있다. 다만, 수다라장전의 중앙 통로 좌우 판자벽에 인접된 판가가 벽에 붙어 고정된 점 등으로 미루어 이 중앙 통로는 일제강점기에 관람객의 편의를 위해 개조된 것으로 추측된다. 1964년 3월부터 1965년 8월 사이에 법보전과 수다라장전 보수공사를 하였는데, 이 때 판전 서측, 북측의 담장을 10미터 밖으로 확장하였다. 현존하는 판전 관리실도 1965년에 건립하였다. 이후에도 판전에 대한 보수공사가 자주 있었다.

III. 장경판전 건물

해인사를 구성하는 건물들은 경사진 언덕을 이용하여 조성된 넓은 단에 자리 잡고 있다. 이렇게 배치한 건물들의 공간은 크게 진입공간, 수도생활공간, 예불공간, 법보공간으로 나눌 수 있다.

산문(山門)인 일주문을 지나 안으로 들어서면 하늘을 찌를 듯 높이 솟은 고목이 양쪽으로 서 있는 좁다란 길이 길게 나 있고, 이 길을 지나면 '海印叢林'(해인총림)이라고 쓴 현판이 걸려 있는 봉황문이 나온다. 봉황문 앞으로 벼랑처럼 서 있는 돌 계단을 오르면 해탈문에 이르게 되는데, 여기까지가 해인사 가람의 진입공간에 속한다. 세속으로부터 벗어나는 탈속의 공간이다. 이곳을 지나면 마당을 지나 구광루가 마주하며, 그 위쪽으로 삼층석탑과 석등이 있는 마당이 나오고, 그 주위로 궁현당, 심검당, 명월당, 사운당, 경학원 등이 자리 잡고 있다. 수도생활공간을 이루는 곳이다. 이 영역 위쪽은 예불공간에 속하는데, 이곳에는 대적광

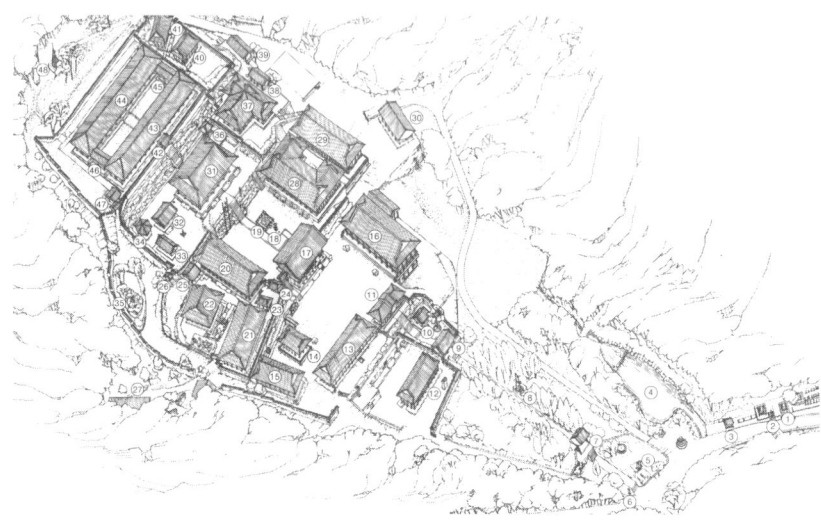

해인사 조감도

(범례 : 1. 해인사사적비, 2. 길상탑, 3. 반야사 원경왕사비각, 4. 영지, 5. 당간지주, 6. 원표, 7. 일주문, 8. 고사목, 9. 봉황문, 10. 국사단, 11. 해탈문, 12. 우화당, 13. 사운당, 14. 범종각, 15. 청화당, 16. 보경당, 17. 구광루, 18. 석등, 19. 정중삼층석탑, 20. 궁현당, 21. 적묵당, 22. 경학원, 23. 수각1, 24. 화장실1 및 세면장, 25. 간병실, 26. 야경실, 27. 창고 및 정미소, 28. 관음전, 29. 정수당, 30. 화장실2, 31. 대적광전, 32. 명부전, 33. 응진전, 34. 독성각, 35. 학사대, 36. 안내실, 37. 선열당, 38. 수각2, 39. 화장실3, 40. 퇴설당, 41. 조사전, 42. 보안문, 43. 수다라장전, 44. 법보전, 45. 동사간판전, 46. 서사간판전, 47. 판전 관리실, 48. 수미정상탑)

장경판전 입구

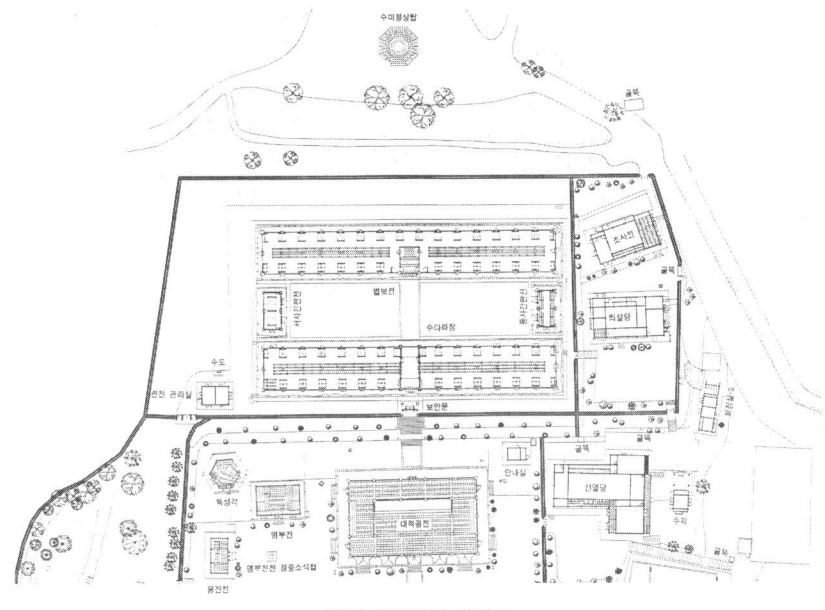

장경판전 일곽 배치도

전을 중심으로 명부전, 응진전, 삼성각 등이 자리한다. 대적광전 뒤는 해인사의 상징인 팔만대장경판을 봉안한 판전 건물이 있는 법보공간이다.

판전 건물은 현재 해인사에서 가장 오래된 건물이다. 판전 일곽에 들어가려면 팔만대장경을 '보안' 한다는 뜻을 지닌 문인 보안문을 지나야 한다.

장경판전 일곽은 길이가 50미터가 넘고, 깊이가 15미터가 넘는 길쭉한 마당 둘레로 배치된 네 동의 건물로 구성되어 있다. 판전 일곽의 앞쪽에 해당하는 곳에 위치한 긴 건물은 하전(下殿)인 수다라장전(修多羅藏殿)이고, 뒤에 있는 안쪽의 긴 건물은 상전(上殿)인 법보전(法寶殿)이다. 이 두 건물의 동·서쪽 양끝 사이에 있는 작은 두 동의 건물은 각각 동사간판전(東寺刊版殿), 서사간판전(西寺刊版殿)이다. '수다라' 는 부처님께서 말씀하신 경을 일컫는 범어 Sūtra의 음표기이다.

수다라장전과 법보전은 각각 정면 15칸 측면 2칸 (수다라장전 길이

60.54m, 깊이 8.90m, 넓이 538.81m², 법보전 길이 60.45m, 깊이 8.61m, 넓이 520.47m²) 되는 큰 규모의 건물이고, 동사간판전과 서사간판전은 각각 정면 2칸 측면 1칸 (동사간판전 길이 7.50m, 깊이 3.43m, 넓이 25.73m², 서사간판전 길이 7.43m, 깊이 3.40m, 넓이 25.26m²) 되는 건물이다.

수다라장전 통로

수다라장전 가운데 칸에는 판전 일곽으로 사람들이 드나드는 통로를 내었는데, 통로 좌우 양측으로 수다라장전 내부로 들어가는 출입문이 나 있다. 수다라장전 정면의 통로 개구부는 음전하게 생긴 둥그스름한 곡선으로 처리하였고, 후면의 통로 개구부는 그냥 상하 인방과 문설주만으로 짠 직사각형 문틀이 달려 있고, 문은 달지 않았다.

법보전은 수다라장전 뒤로 약 16미터 떨어져 있고, 건물 중앙의 전면 한 칸에는 벽을 쳐서 비로자나불을 중앙에 모시고 그 양쪽에 문수, 보현보살을 모셨다. 건물의 규모나 구조 형식은 기본적으로 수다라장전과 같다.

법보전, 수다라장전은 모두 그리 높지 않은 기단 위에 놓인 덤벙초석 위에 기둥을 세운 초익공계, 5량 구조, 홑처마의 우진각지붕 건물로서, 내부에는 판가가 배열되었고, 연등천장을 하였다. 평면으로 보아 건물 앞뒤에 갓기둥열과 내부 중앙에 높은 기둥열을 배치한 형식이다. 갓기

장경판전 일곽 전경

둥은 두리기둥으로 약간의 배흘림이 있고, 높은 기둥은 네모기둥으로
배흘림이 없다. 동 · 서사간판전은 익공계, 3량구조, 홑처마의 맞배지붕
이고, 내부는 연등천장이다. 4동 건물들은 모두 기둥의 배흘림, 귀솟음,
안쏠림이 보이며, 전반적으로 건물의 가구(架構) 형식은 간략하고 소박
한 구조를 하였다.

박상진교수의 연구에 의하면, 수다라장전 건물 기둥에 사용된 나무는
잣나무, 소나무, 전나무, 느티나무, 상수리나무 등이고, 법보전은 기둥
하나만 잣나무이고 나머지는 모두 느티나무이다. 서사간판전과 동사간
판전은 소나무, 잣나무, 느티나무가 사용되었다.

판전 건물의 무엇보다도 중요한 기능은 경판을 보호하고 오랫동안 보
존할 수 있게 하는 것이다. 이렇게 하려면 적당한 환기와 온도로 경판의
부식을 방지하여야 한다. 따라서 건물의 통풍이 잘 이루어지도록 건물
외벽에 붙박이 살창을 두었는데 벽면의 아래위와 건물의 앞면과 뒷면의
살창 크기를 달리함으로써 공기가 실내에 들어가서 아래위로 돌아 나가

도록 아주 절묘한 기술을 발휘하여 처리하였다.

수다라장전 건물의 전면 벽에는 양측 기둥 사이에 중방을 걸치고 붙박이 살창을 아래위로 두었는데, 아래 창 안쪽치수는 폭 2.21m, 높이 1.04m(넓이 2.30m²)이고, 위의 창은 폭 1.26m, 높이 0.48m(넓이 0.60m²)이다. 아래창이 위창보다 약 3.83배가 크다. 뒷면은 아래창이 폭 1.30m, 높이 1.22m(넓이 1.59m²)이고, 위창은 폭 2.31m, 높이 1.02m(넓이 2.36m²)로 위창이 아래 창보다 약 1.48배가 크다. 이러한 차이는 뒤쪽에 놓인 법보전에서도 볼 수 있다. 법보전 정면은 아래창이 폭 2.50m, 높이 1.03m(넓이 2.58m²), 위 창이 폭 1.25m, 높이 0.47m(넓이 0.59m²)로 아래 창이 위 창보다 약 4.37배가 크고, 건물 뒷면은 아래창이 폭 1.89m, 높이 0.89m(넓이 1.68m²), 위창이 폭 2.17m, 높이 1.02m(넓이 2.21m²)로서 위 창이 약 1.32배 크다. 이렇게 창을 서로 다르게 낸 것은 건물 뒤쪽에서 내려오는 습기를 억제하고 건물 안의 환기를 원활히 하기 위해서다.

장경판전 뒤 담장 밖에는 수미정상탑이 있는데, 이 자리에는 잘못 했으면 새 판전 건물이 들어설 뻔하였다. 1972년 당시 박정희 대통령은 한국을 대표하는 해인사 대장경판이 목조여서 화재와 폭격 등 돌발적인 재해의 위험이 있다고 하여 특명으로 기존의 장경판전과 같은 형식으로 설계한 지하 1층, 지상 1층의 철근콘크리트 구조 건물을 지금 수미정상탑 자리인 법보전 바로 뒤쪽에 세우도록 하였다. 건설장비들을 가져와 공사를 하려고 하자, 당시 해인사 스님들이 해인사 가람 배치의 풍수적 특성, 목조 문화와 콘크리트 문화의 정서가 주는 이질감 등을 이유로 강경하게 반대하여 그 자리에 짓지 못하고 결국 판전에서 동쪽으로 약 120m 정도 되는 곳에 있던 극락전 자리에 최신 현대 기술과 설비를 갖춘 새 건물을 짓고 극락전은 지금의 자리로 이건하였다. 건물 완공 후 일부 대장경판을 새 건물로 옮긴 적이 있으나 경판을 옮겨 모시기에는 여러 가지로 부적합하다고 판정되어 방치되어 있다가 1984년부터 해인사 선원으로 사용되고 있다.

장경판전 건물은 그 중요성으로 보아 몇 가지 특성을 지닌다. 하나는, 부처님 말씀을 기록한 경판을 봉안하기 때문에 사격(寺格)을 상징적으로 나타낼 수 있는 곳에 위치한 점이다. 해인사 일주문, 봉황루, 해탈문, 구광루를 거쳐, 또 부처님이 모셔진 대적광전을 지나서 그 뒤, 해인사 경내에서 가장 뒤편, 가장 높은 곳에, 가장 위계가 높게 판전 건물은 자리 잡고 있다. 이는 곧 법보사찰 해인사의 상징이 된다. 다음으로, 판전은 그 건물이 자리 잡을 입지 문제와 건물 자체의 과학적, 기술적인 문제를 해결하여 경판을 잘 봉안할 수 있도록 처리하여 지은 건물이란 점이다.

IV. 장경판전 건물의 과학성

장경판전은 부처님 말씀을 기록한 대장경판을 봉안하기 때문에 해인사에서 가장 위계가 높은 건물임을 상징적으로 드러내는 점 외에도, 이 건물이 자리 잡은 입지조건과 건물에 구현된 과학적, 기술적인 처리로 경판을 600년이 넘도록 온전히 봉안할 수 있도록 한 점이 크게 돋보인다. 그러한 이유로 판전은 건축적 가치를 높이 평가받는다.

이는 판전 건물이 자리 잡은 위치, 건물배치와 좌향, 건물구조와 창호 처리, 판가(板架) 구조, 경판 배열 등의 측면에서 통풍이 잘되고 일조량도 적당하고, 목판을 보존하는 데 최적의 조건인 항온, 항습의 상태를 유지하도록 되어 있기 때문이다. 그 내용은 다음과 같이 집약될 수 있다.

판전 건물이 자리 잡은 곳은 해발 1,430m인 가야산의 중턱인 약 655m 되는 고도이고, 건물은 서남향으로 앉아 있다. 서남향은 해인사 뒤에 있는 가야산 주봉, 앞의 남산 제일봉, 그 어느 산봉우리와도 일직선상의 축을 형성하지 않는 좌향이다. 오히려 이 좌향은 바람의 흐름과

크게 상관된다. 판전을 서남향으로 한 것은 해인사 주변에 부는 바람의
주 흐름 방향인 동남향을 하지 않게 한 것과 연관된다. 서남향으로 건물
을 앉힘으로써 남쪽 아래에서 동남풍으로 불어 올라오는 습기가 많은
바람이 자연스럽게 판전을 타고 돌아 건물 옆으로 비스듬히 스쳐 지나
가게 하였다. 또 이 지점은 계곡에서 불어올라 온 공기의 습도가 어느
정도 떨어지는 고도이기도 하다. 이는 곧 건물 내부의 적절한 습도 유
지, 원활한 통풍과 직결된다. 판전은 이와 같이 통풍과 습도조절이 자연
적으로 이루어지는 조건을 갖춘 가야산 중턱에 자리하고 있다.

　판전 건물이 서남향을 하고 있는 좌향은 일조와도 관련된다. 서남향
은 건물주변 어느 곳에도 영구 음영이 생기지 않게 하는 배치이기도 하
다. 건물 주변 어느 곳에도 영구 음영이 생기지 않게 하는 것이 판전의
일조환경 조절에 중요하기 때문이다. 그런 까닭에 맑은 여름철 하루 일
조 시간은 12시간, 봄, 가을은 9시간, 겨울은 7시간이나 된다.

　가장 중요한 사항인 경관의 변형이 적게 일어나게 하기 위해서는 온

수다라장전 정면

도, 습도, 통풍 등 실내기후의 조절이 중요하다. 건물 내부의 통풍이 원활하고, 계절과 밤낮에 따른 습도와 온도의 변화가 적어야 할 뿐 아니라, 실내에는 항상 일정한 공기의 흐름이 있어야 한다. 이러한 문제를 해결하기 위해 판전 건물에는 자연적으로 기후조절이 되도록 하는 장치가 있다.

판전 일곽의 중심이 되는 건물인 수다라장전, 법보전 두 건물 각 벽면에는 아래위로 두 개의 창을 이중으로 내어 아래 창과 위 창의 크기가 서로 다르게 되어 있다. 건물의 전면 창은 위가 작고 아래가 크며(上小下大), 뒷면 창은 아래가 작고 위가 크게(下小上大) 되어 있다. 이것은 큰 창을 통해 건조한 공기가 건물 내부로 흘러 들어오게 함과 동시에, 그 공기가 될 수 있으면 건물 내부에 골고루 분포되게 한 후 밖으로 빠져나가게 하기 위함이다.

이태녕 교수가 조사한 결과에 의하면, 판전 내부의 온·습도는 외기의 온·습도에 따라 변하는데, 온도는 외기에 비해 섭씨 0.5~2도 낮게 유지되며, 습도는 외기 습도에 비해 5~10% 높다. 목판의 경우 적정한 습도는 최소 60~70%이상으로 너무 높으면 썩기 쉽고 너무 낮아도 뒤틀리는 특성이 있어 적정치를 지속적으로 유지해야 하는데 해인사 주변의 습도는 연중 인근지역에 비해 6~10%가량 높다. 그럼에도 경판이 온전히 보존돼 온 것은 판전이 위치한 곳이 지역적 특성상 3개의 계곡이 만나는 지점으로부터 바람이 항상 불어 자연적인 습도조절이 이뤄지기 때문인 것으로 조사됐다.

판전 내부는 흙바닥인데 깊이 5cm까지는 석회가 혼합된 층이며, 5~40cm 깊이까지는 기와와 돌조각, 목탄 알갱이가 발견되는 층이며, 40cm 이하에서는 가끔 숯이 발견되는 층으로 조사되었다. 이렇게 바닥을 처리함으로써 실내 습도가 높을 때는 습기를 빨아들이고, 건조할 때는 습기를 내뿜으며 자연적으로 습도가 조절되도록 했다. 이것은 경판의 변형을 줄이는 동시에 곤충이나 해충의 침입을 막는 효과도 있다.

장경판전 내부

경판을 보관한 판가 역시 매우 과학적이며 합리적으로 배열돼 있다. 원래 판전 내부에는 다섯 단으로 된 판가가 건물 가운데와 뒤쪽에만 남쪽과 북쪽 벽면과 평행을 이루며 두 줄로 길게 세워져 있었다. 남쪽 벽을 따라 비워 둔 앞쪽 공간은 인경(印經) 작업을 위한 곳이다. 건물 앞면의 아래 창이 큰 것은 통풍뿐 아니라 인경 작업을 하는데 충분한 채광을 얻기 위해서도 필요한 해결 방안이다.

경판은 뒤틀리지 않게 양끝에 각목(角木)으로 마구리를 붙였는데, 손잡이가 되는 이 마구리 부분은 두껍고 글씨를 새긴 경판 부분은 얇다. 판과 판이 쌓이면서 서로 손상을 주지 않도록 조치한 것이다. 경판들은 판가 각 단에 두 줄로 세로로 세워 쌓였는데, 마구리 부분보다 얇은 경판과 경판 사이에는 자연적으로 공간이 생기는데 이 공간은 공기가 아래에서 위로 자연스럽게 유통할 수 있는 굴뚝같은 통로가 된다. 모든 경판이 공기에 접하도록 되어 있는 셈이다. 창을 통해 들어온 공기가 건물 내부에서 앞뒤로 흐르고, 또 판가에서는 경판과 경판 사이를 통해 공기가 아래위로 흐르기 때문에 판전 내부의 온도와 습도는 자연히 고르게 유지된다. 이처럼 외부의 풍향이나 온도의 변화에도 불구하고 판전 안에서는 공기의 유동이 끊임없이 이루어지기 때문에 실내에 상승기류가 생기지도 않고, 또 상부가 하부보다 기온이 높지도 않다. 이것이 경판의 변형을 줄이는 비결이다.

이태녕 교수의 조사에 의하면, 판전 내부의 모든 공간의 온도 습도는 균일하다. 그리고, 경판표면의 온도와 습도는 이들 환경과는 달리, 여름에도 28℃이내에 머물고 일교차가 대략 5℃ 내외에 머물며 습기는 통상 건조한 싯점과 다습한 때를 제외하고는 75~85% 범위 내외를 유지하고 있다. 온도조절 기능은 곰팡이나 썩음 균등의 서식을 막아주는 역할도 하고 있는 것으로 밝혀졌다. 이 같은 온·습도 조절에는 판전 지붕의 기와도 한몫하고 있는 것으로 조사되었다. 이는 구운 기와[燔瓦]만이 가지는 보습기능 때문이다.

일반적으로 글자를 새긴 목판 표면에는 먹물을 칠하거나 콩의 전즙과 송연으로 처리한 뒤 판가에 보관하는 것이 보통인데 해인사 대장경판은 경판을 보존하고, 치장을 하기 위해 특별히 옻칠을 했다. 팔만대장경판의 표면 바탕에는 진한 먹으로 밑칠을 한 다음 그 위에 안료가 섞이지 않은 생옻을 2~3차례 칠한 것으로 밝혀졌다. 일반적인 목기와 다른 점은 칠공정의 일부가 생략되었는데, 이것은 칠 재료의 절약과 일손을 덜기 위한 것이라기보다 경판의 특성상 칠막이 지나치게 두꺼울 경우 양각된 글자의 윤곽이 무디어지는 것을 피하기 위한 배려 때문으로 분석됐다.

이러한 과학적인 처리는 대장경판이 지금까지 온전하게 보존되어 온 중요한 이유 중의 하나로 평가받고 있다. 이러한 처리야말로 자연을 최대한 이용한 하이테크다. 판전 건물의 외관 및 배치 방식에 깔린 독특한 구성미와 간결하고 소박한 아름다움은 이러한 과학성과 합리성에 기초하여 이루어져 있다. 이러한 판전 건물을 가리켜 일찍이 이중환은 『택

리지』에서 "장경각(藏經閣) 백이십간을 지어서 갈무리하였다. … 지금
천여 년이 지났으나 판(版)은 새로 새긴 것 같으며, 나는 새도 이 집을
피해서 기와지붕에 앉지도 않으니, 이것은 실로 이상한 일이다."라고
기록하고 있다.

V. 해인사 고려대장경(판)

　장경(藏經)은 대장경(大藏經)이라고도 불리는데 "부처님의 모든 말
씀을 체계적으로 집대성한 것"을 말한다. 부처님의 말씀은 세 개의 큰
광주리, 즉 삼장(三藏, Tri Pitaka)이라고 불리는 경장(經藏, Sutra
Pitaka), 율장(律藏, Vinaya Pitaka), 논장(論藏, Abhidarma Pitaka)
으로 나뉘어 담겨져 있다. 경장은 부처님의 말씀을 담은 근본교리이고,
율장은 부처님의 가르침을 따르는 사람들이 지켜야할 윤리의 조항과 공
동 생활상의 규범이며, 논장은 위의 '경'과 '율'에 대해 연구해 놓은 것
이다. 이 세 가지 큰 광주리를 합쳐 '대장경'이라고 한다. 이는 불교경
전 일체를 총괄하기 때문에 일체경(一切經)이라고도 한다.

　해인사 장경판전은 대장경을 모신 건물이다. 해인사의 대장경은 흔
히 '고려대장경' 혹은 '팔만대장경'으로 불린다. '고려대장경'이란 명
칭은 해인사의 대장경이 고려시대에 조성되었기 때문에 그렇게 생긴 것
이고, '팔만대장경'이란 명칭은 해인사에 모신 대장경 경판의 숫자가
팔만장 이상 되기 때문에 그렇게 불린다. '고려대장경'과 '팔만대장경'
을 합쳐서 '고려팔만대장경'이라고도 하며, 해인사에 봉안되어 있기 때
문에 '해인사 팔만대장경' 혹은 '해인사 고려대장경'이라고도 한다.

　해인사에 모시고 있는 고려팔만대장경판의 숫자는 81,258장(경종류
1,511종, 권수 6,802권)이다. 불교에서 '팔만' 혹은 '팔만사천'이라는
숫자는 '많다'는 의미를 가지고 있다. 불교에서는 인간의 번뇌가 많음

을 들어 '팔만사천번뇌' 라고 하며, 부처님의 많은 가르침을 '팔만사천 법문' 이라 이름 한다. 중생들에게 팔만사천 번뇌(병)가 있기에 부처님께서 이를 퇴치하기 위해서 팔만사천 법문(약)을 설하셨다고 풀이한다.

우리나라는 고려 시대에 처음으로 대장경판 조성이 시작되었는데, 최초의 대장경판 조성은 고려 현종 2년(1011년) 1월 거란병이 개성을 침공하자 임금이 나주로 피난가서 대장경판을 새기기 시작하여 현종 20년(1029년)에 18년 걸려 완성한 것으로 "초조 고려대장경(初雕高麗大藏經)"으로 불린다. 그 후 문종은 즉위 원년(1047) 초조 고려대장경을 보완하였으며, 숙종 원년(1096) 대각국사 의천은 흥왕사에서 교장도감을 설치하고 송나라, 요나라, 일본에 있는 경전을 조사하고 모집해서 "신편 제종교장총록(新編諸宗敎藏總錄)" 이라는 책을 펴내고, 이를 목판에 새긴 것이 이른바 "고려 속장경(續藏經)" 이다. 이상 언급한 대장경판은 대구 팔공산 부인사에 봉안되어 있다가 고종 19년(1232) 몽고군의 침입으로 소실되고 말았다.

그 후 고려는 몽고의 침입을 받자 고종 23년(1236년)에 시작하여 고종 38년(1251년)까지 16년에 걸쳐 강화도 선원사에는 장경도감을, 진주 등지에는 분사를 두어 다시 대장경판을 조성하였는데 이 대장경판이 현재 해인사에 모셔져 있다. 이 대장경판은 다시 조성하였기 때문에 재조(再雕) 대장경판이라고 한다. 그 당시 대장경판의 조성을 위한 왕과 백성들의 간절한 염원과 뜻은 1237년에 이규보가 지은 "군신기고문"(君臣祈告文)에 잘 나타나 있다.

해인사 고려대장경판의 글씨를 두고 많은 사람들이 한결같게 아름다운 것은 물론이고, 마치 한 사람이 쓴 듯이 일정하며, 한 글자도 잘못 쓰거나 빠뜨린 자가 없이 완벽한 장경을 이루고 있어 역사상 그 유례를 찾을 수 없다고 말한다.

그런데, 고려대장경을 판각한 동기, 사용한 나무의 종류, 제작 방법 등에 대해서는 어느 정도 알려져 있지만 경판을 판각하며 제작한 장소,

판각의 과정, 필생(筆生)과 각수(刻手)의 확보와 훈련 및 숫자, 경판을 해인사로 옮긴 이유, 옮긴 시기, 옮긴 경로와 방법, 경판의 정확한 숫자 등에 대해서는 아직도 풀리지 않은 수수께끼들이 많다.

경판 제작 장소에 대해서는 강화에서 경판을 제작했다는 주장과 남해, 거제 및 진주에도 분사도감(分司都監)을 설치하고 경판을 제작하였다는 주장이 있으며, 해인사에 고려대장경판이 봉안된 사실에 관해서도 여러 가지 다른 주장이 있다. 그 중에서 대표적인 주장을 들면, 하나는 고려대장경판은 강화도에서 새겨서 보관하다가 해인사로 옮겨온 것이라는 것이고, 다른 하나는 해인사에서 각판하였거나 아니면 가까운 남해안 지역에서 각판하여 가져왔으므로 처음부처 해인사에 있었다는 주장이다. 전자를 흔히 강화 출륙설(江華出陸說)이라고 하고, 후자를 재래설(在來說)이라고 한다.

강화 출륙설에 대해서는 『동문선』에 기록된 자료를 근거로 해서 고려 충숙왕 5년(1318)에서 우왕 7년(1381) 사이에 대장경판을 강화도에서 해인사로 옮겼다는 고려말설, 태조 6년인 1397년에서 태종6년인 1406년 사이의 9년간에 옮겼다는 정축년 출륙설, 태조 7년인 1398년 5월 10일과 정조 원년인 1399년 1월 9일 사이의 약 9개월 동안에 강화도에서 해인사로 옮겨왔다는 조선 태조 7년설(1398), 성종실록 성종 9년(1478) 11월 21일조에 나오는 기록에 근거하여 세조 초기 이운설 등 여러 가지 설이 있으나, 그 중에서 가장 신빙성이 있는 것은 조선 태조 7년설이다.

『태조실록』에 의하면, 조선 태조 7년(1398) 5월에 들어와 강화도 판당(板堂)에 보관되어 있던 팔만대장경판은 서울 지천사(支天寺)로 옮겨졌다. 지천사에 모셔졌던 팔만대장경은 여름철 우기가 지나고 가을 들어 곧바로 다시 해인사로 옮겨간 것으로 보인다. 그러나 여기서 말하는 대장경판이 우리가 알고 있는 고려팔만대장경판을 말하는 것인지 아니면 다른 경판인지도 명확하게 알 수 없고, 옮겨온 대장경판이 해인사에 있는 81,258장 전부인지, 일부인지도 정확하게 확인할 단서를 찾을 수 없다.

　하지만, 조선초기에 고려대장경판이 해인사에 봉안되는 것은 확실하고, 이때부터 해인사는 법보종찰로 유명하게 되었다. 특히, 이 때 고려대장경판이 해인사로 옮겨질 수 있었던 것은 해인사에 경판을 봉안할 규모의 건물이 있었음을 뜻하고, 그 건물은 앞에서 언급한 고려실록과 여러 전적을 보관한 건물이었을 것이다.

　해인사로 팔만대장경을 어떤 경로로 옮긴 지에 대해서는 육지라는 설과 바다라는 설이 있다. 육료 이운설은 대장경을 실은 배가 남한강 줄기를 따라 올라와 충주의 가흥창에 도착한 다음 인력으로 경판을 새재, 문경, 점촌을 거쳐 낙동강변에 운반하여 수로로 낙동강을 타고 내려와서 고령 개포나루(옛 장경나루)에 도착한 다음 다시 육로로 해인사로 운반하였다는 설이다.

　해로 이운설은 조선 초기 조곡을 싣고 한양을 왕래한 조운선(漕運船)의 경로를 이용했을 가능성이 크다는 주장이다. 조선 후기까지 경상도

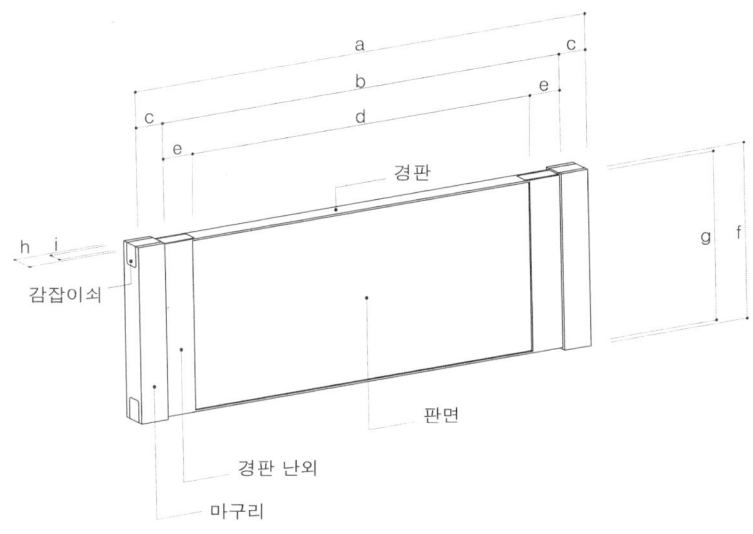

대장경판
(a : 전체 너비, b : 경판 너비, c : 마구리 너비, d : 판면 너비, e : 경판 난외(欄外) 너비, f : 마구리 길이, g : 경판 길이, h : 마구리 두께, i : 경판 두께)

의 조곡은 대부분 낙동강을 따라 부산에서 남해, 서해를 거쳐 한양으로 이운됐다고 한다. 이를 근거로 경판은 육로보다는 해로를 통해 강화에서 해인사로 이운했을 가능성이 훨씬 크다고 본다. 해로를 통해 이운된 경판은 낙동강 고령 개포나루에서 육로로 해인사로 이운되었을 것이라는 주장이다.

육로이든 해로이든 공통적인 것은 낙동강 개포나루에서 최종적으로 경판이 해인사로 이운되었다는 사실이다. 해인사 법당인 대적광전 외벽에는 경판 이운에 관한 벽화가 있는데, 이 벽화에는 경판을 우마차에 싣거나 이고 지고 산을 넘어 해인사로 오는 장면이 그려져 있다.

현재의 고려대장경판을 강화도에서 해운사로 이운된 경판으로 보기에는 이운 연대와 경로문제 이외에 몇 가지 의문점이 지적되고 있다. 가장 대표적인 의문점으로는 어떤 경로를 거쳐 운반되었든, 해인사까지 그 먼 길을 따라 옮겨왔다면 경판이 서로 맞닿은 흔적이나 경판에 새긴 글씨나 경판 어느 부위가 떨어져 나간 것이 상당수 있을 텐데 그러한 것이 없다는 점이다. 다음으로, 경판에 사용된 나무가 산벚나무를 비롯하여 후박나무, 굴거리나무 등 대부분 남해안과 섬 지방에 주로 자라는 나무라는 것이다. 그렇다면 벌채한 나무를 강화도로 운반하여 각판하였다는 것인데 그렇게 한 이유가 풀리지 않고 있다.

대장경판 제작에 사용된 나무는 최근까지 자작나무로 많이 알려져 있었는데 박상진교수의 연구에 의하면 남해의 산벚나무와 돌배나무가 주를 이루며 기타 자작나무, 층층나무, 단풍나무, 후박나무 등이 사용된 것으로 밝혀졌다. 경판에 사용된 원목은 경판 자체가 뒤틀리고 부패하거나 벌레 먹는 것을 방지하고 나무 재질을 더욱 견고하게 하기 위하여 바닷물에 담구어 두었다가 꺼내어 경판 제작에 알맞게 일정한 크기로 자른 다음, 그것을 다시 소금물에 삶고, 이를 민물에서 소금기를 뺀 후 그늘에 말려 대패질하여 다듬는 과정을 거쳐 판각한 것으로 알려져 있다.

수다라장전과 법보전에 보관된 경판의 전체 너비(마구리 포함)는

68cm에서 78.4cm의 범위에 있으며, 크게 68cm, 70cm, 73cm, 75cm, 78cm 크기로 나눌 수 있다. 경판 길이(폭)는 19cm인 것도 있으나 대체로 24cm 전후이고, 경판 두께는 1.85cm~3.14cm로 평균 2.8cm정도이다. 경판의 무게는 치수와 상관성이 높으므로 68cm 및 70cm 경판인 경우에는 약 2,600~3,300g, 73cm 및 78cm인 경판인 경우는 약 3,200~3,800g의 범위에 있다. 이러한 크기의 경판 8만여장을 전부 쌓으면 그 길이는 3,000m가 훨씬 넘는다. 높이 2,744m인 백두산보다도 훨씬 높은 길이인 셈이다.

경판에 글자가 새겨진 판면의 크기는 가로 길이인 판면 너비는 51~54cm, 세로 길이인 판면 길이는 약 22cm가 된다. 이 판면에 상하의 계선을 그린 다음 한 면에 23행, 한 행에 14자, 사방 5푼(약 1.5cm) 되는 글자를 판면 전후 양면에 모두 624~644자 새겼다. 경판의 글씨는 돋을새김으로 새겼고, 필체는 구양순(歐陽詢)체라고 한다. 판의 뒷면 끝에는 경의 이름과 장 수, 천자문 차례에 따른 함 이름을 새기고 경판의 좌우 끝 각목에도 같은 표시를 새겨 쉽게 정리하고 찾도록 해놓고 있다.

글자를 새긴 다음 경판이 뒤틀리지 않도록 양 끝에 각목으로 마구리를 붙여 경판의 뒤틀림과 쪼개짐을 방지하고 옻칠을 하고 마무리 손질을 가한 다음, 마지막으로 네 귀에 동판(銅版)으로 만든 감잡이쇠를 쇠못으로 고정시켜 한 장의 경판을 완성하고 있다.

해인사 대장경판은 지금까지 잘 보관되고 있지만, 일본의 요구로 해인사에 보관되지 못하고 일본으로 보내졌을 뻔 하였거나, 화재나 전쟁으로 사라질 위험을 몇 차례 겪었다.

첫 번째 위기는 조선초기에 있었다. 조선왕조실록에 의하면, 일본은 고려말부터 사신을 보내 대장경을 요구하기 시작하다가 조선 초기에 이르면 각종 공물을 바치면서 대장경을 끈질기게 요구해왔을 뿐만 아니라 세종대에는 심지어 대장경판 자체를 요구하기까지 하였다. 세종실록(5년 12월 25일조, 6년 1월 1일조, 2일, 8일조, 6년 1월 28일조, 2월 7일조,

12월 17일조, 7년 4월 12일조, 5월 11일조 등)을 보면 일본 사신이 단식까지 하면서 완강하게 대장경판을 요구하자 임금은 대장경판은 우리나라에 오직 한 벌 밖에 없으므로 줄 수 없다고 말하며, 대장경판 대신에 다른 경판과 전적 등을 내려 가져가게 한다. 대장경판에 대한 요구가 갈수록 많아지자, 세종은 해인사의 대장경판을 도성 근처로 옮기는 계획까지(세종실록 19년 4월 28일조) 세우지만 신하들이 모두 "수송하는 폐단이 있사오니, 그 감사로 하여금 검찰하여, 그 수령으로 하여금 맡아서 더럽히거나 손상시키지 못하게 하고, 수령이 갈릴 때에는 장부에 기록하여 전해서 맡게 함이 마땅하옵니다."고 하므로 그대로 따랐다. 그 후에도 대장경판을 해인사에서 다른 곳으로 옮겨 보관하려는 논의가 있었으나 (세종실록 22년 9월 12, 13일, 14일조 등) 실현되지 않았다.

두 번째 위기는 임진왜란 때였다. 대장경판과 판전을 포함한 해인사의 건물들은 임진왜란의 전화를 면하였다. 이를 두고 이중환은 『택리지』에서 "임진년 왜란 때에 금강산, 지리산, 속리산, 덕유산은 모두 왜적의 전화를 면치 못하였으나, 오직 오대산과 소백산 그리고 가야산에는 이르지 않았다. 그런 까닭에 옛부터 삼재(三災)가 들지 않는 곳이라 한다"고 했다. 해인사가 임진왜란 때 왜군의 침입으로부터 안전했던 것은 당시 이 지역을 지켰던 승병과 의병의 힘이 절대적으로 컸기 때문이다.

세 번째 위기는 조선 후기 해인사에 수 차례 발생한 화재 때였는데, 다행스럽게도 화재는 장경판전까지 미치지 않았다.

네 번째의 위기는 동족상잔의 비극적인 6·25전쟁 때이었다. 낙동강까지 내려온 인민군은 1950년 9월 인천상륙작전으로 퇴각로가 차단되었는데, 이때 낙오된 인민군 약 900명이 해인사를 중심으로 가야산에 숨자 이들 공비를 소탕하는 과정에서 미군 사령부는 1951년 9월 18일 해인사에 공중 폭격을 단행하는 작전을 편다. 하지만, 당시 편대장 김영환 (1921~1954) 대령은 팔만대장경의 중요성을 알고 폭격 명령 지점인 해인사 대적광전 앞마당 상공에서 기수를 돌려 선회하면서 편대기들에게 폭격 중지를 명령했다. 그 날 저녁, 명령 불복종의 경위를 추궁하는 자리에서 김영환 대령은 우리 민족에게 소중한 유산인 팔만대장경을 수백 명의 공비를 소탕하기 위하여 잿더미로 만들 수 없었다고 답한다.

해인사 스님들의 구전에 의하면, 6 · 25전쟁 당시 해인사를 점령하고 있던 인민군들이 철수하면서 불을 질러 태워버리고 갈 것인지 아니면 그냥 철수할 것인지를 놓고 자기들끼리 의견이 분분하여 투표로 결정하기로 하였다고 한다. 개표결과 한 표 차이로 장경판전을 비롯한 해인사 여러 전각들이 화재를 면할 수 있었다고 한다.

종묘, 죽은자들을 위해 살아있는 건축

김봉렬 한국예술종합학교 건축과

종묘, 죽은 자들을 위해 살아있는 건축

I. 동양적 고전주의 건축의 전범

종묘는 역대 임금과 왕비들의 신주를 모셔놓고 국가적인 제사를 지내는 곳이다. 유교적 세계관에 의한다면, 사람이란 영혼인 혼(魂)과 육신인 백(魄)이 결합된 존재이며 죽음이란 혼과 백이 분리되어 영혼은 하늘로 올라가고 육신은 땅으로 돌아가는 과정이라고 생각했다. 따라서 죽은 조상을 숭배하려면 혼을 위하여 사당인 묘(廟)를 세우고 백을 위하여 무덤인 묘(墓)를 만들어야 했다. 초월적 신을 인정하지 않는 종교인 유교에서 조상신은 중요한 숭배대상이 되고, 특히 한 나라의 최고 인격체인 역대 왕들을 모신 종묘는 최고의 사당건축이요, 가장 숭고한 신전이 된다.

종묘는 건축형식과 그것이 담고 있는 의례가 세계에서 유일하다고 해도 좋을 정도로 독특하고 희귀하다. 그러나 종묘의 가치가 단지 희소성에만 있는 것은 아니다. 종묘를 일컬어 흔히 "동양의 파르테논 신전"이라는 찬사를 보낸다. 파르테논 신전은 그리스 아테네의 아크로폴리스 언덕 위에 세워진 석조 신전이다. 서양인들은 그들의 건축적 뿌리가 파르테논 신전에 닿아있다고 생각한다. 수많은 고대 건축물 가운데 파르테논 신전이 가장 정교한 수학적 비례체계와 우아한 기법을 갖추고 있어서, 서양의 고전건축 가운데 최고의 보물이며 다른 건축물들의 모범

종묘 정전(측경)

이 되기 때문이다. 마찬가지로, 종묘는 동양건축의 근본적 원리들을 가장 완벽하게 구현하고 있으며, 장엄하고 정제된 동양건축의 정신과 종교적 건축이 가져야할 보편적인 가치들을 구현하고 있는 인류 공동의 문화유산인 것이다.

II. 종묘의 의미

중국과 한국의 옛 수도는 제왕이 거주하며 나라를 다스리는 왕도(王都)였다. 왕도의 장소가 정해지면 가장 서둘러 세워야 할 3가지 건축이 있으니, 바로 종묘와 사직, 왕궁, 그리고 성곽이었다. "종묘는 조상을 받들어 효경을 숭상하는 곳이고, 궁궐은 존엄을 보이고 정령을 반포하는 곳이요, 성곽은 안팎을 엄하게 하고 나라를 견고하게 하는 것이니, 이들을 가장 먼저 건설해야 한다."[1] 종묘는 역대 임금의 위패를 봉안하고 제사를 드리는 국가적 사당, 유교의 신전이다. 온고이지신(溫故而知新) - 옛 것을 받들어 현재를 발전시킨다는 유교적 역사관에 따르면 선조에 대한 제사는 가장 첫째의 윤리이며 종교적 의례였다. 그러한 제사용 건축 가운데 으뜸 되는 것이 바로 종묘다. 종묘의 대(對)가 되는 사직(社稷)은 임금이 직접 토지의 신인 사(社)와 곡식의 신인 직(稷)에게 제사를 지내는 신단이다. 현대의 대통령들이 수출공단을 순례하여 상공업을 장려하듯이, 농경사회의 임금이 사직에 제사하는 것은 국가의 경제를 장려하기 위한 정치적 행위였다.

　TV사극들에서 임금이 잘못할 때 종종 충신들이 간언하는 단골 대사가 있다. "이 나라 종묘사직을 버리시려고 하나이까?" 종묘와 사직은 건물이기 이전에 왕조의 상징이었다. 이 제도는 고대 중국에서부터 정착되어 「주나라의 예법(周禮)」에도 도읍의 중앙에는 궁궐을 설치하고 궁궐 좌측에 종묘를, 우측에는 사직을 설치한다고 규정하였다.[2] 이른바 '좌종묘 우사직(左廟右社)' 의 원칙이다.

　조선조의 개국공신들은 새 도읍을 이상적인 예법들이 구현된 도시로 만들기를 희망했다. 특히 정도전은 "임금은 하늘의 명을 받아 나라를 열면 반드시 종묘를 세운 다음 조상을 받들어야 한다. 이것은 자신의 근본에 보답하고 먼 조상을 추모하는 것이니 후한 도리이다"라고 하면서,[3] 고래의 예법들을 고증하여 국가의 제도를 만들고 도시의 규범을 정해나갔다. 「국조오례의」에는 국가가 능히 해야 할 다섯 가지 예식들

---

1) 「太祖實錄」, 三年 十日月 己亥.
2) 「周禮 考工記圖」에는 宗廟 외에도 유사한 기능의 명칭들이 등장한다. 예컨대 廈나라에서는 世室, 殷나라에서는 重屋, 그리고 周에서는 明堂이라고도 불렀다.
3) 〈朝鮮經國典〉

을 규정하고 있다.[4]
그 가운데 가장 중요
한 길례(吉禮)는 각
종 국가적 제사들이
포함되며, 종묘와 사
직에 대한 제사는 그
가운데서도 가장 큰
대사에 속했다. 종
묘와 사직 외에도 선
농단 려단 등의 제사
시설들이 길례를 위
해 도읍 요소요소에
설치됐다. 정궁인
경복궁을 건축하면
서도 '전조후침' 따

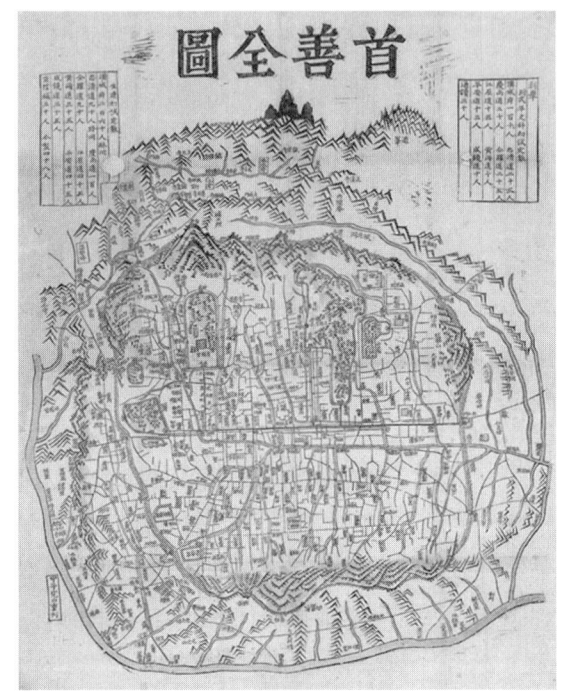

수선전도

위의 고대 제도를 계획의 기본으로 삼았다.[5]

이처럼 도시와 건축에 고대 중국의 제도들을 애써서 도입한 것은 조
선왕조의 취약한 정치적 기반을 극복하려는 의도가 중요한 이유였다.
고려말에 도입된 성리학은 지식인 사회의 이념이 되었고, 비록 성리학

---

4) 김동욱, 「종묘와 사직」, 대원사, 11쪽에서 재인용. 五禮는 吉禮 嘉禮 賓禮 軍禮 凶禮들이
다. 빈례는 慕化館에서 치루고, 가례 군례 흉례는 모두 궁궐 안에서 치룬다. 길례는 大祀
中祀 小祀로 나뉜다. 대사는 종묘와 사직에 대한, 중사는 하늘과 큰산과 농사 공자 시조신
에 대한, 소사는 날씨와 관련된 신들에 대한 제사다.
5) '前朝後寢' 궁궐의 앞부분에는 政殿을, 뒤에는 寢殿을 배치하는 제도, 대개의 한국 궁궐은
이 제도를 좇았지만, 특히 경복궁은 주심축선상에서 전조후침의 제도를 구현했다. 지형을
따라 휘어지게 배치된 고려의 만월대나 조선조의 창덕궁과는 달리 경복궁이 기하학적인
규범을 따라 건축된 이유는 조선왕조가 유교적 예법에 충실한 문명왕조임을 과시하기 위
한 측면이 크다.

적 사회 구현을 기치로 역성혁명에 성공했지만, 여전히 태조 이성계는 군사정변으로 정권을 잡은 가문없는 군인일 따름이었다. 대내적 통치를 위해서는 물론, 국가의 이름마저 승인을 받아야 했던 명나라로부터 당당한 문화왕권으로 인정받으려면 왕조의 정통성을 과시할 수단이 필요했다. 경복궁과 종묘사직의 건설을 서둔 이유를 여기서도 찾을 수 있다. 경복궁이 직접적인 왕권의 통치수단이라면, 종묘는 왕조에 정통성을 부여하는 은유적인 상징이었다.

종묘는 착수한지 일년이 채 못된 1395년 5월, 경복궁보다 먼저 완공된다. 서울 시내에서 가장 먼저 선 기념비적 건축인 것이다. 임진란 때 황급히 피난길에 올라 모든 것을 버리면서도 종묘에 모셔진 수십 개의 신위만은 안전하게 피신시켰다. 궁궐은 없어져도 종묘는 보존돼야 나라를 지킬 수 있다는 믿음이었으며, 어떤 의미에서 궁궐보다도 더욱 중요한 건축물이었다. 궁궐보다 먼저 종묘를 건설해야 한다는 원칙 역시 고대 중국에서부터 유래했다.[6] 임진란 후에 어느 다른 궁궐보다 먼저 종묘를 복원한 이유도 여기에 있다.

III. 동양적 예제의 한국적 수용

태조 이성계는 자신의 4대조까지 왕으로 추존하여 종묘를 건설한다. '태정태세문단세…'로 이어지는 정식의 이씨왕조 이전에 '목조 - 익조 - 도조 - 환조'라는 앞선 왕계가 생긴 것이다. 종묘가 완공됨으로써 이씨왕가는 '뿌리 깊은 나무'와 '샘이 깊은 물'이 되었다. 왜 4대조까지를

---

6) 「魏志」, 高堂隆傳. "궁실을 짓고자 함에 있어서 무엇보다 먼저 종묘를 세워야하고, 창고가 그 다음이며 거실(왕의 궁궐)은 그 다음이다."

추존했는가? 「예기(禮記)」에 따르면 '천자는 7묘제를, 제후는 5묘제를 택한다'고 했다.[7] 조선 이씨 왕조는 제후의 신분이었다.

그러면 5대가 지난 선왕의 위패는 어찌하는가? 일반 가정에서는 5대가 넘으면 위패를 태우고 1년에 한번 합동으로 지내는 시제로 대체한다. 그러나 군왕의 위패는 태울 수가 없어 영구 보존해야 하므로 별도의 사당을 짓고 위패를 옮기게 된다. 이를 '별묘제(別廟制)'라 부르고, 고대 중국에서 행하던 예법이었다. 그러나 후세 왕의 수가 증가하면 무한정 별묘를 더 지을 수는 없다. 따라서 후한대에 예법이 바뀌어 하나의 건물 안에 방을 막아 여러 개의 사당을 두는 '동당이실제(同堂異室制)'를 택하게 된다.[8]

조선 초에 창건된 종묘 정전은 태실 7칸의 건물이었다. 건물 내부를 하나의 공간으로 트이게 하고, 그 안에 신주를 모시는 감실(龕室) 7개를 따로 있게 한 동당이실 형식이었다. 좌우에는 익랑을 각각 2칸씩 이어 지었으며, 그 외에 별도로 5칸의 공신당, 각 3칸의 신문과 동문을 지었고, 빙 둘러 담장을 쌓았다. 담장 밖에는 7칸의 부엌용 신주, 5칸의 향관청, 좌우 행랑 각5칸, 남쪽 행랑 9칸, 5칸의 재궁을 지었다.

태실 7칸에는 4대 추존왕을 모시고도 3칸이 남았다. 그러나 세종조에 오면 7칸이 꽉차 막상 자신이 죽으면 들어갈 태실이 없게된다. 방법은 두 가지였다. 정전을 확장하던가 아니면 별도의 건물을 지어 신위를 옮기던가. 정전 서쪽에 영녕전을 창건하여 추존왕 4대의 신위를 옮겼다. 정전은 동당이실제를 택했지만, 영녕전이라는 별묘를 지어 별묘제도 가

---

7) 천자(天子)는 7묘(廟)로서 3소(昭 : 2세, 4세, 6세와 같은 짝수대 선조), 3목(穆 : 1, 3, 5세 등 홀수대 선조)과 태조(太祖)의 묘를 합해 일곱이다. 제후(諸侯)는 5묘로서 2소, 2목과 태조의 묘를 합해서 다섯이다. 대부(大夫)는 3묘로서 1소, 1목과 태조의 묘를 합해 셋이다. 사(士)는 1묘이며, 서인(庶人)은 침(寢 : 살림채를 뜻함)에서 제사한다.
8) 김동욱, 앞의 책, p.12.

종묘 영녕전(측경)

미한 제도다. '영녕(永寧)'은 "조상과 자손이 함께 길이 평안하라"는 뜻에서 붙여진 이름이다. 처음의 영녕전은 중앙 4칸과 좌우 1칸씩의 협실을 갖는 단출한 건물로 지어졌다.

　세종 대는 영녕전 창건으로 여유를 찾았지만, 13대 명종 때에 오면 다시 한계에 부딪힌다. 정전과 영녕전 모두 선왕들의 신위로 꽉 차버렸기 때문이다. 1546년, 정전의 태실은 4칸을 증축하여 총 11칸이 되었다. 그러나 무한정 정전 태실을 늘릴 수만은 없다는 여론이 일었다. 따라서 일정한 봉안의 원칙을 세우게 됐다. "5세가 지난 왕은 원칙적으로 정전에서 영녕전으로 신위를 모셔 봉안한다. 그러나 태종이나 세종과 같이 공덕이 뛰어난 선왕의 위패는 옮기지 않고 영구히 정전에 봉안한다."[9] 또, "덕종이나 장조와 같이 실제 보위에는 오르지 못하고 세상을 떠난 세자들도 추존하여 왕으로 봉안하여 영녕전에 봉안한다. 그리고 정전

내 가장 서쪽에서부터 선왕의 순으로 신위를 모신다" 등등의 원칙이 정해진다.

영토를 확장했던가 외침을 막아낸 왕들은 공(功)을 쌓았고, 선정을 베풀고 국가 경제를 발전시키거나 학문과 문화를 융성케 한 왕은 덕(德)을 쌓았다. 성군(聖君)이란 공덕을 쌓은 임금들인데, 중국 주나라의 무왕(武王)과 문왕(文王)의 예를 따라 정전에 모셔지게 된다. 종묘에 가면 건축에만 넋을 잃을 것이 아니라, 정전과 영녕전에 어떤 왕들이 모셔졌는지, 그리고 모셔진 순서를 따져보는 것도 감상의 방법이다. 영녕전에 모셔진 임금들은 추존왕이거나 아니면 단명한 임금들로서 신위를 옮긴 분들이다. 정전에 모셔진 헌종부터 순종까지는 아직 5세를 넘기지 않았기 때문에 생전의 공덕과는 관계가 없다.

어느 정도 제도가 정착된 종묘는 선조 25년(1592)에 일어난 임진왜란으로 크게 수난을 겪게 된다. 종묘에 모셨던 신위는 평양을 향하여 피난길에 오른 왕, 왕자와 함께 행방을 하게 되고, 종묘 건물은 불에 타게 된다. 그후 이듬해가 되어 왜군이 남으로 퇴각하게 되자, 왕은 10월에 환도하여 정능동(현 정동)의 옛 월산대군 집(지금의 덕수궁)을 행궁(行宮)으로 삼고, 영의정 심연원의 집을 임시 종묘로 삼는다. 그후 정유재란으로 신주를 다시 옮기는 국가적 체면이 크게 손상되는 일을 겪게 된다.

마침내 선조 41년(1608) 1월에 종묘 중건 공사를 시작하여 5개월 후 광해군이 즉위하고 나서 완공하게 된다. 이 때 종묘를 중건하면서 중국의 고제(古制)를 따르느냐, 임진왜란 전의 구제(舊制)를 따르느냐를 두고 논의가 있었는데,[10] 결국 구제를 따라 종묘 정전은 11칸 규모로 이루어졌고, 영녕전도 정전 4칸, 좌우 협실 각 3칸, 모두 10칸 규모로 중건된 것으로 판단된다. 이후에도 현종 8년(1667)에 영녕전 태실 4칸, 영조 2

---

9) 「明宗實錄」, 元年 四月 八日. 이를 百世不遷之主라 한다.

년(1726)에 정전 태실 4칸, 헌종 2년(1836)에 정전과 영녕전 각 4칸씩이 확장되면서 현재와 같은 모습이 되었다.

IV. 종묘의 터잡기와 건물 앉히기

일제 때 창덕궁과 종묘를 가르는 신작로를 뚫어 지금은 나뉘어졌지만, 창덕궁과 후원, 창경궁 그리고 종묘는 원래 하나로 연결된 영역이었다. '북궐(北闕)'인 경복궁에 대해 '동궐(東闕)'이라 불리웠던 이 복합 궁궐은 한양의 또 다른 중심을 형성했다. 면적으로 따진다면 정궁인 경복궁에 비해 훨씬 컸던 곳이다. 전국 여러 지역을 조사한 끝에 최종적으로 도읍의 입지를 결정했지만, 한양은 지형이 완벽한 곳은 아니었다. 대표적인 단점으로 한양의 주산인 북악산이 너무 서쪽으로 치우쳐 우백호인 인왕산과 가깝다. 정궁인 경복궁이 북악을 주산으로 자리잡음으로써 결국 도성의 서쪽에 치우쳐 동쪽이 허하게 됐다. 동궐은 동쪽의 매봉 자락에 자리잡았다. 서울의 옛 지도를 펼쳐 보면, 북궐과 동궐이 동서의 두 중심으로 도시의 균형을 잡고 있음을 읽을 수 있다. 이 두 중심은 종로라는 중심도로를 통해 간접적으로 연결된다. 중국의 옛 제도를 따라 도시를 계획하면서도 한양이 처한 지형적 문제를 적극적으로 해결한 결과다.

경복궁은 비교적 평탄한 곳에 입지해서 기하학적인 배치가 가능했지

---

10) 임진란 직후의 도시와 주요 건축물 재건과정에서 종종 이러한 古舊 논쟁이 발생했다. 광해군 때 창경궁 재건과정을 다른 예로 들 수 있다. 임진란 이전 창경궁의 주요건물들은 동쪽을 향해 자리잡았는데, 재건과정에서 주류 신료들은 군왕은 남쪽을 면해야한다는 고대의 예법을 들어 남향으로 건설할 것을 주장했으나(古禮), 광해군 일파는 전쟁 전의 제도가 특별한 의미가 있기 때문에 동향을 고수했다(舊禮).

만, 동궐지역은 낮은
구릉들이 연속되는
곳이어서 기하학적
배치계획은 무모했
다. 창덕궁은 제2의
궁궐이면서도 지형
을 따라 유기적으로
배치됐다. 종묘는 한
술 더해 좌향까지도

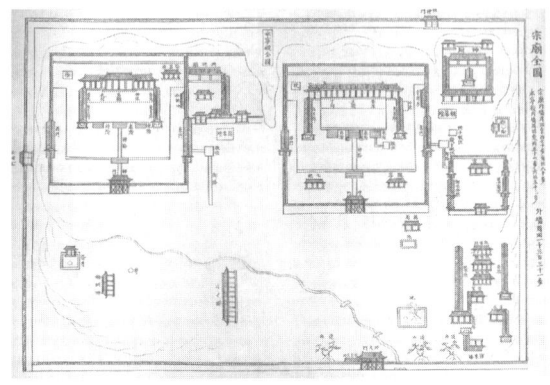

종묘전도

불규칙하다. 정전의 좌향은 정남향이 아니라 서쪽으로 20도 정도 치우
친 서남향이다. 영녕전은 서쪽으로 더 틀어져 있다.

　그러나 지형도 상에서 비틀리고 불규칙해 보이는 건물들의 배치는 실
제 지형에 가장 잘 적응한 결과다. 도면상의 기하학을 배치계획의 기준
으로 삼지 않고, 지형과 땅의 생김새를 기준으로 삼았다. 지형도를 자세
히 들여다 보라. 얼마나 '규칙적'으로 배치되어 있는가? 큰 능선 자락에
는 정전이, 작은 능선 자락에는 영녕전이 자리잡았다. 정전과 영녕전의
향이 다른 것은 두 능선의 방향이 다르기 때문이다. 얼마나 '규범적'인
가. 단지 평면적인 기하학이 배제됐을 뿐. 이런 지형을 깎고 잘라서 직
각좌표의 배치법을 썼다면 그것이 바로 불규칙이요 억지일 것이다.

　지형과 건물의 규칙적 관계를 더욱 강화하기 위해 태조 때의 건축가
들은[11] 종묘 남쪽에 인공적으로 흙을 돋아 가짜 산을 만들었다. 태종 때
는 이 인공적인 안산이 약하다고 판단돼 더욱 높게 쌓았다. 이러한 입

---

11) 종묘를 계획한 건축가의 이름은 물론 전하지 않는다. 단지 개연성이 강한 인물로는 태조
　때의 權仲和가 있다. 「太祖實錄」 三年 九月 丙午에는 권중화, 정도전, 심덕부를 한양으로
　파견하여 도성의 지형과 계획을 살폈다고 기록됐다. 그 가운데 권중화가 우선 궁궐과 종
　묘의 도면을 작성하여 태조에게 바쳤다고 했다.

지관과 건축관은 규범성과 자유로움이 공존하는 종묘 특유의 가치를 만들어 냈다.

담장으로 둘러싸인 넓은 대지의 남쪽 끝에 자리한 종묘 정문을 들어서면 정전에 이르는 주도로가 왼쪽인 서쪽에 남북으로 길게 나 있고, 오른쪽으로 난 첫번째 갈림길을 따라 지당(池塘)을 지나면 망묘루(望廟樓), 향대청(香大廳), 공민왕 신당(恭民王神堂)이 있는 곳에 닿는다.

망묘루는 제사 때 임금이 머물면서 사당을 바라보며 선왕들과 종묘사직을 생각한다는 뜻으로 부쳐진 이름인데, 현재는 관리사무소로 사용되고 있다. 향대청은 제례에 사용하는 향축폐(香祝幣)와 제사 예물을 보관하고, 제관들이 대기하던 곳으로 남북으로 긴 뜰을 사이에 두고 동쪽과 서쪽에 건물이 배설되었다. 공민왕 신당에는 고려 31대왕 공민왕과 부인인 노국대장공주의 영정(影幀)과 준마도(駿馬圖)가 봉안되어 있다.

이와는 별도로 외대문에서 시작되어 북으로 곧장 나 있는 주도로는 거칠고 널찍한 돌이 높낮이가 다르게, 가운데가 약간 볼록하게 철(凸)자형으로 3조의 길로 되어 있다. 가운데 약간 높은 길은 신향로(神香路)이고, 동측의 것은 어로(御路), 서측의 것은 세자로(世子路)이다. 신향로는 정전 신문을 통해 묘정 월대에 난 신로(神路)에 이어지고, 어로와 세자로는 어숙실(御肅室) 일곽에 닿는다.

어숙실 일곽은 "재계(齋戒)하는 날에는 그 거처(居處)를 생각한다"는 말에 따라, 임금이 목욕하고 재계하며 의복을 정재하여 세자와 헌관과 함께 제사를 올릴 준비를 하던 곳이다. 제향은 임금이 친히 올리는 친행(親行)과 세자나 대신이 임금을 대행하여 올리는 섭행(攝行)이 있다. 어숙실 일곽은 담과 정문, 동협문, 서협문으로 싸여 뜰을 중심으로 북, 동, 서쪽에 건물이 있다.

어숙실 서북측으로 종묘 정전이 위치하는데, 제향 때 제관은 어숙실 서협문을 지나 정전 동문을 통해서 정전 감실에 이르게 되어 있다. 정전 일곽은 네모나게 담장으로 둘러 싸여 있고, 묘정을 중심으로 남쪽 담장 중앙에 신문, 동서쪽에 제례 때 제관이 출입하는 동문과 악공과 종사원이 출입하는 서문이 각각 있다.

신문을 들어서면 동서 109m, 남북 69m가 되는 넓은 묘정 월대(月臺)가 펼쳐 있다. 마당과 같이 보이는 이 공간은 제관들이 제사를 드릴 때 대기하는 곳으로, 헌가가 연주되는 공간으로 사용된다. 묘정 월대의 중앙에는 남북을 잇는 신로(神路)가 신문에서 상월대 아래까지 연결되어 있다. 신로와 접한 동쪽 한 곳에는 전(塼)을 깐 방석 모양의 판위(版位)를 두었고 동문 밖과 동월랑 남쪽 아래 묘정에는 사각형으로 된 임금용 판위와 세자용 판위를 마련했다. 묘정 월대의 바닥에는 거친 돌들을 깔았고, 신로에는 전벽돌을 깔았으며, 곳곳에 차일(遮日)을 설치할 수 있는 쇠고리가 박혀 있다.

묘정월대 위에는 다시 한단 높은 상월대가 세워졌고, 거기에 길이 101m인 정전 건물이 위치한다. 묘정 월대 남쪽 아래에는 동서에 공신당(功臣堂)과 칠사당(七祀堂)이 각각 서 있고, 서북쪽 뒤에는 제향후 축(祝)과 폐(弊)를 불사르는 망료위(望燎位)라고도 하는 감(坎)이 있다.

동문 북쪽에는 수복방(守僕房)이, 담장 밖 서북쪽으로는 전사청(典祀廳)과 제정(祭井)이 있다. 이 부분은 제사에 필요한 제수 마련 등 노동을 담당하는 곳이다. 정전 서남측으로는 악공청(樂工廳)이 있고, 정전 서측 북으로는 영녕전 일곽이 있다.

별묘인 영녕전은 네모나게 담장으로 쌓아 의례를 행할 수 있는 묘정 공간을 형성하고, 남쪽 담장에는 신문을, 동쪽과 서쪽 담장에는 각각 동문과 서문을 두어 제례시 통로를 마련하고 있다. 영녕전도 정전과 마찬가지로 묘정 월대에 신로를 설치했는데, 다만 정전에 비하여 규모가 조금 작다. 영녕전 서남쪽으로는 영녕전 악공청이 있다.

V. 제례의 절차와 길의 건축

종묘는 죽은 선왕들에 대한 제사를 지내기 위한 의례의 무대다. 따라서 제사의 의식을 이해하지 못하고서는 종묘의 건축적 내용을 읽을 수 없다. 그 의례들은 여러 건물과 장소들을 가로지르는 길을 따라 행해진다. 의미있는 길은 두 가지였다. 하나는 신도(神道)고 또 하나는 어도(御道)다. 신도는 인간은 다닐 수 없고 혼령만이 드나드는 길이고, 어도는 제사 담당자인 임금과 세자가 이동하는 의례의 길이다. 두 길은 모두 전돌을 가지런히 깔아 일반 통행로와는 쉽게 구별된다. 신도는 전돌 두 개 폭의 좁은 길이다. 신령은 정신만 있을 뿐 몸체가 없기 때문에 신도의 폭은 필요없고 방향만 지시되면 된다. 정전과 영녕전 마당의 중앙을 관통하여 각각의 신문(神門)으로 이어지는 외줄기 길이 신도다. 어도는 동문만을 출입할 수 있게 설치돼 임금이라도 남쪽 신문을 지날 수가 없다.

종묘 신로

어도를 따라 걸어가면 제주인 임금의 동선을 추적할 수 있고, 그것이 바로 종묘제례의 핵심적인 의례순서다.

종묘의 정문을 들어온 어도는 향대청과 망묘루 앞의 연못을 지나 우측으로 꺾어져 재궁 속으로 사라진다. 여기서 목욕재계하고 제사 집전을 준비한다. 다시 어도는 재궁의 서쪽문에서 시작하여 정전의 동문을 향한다. 제주들은 동문을 통해 들어가 제례를 지내고 다시 동문을 통해 빠져 나온다. 어도는 정전 남쪽 담장을 끼고 꺾여져 영녕전 영역으로 향하다가, 다시 우측으로 꺾어 영녕전 동문을 향하게 된다. 정전에서와 유사한 절차의 제례를 지낸 임금은 재궁으로 돌아가 머물며 제례를 마친다.

정문 어귀에 있는 망묘루는 임금이 휴식을 취하는 곳이다. 휴식하는 임금은 비의례적 인간이기 때문에 어도를 깔지 않는다. 제례에 필요한 악공들의 통로나 제수를 운반하는 수복(守僕)들의 통로에도 별도의 표시를 하지 않았다. 종묘에서 중요한 것은 의례를 위한 길들이며, 일상적인 길은 길이 아니다. 어도는 전돌이나 거친 넓적돌로 포장되어 있다. 바닥면이 거칠고 돌들의 조합이 울퉁불퉁해서 도저히 빨리 걸을 수 없는 길이다. 제례를 위해서는 매우 천천히 움직일 수밖에 없다. 그러나 일상의 길들은 잘 다져진 흙바닥으로 빨리 걸을 수 있다. 빨리 갈 수 있는 길은 길이 아니다. 적어도 종묘에서는.

통상적으로 제왕의 길이라면 끝없이 곧게 뻗은 위풍당당함을 연상할 것이다. 그러나 종묘의 어도는 꺾어지고 사라지고 감추어진다. 길의 폭도 좁고 바닥은 거칠다. 그나마 높낮이의 변화도 심하다. 아예 길의 높이 차이가 뚜렷하다면 그럴 염려가 없겠지만, 중간 중간의 바닥의 높이가 미세하게 변하기 때문에 주의하지 않으면 발이 걸려 넘어질 정도다.

이따금 걸음을 가로막는 장애물들도 설치된다. 정전과 영녕전 동문 앞의 판위(版位)들이 대표적이다. 판위란 임금이나 세자, 그리고 제관들이 제례의식을 위해 서 있는 정방형의 평평한 단이다. 바닥에는 전돌들이 가지런히 깔려있고, 어도나 월대의 밝은 색과는 달리 짙은 회색이다.

어도가 선적(線的)이고 이동하는 흐름을 담는다면, 판위는 면적(面的)이며 움직임을 멈추게 한다. 판위들은 어도의 중간과 끝에 설치된다. 제례는 연속적인 것이 아니라 몇 개의 다른 의식들을 단속적으로 이어놓은 것이다. 그 의례의 은유가 바로 길과 판위의 관계다.

종묘의 길들은 걷기 위한 것이 아니라 멈추기 위한 것이고, 곧게 뻗기보다는 꺾어지고 갈라지면서 호흡을 조절한다. 너무 빨라지면 걸음을 멈추도록 제어하며, 멈추어서면 다시 움직임을 유도하는 길들이 계속된다. 엄숙한 건물들이 침묵을 지키고 있는 가운데 마치 길들만 살아서 움직이는 것 같다. 종묘의 길들은 그 자체가 건축적 질서이며 의례이고 움직임이며 행위가 된다.

VI. 종묘의 건축적 상징과 아름다움

반복을 통한 영원함

종묘의 중심은 정전과 영녕전, 두 영역이 이루고 있는데, 두 영역을 구성하는 형식은 너무나 유사하다. 넓은 묘정 월대와 긴 건물들, 동서남 세 곳의 대문, 그들을 감싸는 육중한 담장들. 두 영역의 구성과 요소들은 동일하며, 단지 스케일과 규모면에서 그리고 약간의 형태적인 차이만 존재한다.

반복적으로 구성된 두 영역에서는 반복적인 의례가 행해진다. 더 정확히 말하자면, 정전에 봉안된 19위, 영녕전의 16위-총 35위의 역대 임금 신위에 대한 제례가 35차례 반복적으로 행해지는 것이다. 따라서 의례의 무대가 되는 건축은 어차피 반복적일 수밖에 없었다. 종묘의 건축가들은 이 운명적인 반복의 의례를 핵심적인 계획개념으로 삼았다.

종묘 정전의 19칸은 하나하나 세어보지 않고는 그것이 15칸인지 20칸인지 구별할 수가 없다. 구별할 수 없을 정도로 기둥과 칸들이 반복될

때, 무한을 생각할 수 있고 영원의 언저리에 서게 된다. 이 정도의 반복
이 계속되면 있는 것과 없는 것, 이른바 존재와 무의 구별이 모호해진
다. 무수한 기둥들, 똑같은 방과 문짝들, 무표정하리만큼 균질한 지붕과
기단들이 수없이 반복되고 반복되면 그 반복의 끝이 어딘지 알 수 없어
진다. 여기서는 일상적 시간은 정지하고, 닫혀진 소우주 내의 주기적 순
환만이 시간의 척도가 된다. 정지된 시간들은 영원한 시간으로 바뀌고,
살아있는 자들은 반복적 행위를 통해서만 죽은 자들의 세계로 들어갈
수 있다.[12]

삶과 죽음 - 빛과 어둠

정전과 영녕전 뿐 아니라 부속 사당들인 공신당과 칠사당, 공민왕 신
당 모두 감실형 건축들이다. 정면에만 목조의 문과 창이 달릴 뿐, 나머
지 3면은 모두 두꺼운 전돌벽으로 폐쇄된, 마치 동굴과도 같은 건물들이
다. 내부는 당연히 깜깜하다. 그러나 하얀 박석들로 마감된 바깥의 월대
와 기단은 밝은 햇빛을 반사한다. 눈부시게 밝은 외부와 한줄기 빛조차
없는 암흑의 내부. 산 자들의 공간과 죽은 자들의 공간.

죽은 자의 공간이란 죽어있는 공간이 아니다. 단지 삶을 위한 모든 편
의와 환경적 조건들이 무의미한 공간일 뿐이다. 그 근원은 지하의 무덤
이며, 종묘는 지상으로 올라온 집합적인 무덤이다. 완전한 어둠과 완벽
한 정적의 공간. 이들이 어둠과 정적을 벗고 산 자들의 세계에 노출되는
날이 바로 제례일이다. 아니, 정확히 말하자면, 산 자들이 그 두꺼운 문
을 열고 죽은 자들의 공간에 접근하는 날이다.

그러나 산 자의 공간에서 죽은 자의 공간으로 이월하는 것이 쉬운 일
은 아니다. 까다로운 의식절차와 제례의 긴 시간을 기다리는 인내가 있

---

12) 김봉렬, '종묘를 통해 본 한국고전의 체계', 「건축과 환경」 창간호, 1984. 9. p.109.

어야 하듯, 두 공간 사이에는 이른바 전이공간이 있어야 한다. 감실 앞에는 한칸씩의 퇴칸들이 설치됐다. 퇴칸의 지붕은 덮여있되, 벽체가 없이 개방된 공간이다. 몸체는 외부에 속하고 지붕은 내부에 속하는 묘한 전이공간이다. 이런 형식의 퇴칸은 내부도 외부도 아닌 제3의 중간적 공간을 만들어낸다.

기념비적 척도와 인간적 척도

건축에서 척도(scale)란 인간의 지각을 기준으로 했을 때의 상대적인 크기를 의미한다. 인간의 감각적 크기에 적당한 것을 '인간적 척도(human scale)', 그 한계를 넘어 커진 것을' 기념비적 척도(monumental scale)'라 한다. 같은 규모의 건물도 어떻게 다뤄나가는가에 따라 위압적인 느낌(기념비적 척도)을 주기도 하고 친근한 느낌(인간적 척도)을 주기도 한다.

척도는 절대적인 크기의 문제가 아니다. 종묘의 두 건물, 정전과 영녕전의 규모와 형식은 그다지 큰 차이가 없다. 그러나 정전은 크고 육중하고 초월적으로 느껴지는 반면, 영녕전은 작고 날렵하며 일상적으로 느껴진다. 다시 말하면, 정전은 모뉴멘탈 스케일에 가깝고 영녕전은 휴먼 스케일에 가깝다.

두 건물의 눈에 띄는 차이는 지붕의 형태다. 정전은 19칸 태실부분의 지붕이 모두 높고 균질하다. 반면, 영녕전은 중앙 4칸 태실의 지붕이 좌우협실보다 한단 높게 솟아있다. 이런 형식의 지붕 모양은 흔히 객사건축과 문묘건축에도 나타난다. 건물이 옆으로 길어질 경우 가운데 부분의 매스를 좌우와 분절시켜, 지나친 수평적 방향성으로 인한 지루하고 위압적인 느낌을 감소시키는 인간적 척도를 얻을 수 있는 지붕형식이다. 한국건축의 일반적인 형식은 오히려 영녕전과 같은 모습이다. 정전은 매우 예외적인 경향의 건물이다.

기념비적 척도를 얻기 위해서 정전이 취하고 있는 특별한 전략들이 있다. 태실이나 기둥의 처리와 같이 무한한 연속을 반복한다. 도대체 몇 칸인지 분간하기를 포기할 만큼 인간적 인식의 한계를 초월해 버린다. 반면 영녕전은 6 - 4 - 6칸으로 분절되어 대략 크기와 규모를 짐작할 수 있게 한다.

침묵과 정적

정전의 부재들, 특히 석재들은 투박하고 거칠게 가공돼 있다. 기단과 축대석들은 크게 잘려졌을 뿐, 일절 장식이나 기교가 없다. 계단 역시 긴 통돌들을 그냥 쌓아놓은 듯한 모습이다. 반면 영녕전의 석재들은 좀 더 크기가 작고 정교하게 가공됐다. 계단의 소매돌도 뚜렷이 나타난다. '큰 것을 투박하게, 작은 것을 정교하게'. 재료의 원초성을 보존하느냐, 아니면 인공성을 강조하느냐도 척도를 결정하는 중요한 기준이다.

정전이 좋은가, 영녕전이 좋은가? 또는 기념비적 척도와 인간적 척도 중 어느것이 좋은가? 따위의 유치한 질문은 던지지 않기로 하자. 건축의 목적과 의도에 따라 선택될 문제이지 비교의 대상은 아니기 때문이다. 단지 초월적 영속성을 목적으로 하는 종묘의 경우, 정전의 기념비성이 영녕전의 인간적 척도보다 더욱 효과적이고 대표적이라는 것을 인정한다. 흔히 기념비적 건축은 위압적이고 비인간적이며 작위적인 폭력으로 흐르기 쉽다. 그러나 종묘는 초월적이며 신성한 전혀 다른 건축의 세계로 인도한다. 시각적인 의미의 기념비성보다는 정신적 의미가 더욱 강조된다. 이것이 진정한 기념비성이요, 기념비적 척도의 가치다. 일상의 소음이 사라진 곳에서 들리는 침묵의 소리, 시간이 정지된 곳에서 또다른 세계로 진입하는 4차원적 경험. 종묘에는 그런 것들이 있다. 인간적 척도가 주는 따스함과 친근감과는 전혀 다른 체험이 있다. 종묘의 초월성은 애초부터 의도된 것이었다. 종묘의 건축가들은 중국의 종묘에는 엄숙함이 없다고 비판하고 조선의 종묘를 매우 크고 아름다우며 엄숙하게 만들어야 한다고 주장할 정도였다.[13)]

* 이 글은 『유네스코가 보존하는 우리 문화유산 열 두가지』(2002, 시공사)에
    실린 글 가운데 몇 대목을 삭제한 것이다.

참고문헌

문화재관리국, 『종묘 정전 실측조사보고서』, 1989.
김동욱, 『종묘와 사직』, 대원사, 1990.
이상해, 『종묘』, 삼성문화재단, 1997.
김봉렬, 『시대를 담는 그릇』, 이상건축, 1999.

---

13) '宗廟永寧殿增修都監儀軌, 憲宗二年

유네스코 지정 한국의 세계유산

경주의 역사 유적지구

박영복 경상북도 문화재연구원장

경주의 역사 유적지구

I. 머리말

우리나라는 1995년 불국사, 석굴암, 종묘, 해인사 장경판전과 1997년 창덕궁, 수원 화성, 2000년 경주역사유적지구, 고창, 화순, 강화고인돌, 세계문화유산과 '95 훈민정음 조선왕조실록', 01년 승정원일기, 직지심경이 세계기록유산, 종묘제례 및 제례악, 판소리가 세계무형유산으로 등재되어, 국민들의 관심을 갖게 되었다. 이것은 우리민족 문화유산의 우수성과 독창성을 가진 문화국가로서 국제사회에서 널리 공인 받게 되었다. 또한 세계의 인류전체를 위해 보호되어야 한다는 공통의 의지를 나타내며 보존을 위한 재정적, 기술적 지원을 받을 수 있다.

나아가 정부의 관심과 지원으로 보존, 정비를 향상시켜 나아 갈 수 있다. 국민들이 문화 민족으로 자긍심과 문화재 애호심을 확산시키는 기회와 아울러 국, 내외 관광객의 증가를 예측 할 수 있다. 그러나 이를 위해서는 지역주민들의 생활의 불편을 적극적인 해결 의지를 보여야만 우리가 바라는 소기의 목적을 이르게 될 것이다.

II. 세계문화유산이란 무엇인가?

1. 정 의

「세계유산협약」에 따라 인류전체를 위해 보호되어야 할 현저한 보편적 가치가 있다고 인정하여 유네스코(UNESCO) 세계유산일람표에 등록한 문화재를 말한다. 유산협약 주요내용 문화유산 및 자연유산의 기준 문화재는 세계유산 협약에서 명시한 기준에 적합한 기념물, 유적, 건축물 중에서 眞正性이 확인된 유산중 유산의 보존을 보장 할 수 있는 적절한 법적보호와 관리체제를 갖고, 효율적인 시행과 개방되는 유산의 관리와 보존에 필요한 체계를 갖추어야 한다.

세계문화유산의 종류는 3개로 나누는데 하나는 인간이 만든 소산물을 대상으로 하는 문화유산, 둘은 자연적 소산물을 대상으로 하는 자연유산, 셋은 인간과 자연의 공동 소산물을 대상으로 하는 복합유산이 있다.

III. 경주역사유적지구(Gyeongju Historic Areas)

- 경주역사유적지구는 신라천년(B.C 57~A.D 935)의 고도(古都)인 경주의 역사와 문화를 고스란히 담고 있는 불교유적, 왕경(王京)유적이 비교적 잘 보존되어 있으며, 이미 세계유산으로 등록된 일본의 교토, 나라의 역사유적과 비교하여 유적의 밀집도, 다양성이 더 뛰어난 유적으로 평가된다.
- 세계유산으로 등록된 경주역사유적지구는 신라의 역사와 문화를 한눈에 파악할 수 있을 만큼 다양한 유산이 산재해 있는 종합역사지구로서 유적의 성격에 따라 모두 5개 지구로 나누어져 있다.
- 남산지구는 불교미술의 보고이며, 월성지구는 천년왕조의 궁궐터와 월지, 대릉원지구는 신라왕을 비롯한 귀족들의 대형 고분군 분

경주 고분군

포지역, 황룡사지구는 신라불교의 정수인, 분황사와 호국가람인 황
룡사터가 있다. 산성지구는 왕경 방어시설의 핵심인 명활산성 등
지구로 구분되어 있으며 52개의 지정문화재가 세계유산지역에 포
함되어 있다.

• 경주 남산은 야외박물관이라고 할 만큼 신라의 숨결이 살아 숨쉬는
곳으로 신라 박혁거세 건국설화에 나타나는 나정(蘿井), 신라왕조
의 종말을 맞게 했던 포석정(鮑石亭)과 특히 부처님의 불국토로 미
륵곡 석불좌상, 배리 석불입상, 칠불암 마애석불 등 수많은 불교유
적이 산재해 있다.

• 월성지구에는 신라왕궁이 자리하고 있던 월성, 신라 김씨왕조의 시
조인 김알지가 태어난 계림(鷄林), 신라 통일기에 조영한 임해전지,
그리고 동양 최고(最古)의 천문시설인 첨성대(瞻星臺)등이 있다.

• 대능원지구에는 신라 왕, 왕비, 귀족 등 높은 신분계층의 무덤들이
있고 구획에 따라 황남리 고분군, 노동리 고분군, 노서리 고분군 등

황룡사지

으로 부르고 있다. 무덤의 발굴조사에서 신라문화의 정수를 보여
주는 금관, 천마도, 유리잔, 각종 토기 등 당시의 생활상을 파악할
수 있는 귀중한 유물들이 출토되었다.

• 황룡사지구에는 황룡사지와 분황사가 있으며, 황룡사는 몽고의 침
  입으로 소실되었으나 발굴을 통해 당시의 웅장했던 대사찰의 규모
  를 짐작할 수 있으며, 출토유물은 신라시대사 연구의 귀중한 자료
  가 되고 있다.

• 산성지구에는 A.D 400년 이전에 석축으로 쌓은 것으로 추정되는
  명활산성과 남산의 신성이 있는데 신라의 축성술은 일본에까지 전
  해져 영향을 끼쳤다.

1. 역사유적의 우수성

• 세계에서 유래를 찾아 볼 수 없는 고대유적으로서 불교유적, 도시
  유적, 고분군이 분포되어 있는데 특히 밀집되어 있는 고분들과 석
  조문화재 등은 오랫동안의 풍상에도 잘 보존되어 있다.

- 오늘날에도 발굴 등으로 고대도시의 규모가 나타나고 있고, 992년 간이나 한 나라의 수도로 자리 매김하면서 오랜 세월 동안 각종재 난에도 불구하고 지표상에 밀집되어 있는 고분군들은 당시의 왕권 과 귀족의 권위를 상징해 준다.

2. 삼국통일 역사적 의의

신라가 삼국통일을 하게 된 근본바탕은 화랑제도의 확립, 진흥왕의 한강 진출 등, 내적인 결집력과 친당 외교 등을 말할 수 있다. 그러나 당 과의 약속대로 대동강 이북의 땅으로 경계를 하고자 하였으나, 당이 한 반도 전체를 지배 할 목적으로 백제는 부여 융을 웅진도독(665), 고구려 는 평양 안동도호부를 설치 직접 통치(668), 문무왕을 계림도독으로 간 접통치를 하려고 하였다, 이러한 계획을 분쇄하고 민족의 자주성과 생 존권을 쟁취하기 위한 민족의 독립 투쟁으로, 삼국이 합심하여 전쟁을 수행하여 674년 사비성을 탈환하고 676년에 매초성(양주), 기벌포(금 강)에서 당군을 격파하였다. 대동강-원산만을 경계로 확정하여 우리민 족을 단일화하고, 삼국의 고유문화를 바탕으로 하나의 민족으로 통합되 고, 융화되어 민족의 창의성과 역량을 최대한 결집하여, 한국 역사상 가 장 융성한 문화의 꽃을 피워 민족문화의 기틀을 잡았다.

많은 국민들이 신라가 삼국을 통일하여 우리민족의 활동 영역이 축소 되었다고 생각하는 문제는 재검토 하여야하며, 이것은 일제의 강점 아 래서 민족의 열등의식을 위한 식민지 사관이며, 역사상 한민족 국가의 발전은 남쪽으로 이동하고 있음을 주목하여야한다. 고구려와 백제가 만주지역의 생활 터전으로부터 점진적으로 한반도로 남쪽으로 이동하 여 왔음을 우연이 아니었음을 상기하여야 한다.

예를 들면 신라가 통일한 후 750여년 후인 조선시대 세종대왕 때 김 종서, 최윤덕 남이장군 (1433~43) 등이 4 군(압록강) 6진(두만강) 개척하 였으나, 벽지로 교통이 불편하고, 토지가 척박하며, 여진과 충돌이 심해, 세조대에 철폐 (1455)하고 있는 것으로 보아 현실적으로 만주지방을 경영 하는 데는 얼마나 어렵고, 실이익이 없었다고 할 수 있다.

IV. 경주역사유적지구 개요 및 특징

세계적인 유적지

• 인류의 보편적인 가치를 지닌 문화재 보호를 위한 제도로서 경주 역사유적지구는 한국뿐만 아니라 세계가 함께 보호 할 대표적 고대 유적이다.

• 세계유산으로 등록된 일본의 교토 역사 기념물군, 호류지의 불교 기념물, 나라의 역사기념물과 비교하여 유적의 밀집도, 다양성 및 보존상태가 더 뛰어난 유산으로 평가된다.

• 위치 : 경상북도 경주시 일원

• 면적 : 2,880ha.

• 구성 및 소장문화재

1. 경주남산지구(사적 제311호)

신라에 불교가 전해진 이후 7세기 전반 경부터 10세기에 이르기 까지 사찰, 불상조각, 불탑 등 불교 유적들이 덮여 있는 불교의 야외박물관이자, 성지라고 할 수 있다. 이뿐만 아니라 선사시대유적과 신라의 건국 관련된 나정, 신라의 성쇠를 품고 있는 포석정과 왕 능들도 함께하고 있다.

남산 칠불암, 마애석불 등 보물 13점, 사적 11점, 지방유형문화재 등 13점

보리사 마애석불. 미륵골 석불좌상. 용장사곡 삼층석탑. 석불좌상. 마애불좌상. 천용사 삼층석탑. 남간사지 당간지주. 석정. 남산리 삼층석탑. 배리 석불입상. 남산 불곡 석불좌상. 신선암 마애보살반가상. 칠

불암 마애석불. 탑곡 마애조상군. 삼릉계 석불좌상. 삼릉계곡 마애관음보살상. 선각 육존불. 침식곡 석불좌상. 열암곡 석불좌상. 약수계곡 마애입불상. 삼릉계곡 마애 석가여래좌상. 선각 여래좌상. 윤을곡 마애불좌상. 백운대 마애석불입상. 배리 삼릉. 신라일성왕릉. 정강왕릉. 헌강왕릉. 지마왕릉. 경애왕릉. 포석정지. 경주 남산성. 서출지. 나정. 남산동 석조감실.

칠불암

남산 불곡 석불좌상

2. 월성지구

신라왕궁이 자리하고 있던 월성, 김씨왕조의 시조인 김알지가 태어난 계림. 동궁 혹은 월지인 임해전지, 천문관측시설인 첨성대.

첨성대(국보), 계림 등 사적 4점

경주 계림. 월성. 임해전지. 경주 첨성대. 내물왕릉. 계림. 월성지대.

3. 대능원지구

신라의 왕과 왕비, 귀족들의 무덤이 모여 있는 곳으로 평지에 크고 작은 고분들이 무리를 이루고 있다. 천마총, 금관총, 황남대총, 서봉총 등

신라 미추왕릉 등 사적 7점

신라 미추왕릉, 황남리 고분군, 노동리 고분군, 노서리 고분군.

4. 황룡사지구

신라의 최대의 절터이며, 신라불교의 산실이자 호국사찰인 국찰로 특히 9층 목탑은 80m의 위용을 자랑 하고 있었다. 분황사 모전석탑은 안산암을 벽돌처럼 다듬어 쌓은 것으로 7층이나 9층으로 추정하고 있다.

분황사 석탑(국보), 황룡사지(사적).

5. 산성지구

명활산성(사적)

월성의 동쪽으로 경주의 외곽을 방어하기 위해 쌓은 성으로 해발 259m 의 능선을 따라 4.5km가 되며, 성의 높이는 약 10m에 이르고 있다.

V. 역사유적지구의 보존관리

• ICOMOS에서 제기한 완충지대조정, 국립공원의 지위의 명확화, 인근의 철도이전에 대한 정부의 입장과 향후 추진 계획을 밝히고 있다.

1. 일반현황

제도적으로는 문화재보호법에 의한 국가 또는 지방지정 문화재로 관리하고 있다. 도시계획법에 의한 문화지구, 보존지구, 주택촉진건설법, 산림법, 자연공원법, 경주시 건축조례, 고도보존특별법 제정, 행정적으로 보존관리 및 정비복원 계획수립 추진, 예산을 확보하여 국민의 사유재산 제한의 보상책을 마련되어야 한다.

2. 유산지역 및 주변지역 현황

(1) 유산지역내 토지소유 현황 및 사유재산권 보호

남산지구에는 약 50%가 사유지로 남아 있고, 대릉원, 월성, 명활산성, 황룡사 등 4개 지구에는 70%이상이 국・공유지로서 사유지에 대해서는 국가에서 지속적으로 매입을 추진하고 있다. 남산지구는 사유재산이 비교적 많이 포함되어 있으나 대부분 산림지역으로 개발 압력에 의한 위험은 없다.

(2) 유산 주변지역의 개발압력

유산 주변지역은 남산지구의 경우 자연녹지로 둘러 싸여 있고, 자연녹지 안에는 일부 마을과 논, 밭, 과수원이 있으며, 북쪽으로는 남천(南川), 서쪽으로는 서천(西川)이 흐르고 그 밖으로는 멀리 농지와 산으로 이어진다. 동쪽은 농업지대로 이루어졌다. 따라서 남산지구의 주변지역은 도심에서 멀리 떨어져 있고 산과 농지 등으로 구성되어 있어 대규모개발 압력이 거의 없다. 산성지구는 유산등재신청지역 외곽으로 사적보존지구로 지정되어 있고 그 둘레로는 산림으로 둘러싸여 있다.

3. 지역별 보존관리

• 유산지역

남산지구의 관리실태

경주국립공원은 자연공원법에 의해 1968년 12월 전국에서 2번째로 국립공원으로 지정되어 각종개발의 허용범위를 제한하고 있다. 경주국립공원은 토함산, 남산등 7개지구 138.16㎢가 지정되어 있는데 세계유산으로 신청한 경주역사유적지구에는 남산지구 21㎢가 국립공원으로 지정되어 있다.

VI. 보존관리계획

기본방향

- 유산의 역사적, 학술적, 예술적 가치를 보존하고 주변환경과의 조화를 모색한다.
- 유산의 지역적 분포와 시대, 성격별 유형을 고려하여 보존관리종합계획을 수립한다.
- 유산의 원형보존을 원칙으로 하여 일부 훼손된 문화재의 복원 및 정비는 학술조사를 통한 정확한 고증을 바탕으로 한다.
- 유산의 보존과 함께 유산지역 주변 거주 주민의 재산권 및 생활권 보호를 위한 방안을 강구한다.
- 유산에 접근성을 체계화하고, 전통역사경관에 따라 가로경관을 조성한다.

유네스코 지정 한국의 세계유산

고창 · 화순 · 강화 고인돌

이영문 목포대학교 고고학전공 교수

고창 · 화순 · 강화 고인돌

Ⅰ. 머리말

한국의 선사시대를 대표하는 거석문화유산 가운데 고인돌유적은 세계적으로도 유명한 인류의 문화유산이다. 그것은 우리나라의 고인돌유적이 그 어느 나라 보다 분포된 수에서 밀집도가 매우 높고, 외형상 다양한 형태와 구조가 존재하며, 화려한 부장유물 등 학술적으로도 매우 중요한 자료이기 때문이다. 특히 한반도의 고인돌은 밀집도와 규모면에서 볼 때 독자적이면서 현저하게 발달된 고인돌로 세계에서도 유례를 찾아볼 수 없는 문화유산이다. 또한 고인돌은 동북아시아의 선사시대 문화교류를 규명할 수 있는 자료이며, 한국 청동기시대 사회구조를 해명하는데 중요한 자료이다.

이러한 점이 인정되어 2000년 12월 화순, 고창과 강화지역의 고인돌이 세계문화유산 제997호로 등재되었다. 이제 고인돌유적은 우리 민족뿐 아니라 세계의 모든 인류가 아끼고 가꾸며 보존해야 할 세계적인 유산인 것이다.

II. 거석문화란

거석문화(巨石文化)는 인간이 어떤 목적 의식을 가지고, 자연석 또는 가공한 돌로 구조물을 축조하여 숭배의 대상물이나 무덤으로 이용한 문화를 말한다. 거석(Megalith)이란 하나의 구조물이나 기념물 또는 그 일부로 사용된 돌을 말하며, 거석물(Megalithic)은 인간 행위에 의해 직접적인 대상물 즉 돌로 만든 구조물을 뜻한다. 거석문화는 돌을 이용한 구조물을 총칭한다고 할 때, 큰돌을 이용한 고인돌이나 선돌이 이에 해당되고, 작은 돌을 이용한 돌널무덤이나 돌무지무덤도 포함될 수 있다. 일반적으로 세계의 거석문화는 선사시대에 속한 기념물이나 거석무덤에 국한하여 통칭하고 있다.

1. 거석문화 축조 배경

거석문화의 축조 목적에 대해서는 공통적인 특징이 태양숭배와 관련하여 보기도 하며, 한편으로 주로 큰바다(大洋) 인근에 분포하고 있어 대양을 항해하는 것과 관련하여 해양문화의 소산으로 보는 측면이 있다. 거석은 풍작과 수확물에 대해 하늘에 감사하는 마음에서 세운 기념물, 주변 집단과의 투쟁에서 전승을 기념하기 위한 개선적 기념물, 존경하는 지도자를 추모하기 위한 거석비 등으로 세워진 것이다. 이것들은 자연의 여러 현상과 인간의 생사에 기원하는 것으로 환희와 공포의 대상으로 표현한 것이라 할 수 있다. 거석의 건조 목적은 제의나 종교적, 사회적 목적에서 축조된 것과 무덤이나 기념물의 목적으로 조영된 것이 있다. 이는 거석물을 축조하게 된 배경과 기능적인 면이다. 그래서 거석은 지역에 따라 거석의 규모나 구조, 형태가 다양하게 나타나게 되는데, 이 현상은 각 지역의 사회적인 전통과 독특한 문화적인 배경에서 축조되고 있음을 의미한다.

2. 거석문화의 분포

고인돌을 비롯한 거석문화의 분포는 북유럽, 서유럽, 지중해 연안지역, 인도, 동남아시아, 동북아시아 지역으로 거의 세계적인 분포를 보인다. 이의 분포는 큰바다에 인접된 곳에 밀집되어 있다. 유럽의 거석문화는 모두 대서양 동안을 따라 길게 집중 분포되어 있다. 북유럽의 고인돌은 발트해 연안인 스웨덴 남부부터 덴마크, 네델란드 북부, 독일 등지에서 발견되고 있다. 서유럽의 고인돌과 거석문화는 프랑스가 그 중심을 이루면서, 남으로 포르투칼과 스페인, 서쪽으로 영국과 아일랜드에 이르고 있다. 지중해 연안의 거석문화는 가장 큰 섬인 코르시카와 사르디니아섬, 프랑스 남부인 프로방스지역, 이탈리아의 동남부반도, 아프리카 북부인 알제리, 지중해 동안인 시리아 등 곳곳에서 거석문화들이 존재하고 있다. 그리고 흑해연안의 고인돌은 러시아 까프까즈지역에 집중 분포되어 있다. 아시아지역에서는 인도, 인도네시아, 대만, 중국, 일본 그리고 우리나라 등 주로 인도양과 태평양 인근에 위치한 지역에서 발견되고 있다.

Ⅲ. 고인돌이란

고인돌은 일반적으로 지상이나 지하의 무덤방 위에 거대한 덮개돌을 덮은 선사시대 무덤의 하나로 거석문화의 일종이다. 거석문화는 자연석 또는 가공한 돌을 사용한 건조물로 고인돌 외에 선돌(立石) · 열석(列石) · 환상열석(環狀列石) · 돌널무덤(石棺墓) · 돌무지무덤(積石墓) 등이 있다. 고인돌은 대부분 무덤으로 쓰이고 있지만 공동무덤을 상징하는 묘표석으로, 또는 종족이나 집단의 모임 장소나 의식을 행하는 제단(紀念物)으로 사용되는 것도 있다. 선돌은 생산과 풍요의 상징인 남근신앙과 관련된 유적, 일출과 관련된 태양숭배 유적, 제단의 기능, 천문학적인 기능으로 보기도 한다.

1. 고인돌의 명칭

고인돌은 거대한 덮개돌이 지상에 드러나 있고, 그 밑에 받침돌이 고이고 있는 것이 외형상의 모습이다. 그래서 우리 선조들은 이를 괸돌 또는 고임돌, 고인돌이라 불러왔다. 한자로 표기하면 돌(石)을 고이고 있다는 지(支) 또는 탱(撑)에서 지석묘(支石墓)라고도 한다. 중국에서는 거대한 탁자식 고인돌이 돌로 만든 움막 또는 천막을 뜻하여 석붕(石棚)이라 부르며, 유럽에서는 켈트어로 탁자를 뜻하는 Dol과 돌의 의미를 가진 Men의 합성어로 돌멘(Dolmen) 또는 거석을 이용한 건조물에서 메가릿(Megalith)이라 한다.

2. 고인돌의 입지와 분포

고인돌이 분포된 지형은 큰 강이나 하천변의 평지, 구릉상, 산기슭, 고개마루 등으로 사람이 활동하는 주변을 택하였다. 고인돌을 축조하는데 있어 무거운 돌을 운반하여야 하기 때문에 덮개돌을 구하기 쉽고 운반이 용이하고, 사람들이 활동하는 지역이 고려되었을 것이다.

고인돌의 분포는 북유럽, 서유럽, 지중해 연안지역, 인도, 동남아시아, 동북아시아 지역으로 거의 세계적인 분포를 보인다. 이의 분포는 바다에 인접된 곳에 밀집되어 있다. 동북아시아 지역에서는 한국, 일본 구주 북서부지역, 중국 절강성과 요령성지역에 분포하고 있다. 중국의 고인돌 분포 수는 절강성에 50여기와 요령성에 300여기, 일본은 600여기, 한국은 4만여기 이상이 분포하고 있다. 이의 분포 수는 한국에 가장 많고, 평양을 중심으로 한 대동강유역에 1만여기와 전남지방에 약 2만여기가 밀집 분포되어 있다. 유럽 전역에서 선돌 등을 포함한 거석물의 발견 수가 5만5천여기이나 순수한 고인돌은 수천기이고, 인도를 포함한 동남아시아 거석물도 수백기에 불과하다. 이로 볼 때 고인돌의 중심 분포지는 우리나라이고, 그 중 전남지방이 세계적으로 밀집분포된 지역임을 알 수 있다.

3. 고인돌의 형태

고인돌의 모양은 각 지역에 따라 그 형태가 조금씩 다르다. 이는 각 지역마다의 전통과 독자적인 문화속에서 만들어졌기 때문이다. 한국의 고인돌은 크게 탁자식, 기반식, 개석식 등 3종류가 있다. 탁자식 고인돌은 잘 다듬어진 판석 3매 또는 4매로 짜맞춘 석실을 지상에 축조하고 그 위에 편평하고 거대한 판석상의 돌을 얹어놓아 마치 책상모양이어서 이를 탁자식이라고 부른다. 이런 형태가 주로 한강 이북에 주로 분포되어 있는 점에서 북방식이라고도 한다. 대형의 탁자식은 요동반도와 한국 대동강유역에서만 나타나고 구릉이나 산중턱에 1기씩만 있다. 이외 지역의 탁자식은 규모가 작고 석실 폭도 좁고 덮개돌이 두터운 것들이다. 일본에는 이러한 형식이 없다. 동남아시아나 지중해 연안에 탁자식과 비슷한 고인돌이 있으나 한쪽 단벽에 구멍이 뚫려져 있다. 서유럽의 고인돌은 길죽한 돌 여러 매를 세워 긴네모꼴의 돌방을 지상에 만들고 그 위에 여러 장의 큰 돌로 덮는 것이 특징적이다. 형태상 덮개돌의 수의 차이는 있지만 인도와 동남아시아, 중국 절강성, 제주도에서도 보인다.

기반식 고인돌은 판석을 세우거나 깬돌로 쌓은 무덤방(墓室)을 지하에 만들고 그 주위에 받침돌 4개에서 8개 정도를 놓고 그 위에 커다란 바위같은 돌로 덮어 마치 바둑판모양을 하고 있어 이를 기반식(碁盤式)이라 부른다. 이런 형태는 주로 남부지역에 분포되어 있어서 남방식이라고도 한다. 덮개돌이 거대하고 괴석상을 한 것은 호남과 영남지방에서만 보이고 무덤방이 없는 것이 많다. 일본이나 동남아시아에서는 소형의 덮개돌에 받침돌을 고인 것들이어서, 덮개돌이 거대하고 웅장한 형태는 우리나라밖에 없다.

개석식 고인돌은 지하에 만든 무덤방 위에 바로 뚜껑으로 덮개돌이 놓인 형식으로 요동반도, 한반도, 일본 구주지역에 널리 분포하고 있다. 이는 지석이 없는 기반식으로 분류하여 무지석식이라고도 한다.

고인돌의 무덤방은 돌널형(石棺形) 돌덧널형(石槨形) 구덩형(土壙形) 독널형(甕棺形)이 있고, 그 평면 형태는 긴네모꼴이 대부분이다. 돌널형과 돌덧널형은 중국, 한국, 일본에서도 보이지만 지역에 따라 약간 다르다. 특히 독널형은 일본 구주지역의 지역적 특징을 가지고 있다.

4. 고인돌의 기원

우리나라 고인돌의 기원은 크게 자생설, 남방설, 북방설 등 3가지 설이 있다. 자생기원설은 우리나라에 고인돌이 가장 밀집 분포되어 있고 형식도 다양하며, 주변의 고인돌 보다 시기적으로 앞선 연대를 가지고 있다는 것이다. 이 설은 고인돌이 우리나라에서 독자적으로 발생하지 않았다 하더라도 세계적인 밀집분포권을 형성하고 있고 또 오랜 기간동안 축조되어, 어느 지역의 고인돌 보다 독자적인 문화를 형성하였다는 것이다. 남방기원설은 동남아시아로부터 해로를 통해 도작문화와 함께 중국 동북해안지방과 우리나라에 전파되었다는 설이다. 이는 우리나라에서 평안·황해도·전라도 등 서해안을 따라 고인돌이 집중 분포되어 있고, 남방문화의 요소인 난생설화와 고인돌의 분포지역이 일치하고 있다는 점에서 벼농사를 배경으로 한 정착 농경문화와 함께 동남아시아지역으로 부터 전파되었다는 것이다. 하지만 동남아시아와 분포상 연결시킬 수 있는 중국 동해안지역 중 절강성만 50여기의 고인돌이 분포되었을 뿐이고, 또 형태상 차이를 보이고 있기 때문에 고인돌의 기원을 그곳과 관련시키기에 어려움이 있다. 북방기원설은 우리나라 청동기시대 대표적인 무덤인 고인돌이 북방의 청동기문화와 밀접한 관계가 있기 때문에 요령지방의 돌널무덤(石棺墓)에서 변화 발전하였다는 설이다. 이는 돌방무덤의 뚜껑돌이 1매석으로 대형화되면 무지석식 고인돌이 되고, 다시 지하의 무덤방이 지상에 노출되면 탁자식 고인돌 형태가 된다.

형태상의 유사점에서 상당한 설득력이 있지만 중국 요령지방의 주변 지역과 시베리아 등 북방지역에서는 서유럽 사이에 고인돌이 분포되어있지 않다.

이러한 고인돌의 기원은 농경문화, 세골장풍습, 난생설화 등 남방문화의 요소가 고인돌에서 보이며, 한편 북방문화 요소인 비파형동검 등 청동기문화가 남해안의 고인돌의 껴묻거리로 발견되고 있는 점에서 고인돌의 기원을 밝힌다고 하는 것은 매우 어려운 문제이다. 이제까지의 연구로 보면 아시아지역에서 그 중심 분포지가 우리나라이고, 형식도 북쪽에서는 탁자식이, 남쪽에서는 기반식이 많으며, 돌널무덤과 유사한 개석식 고인돌이 중국 요령성을 포함한 한반도 전역에서 발견되고 있는 점이다. 이것은 우리나라에서 남·북방의 문화가 융합된 독자적인 고인돌문화를 형성하였을 가능성이 매우 높다고 생각된다.

5. 고인돌의 축조 시기

고인돌은 언제부터 축조되었는가 하는 문제는 기록이 없기 때문에 출토된 유물의 연대와 형식간의 선후에서 추정하고 있다. 세계의 거석문화는 신석기시대부터 축조되었다고 하나 지역에 따라 그 형태나 시기가 각각 달리 나타나고 있다. 우리나라는 고인돌의 상한연대는 신석기시대 축조설, 청동기시대 축조설 등이 있다. 우리나라 고인돌의 상한은 기원전 8세기설이 유력하게 받아들여지고 있었으나 북한에서는 종전의 기원전 12세기설에서 단군릉 발견 이후 고인돌을 단군조선과 관련시키기 위해 기원전 24세기까지 끌어올리고 있다. 최근 고인돌 조사에서 전기의 유물이 부장된 경우가 많고, 방사성탄소연대 측정치에서 기원전 900~700년을 전후한 시기의 것들이 대부분을 차지하고 있어 대체로 기원전 1000년 무렵부터 축조되었던 것으로 알려져 있다. 하한 연대는 세형동검 문화시기까지 고인돌이 축조되었다고 본 것에서 기원전 3~2세기설이 대체로 수용되고 있는 편이다.

우리나라 고인돌의 연대는 과학적 분석에 의해 측정한 절대연대 자료를 근거하면 기원전 12~9세기라는 공통된 측정치를 보이고 있기 때문에 기원전 1,200년(지금부터 3,000년 이전)이전부터 고인돌이 축조되기 시작하여 기원전 3세기경 철기가 우리나라에 들어오면서 고인돌은 사라지게 되었다고 할 수 있다. 고인돌은 거의 1,000년 정도 우리나라에서 사용된 대표적인 무덤이다.

우리나라 고인돌에서 출토된 유물인 간돌검 등 석기와 비파형동검 등 청동기는 청동기시대 전기에 해당하는 것이기 때문에 고인돌의 중심 연대는 청동기시대이다. 고인돌의 형식간의 선후관계에 대해서도 탁자식설, 기반식설, 개석식설 등이 있다. 중국과 남한학계에서는 일반적으로 탁자식 고인돌이 선행한다는 것이 우세하며, 이것은 고인돌이 북쪽에서 남쪽으로 전파되었다는 설과 고인돌의 출토유물 중 탁자식에서는 석기류가, 개석식에서 청동기가 출토된 점을 들고 있다. 북한에서는 개석식 고인돌이 앞선 것으로 보고 있는데, 이는 집단 무덤에서 개별무덤화되는 과정으로 발전했다는 설에 입각한 것이다.

6. 고인돌의 출토유물

고인돌에서 출토되는 유물은 크게 석실내에 부장된 의례용 유물과 석실 주변에서 발견되는 실생활용 유물이 있다. 의례용 유물들은 무기류, 공헌토기류, 장신구류 등이며, 가장 많은 것은 무기류인 간돌검(石劍)과 돌화살촉(石鏃)이다. 간돌검은 보통 1점씩 부장시키고 있으나 돌화살촉은 여러 점씩 발견되는 경우가 많다. 당시에 희귀하고 특수계층만 사용된 것으로 여겨지는 청동기는 비파형동검이 많으나 투겁창, 청동도끼와 청동촉도 있다. 비파형동검은 한반도 남단지역 특히 전남 남해안 지역인 여수반도에서 많이 출토된다. 공헌토기는 붉은간토기(紅陶)와 가지문토기(彩文土器)가 있다. 장신구는 천하석제 곱은옥(曲玉)과 벽옥제 대롱옥(管玉)이 있는데, 곱은옥은 귀걸이용으로, 대롱옥은 목걸이나 옷을 치장하는데 쓰였다. 실생활용 유물은 사냥용인 돌화살촉, 수확용인 돌칼, 공구류인 돌도끼 · 돌자귀 · 돌끌 · 돌대패날, 이외 그물추, 가락바퀴, 숫돌, 갈판과 갈돌 등 일상생활과 관련이 깊은 다양한 석기들이 깨진 채로 발견된 경우가 많다.

고인돌에 유물을 부장하는 부장풍습은 죽은 이에 대한 애도와 존경 등을 표시하는 결과물이며 이에는 당시의 내세관이나 현세관이 잘 반영되어 있다.

무기류는 현세에서 자기를 보호하는 기능과 상대방을 제압하는 기능을 가질 뿐 만 아니라 권위를 상징하고 사회적 지위를 뜻하기도 한다. 고인돌 부장품 중 붉은 간토기는 제의용 그릇으로 사용된 것인데 표면에 붉은 색을 띠고 있다. 붉은 색은 현생과 내세를 연결하여 영원한 생명력을 갖도록 한 종교의식이기도 하며 내세에 부활을 바라는 뜻이 담겨져 있다.

7. 고인돌의 매장 방법

동북아시아 고인돌에서 사람뼈(人骨)가 종종 출토되나 한국의 토양이 산성을 띠고 있는 곳이 많기 때문에 부식되어 인골이 발견되는 경우가 아주 드물다. 일본 고인돌에서는 머리가 없는 사람뼈나 가슴쪽에 돌살촉이 박힌 것 등이 발견되고 있다. 한국 고인돌에서 사람뼈가 나온 예는 충북 제원 황석리, 강원 춘천 중도, 경북 달성 진천동, 경남 진양 대평리, 창원 덕천리 등이 알려져 있다. 이러한 사람뼈로 보아 하나의 무덤방에 한 사람만 묻은 것이 보통이다. 하지만 한쪽 단벽의 개폐가 용이한 탁자식 고인돌은 무덤방 안을 몇개의 칸막이로 막은 공간에 사람뼈가 흩어져 있어 여러 사람을 묻은 특수한 예이다. 서유럽의 경우는 여러 사람을 매장한 공동묘가 대부분이고, 중국 요령성은 바로펴묻기(伸展葬)와 굽혀묻기(屈葬)가 많으나 한 무덤방 안에 여러 명의 시신을 화장(火葬)시킨 예도 있다. 한국 고인돌에서 출토된 사람뼈로 보면 남자는 신전장을, 여자는 측와굴장을 하고 있으며, 나이는 20세에서 30세 초반으로 추정되고 있다.

8. 고인돌의 축조 방법

고인돌의 덮개돌 무게는 보통 10톤 미만이지만 대형의 탁자식과 기반식은 20~40톤에 이르며, 초대형 덮개돌은 100톤 이상도 있다. 이러한 고인돌을 축조할 때 가장 어렵고 중요한 작업이 덮개돌의 채석과 운반이다.

① 입지선정

고인돌의 입지는 평지나 구릉, 산기슭 등 인간이 활동하는 지역 안에 혈연집단의 묘역을 선정한다. 또는 평지보다 높은 대지상이나 구릉에는 당시 집단의 신성한 기념물을 만들었다.

② 덮개돌의 채석

덮개돌은 주변 산에 있는 바위를 그대로 옮겨온 경우도 있으나 암벽에서 떼어내서 다듬은 바위를 이용하기도 한다. 대부분의 덮개돌은 평면을 타원형이나 직사각형으로 다듬어 사용하였다.

③ 덮개돌의 운반

덮개돌을 운반하기 위해서 운반로를 개설해야 된다. 최근 전북 진안 여의곡 고인돌 주변에서 200m에 이르는 덮개돌 이동로로 추정되는 것이 조사되었다.

④ 덮개돌을 올리는 방법

운반되어온 덮개돌은 지상이나 지하의 무덤방 또는 받침돌에 적당히 흙을 경사지게 돋우고 그 위로 덮개돌을 끌어올린 후 흙을 제거하였다고 추정된다. 흙을 경사지게 돋우고 끌어올린 흔적은 덮개돌과 받침돌

사이 또는 뚜껑돌 위에 남아있는 압착된 흙으로 증명되고 있다.

실험고고학에 의하면 덮개돌 1톤의 돌을 1마일(1.6Km) 옮기는데 16~20명이 필요하며, 32톤의 큰 돌을 둥근 통나무와 밧줄로 옮기는데 2 백명이 필요하다는 연구가 있다. 이로 볼 때 한 사람당 100Kg의 힘이 필요하였을 것이다. 떼어낸 덮개돌을 운반하는 방법은 여러 개의 둥근 통나무를 엇갈리게 깔고 덮개돌을 옮겨놓아 끈으로 묶어 끈다거나 지렛대를 이용하는 방법이 사용되었을 것이다.

9. 고인돌의 사회

거대한 고인돌을 축조하기 위해서는 수많은 인력을 동원해야 가능하다. 그래서 사람을 동원할 수 있는 사회는 북방의 유목사회보다는 정착농경사회로 협동하는 사회였다고 본다. 우리나라의 고인돌 사회는 씨족사회설, 부계제사회설, 부족사회설, 족장사회설, 공동체사회설 등의 견해들이 제시되고 있다. 씨족사회나 부계제사회설은 혈연을 중심으로 한 집단들의 가족공동묘로 고인돌이 축조되었다는 설로 1960년대 이전과 북한지방에서 보는 설이다. 부족사회설은 고인돌이 평등한 공동체사회로 연장자나 능력있는 지도자의 무덤으로 사용되었다는 것이다. 족장사회설은 선사시대 사회발단과정에서 전문인이 출현하여 지역간의 문화전파 및 교역을 촉진하였으며, 토착농경을 바탕으로 하여 계급이 발생한 사회였다는 견해이다. 공동체사회설은 고인돌들이 일정한 거리를 두고 여러 개의 군집으로 분포되어 있고 무덤방이 열지어 배치되어 혈연 집단의 공동무덤으로 본 견해인데, 고인돌이 수십기씩 여러 곳에 분포된 것으로 볼 때 일정한 지역 안에서의 각 집단간의 상호 협동체계에 의해 혈연적이거나 지연적으로 뭉쳐진 공동체사회라는 것이다. 이 공동체사회는 집단간의 영토 확장을 위해 전투를 통한 통합과 흡수과정으로 유력한 집단과 지배자가 출현하여 소국가를 형성할 수 있었던 기반이 되었다고 본다. 이 사회에서 인접 집단과의 전투에 과정에서 전사자의 공헌묘로 고인돌을 축조하였다는 견해도 있다. 역사상의 문헌기록과 관련시킨 것으로는 예맥족과 고조선족이 있다. 모두 청동기문화를 소유한 종족인데, 이 청동기와 고인돌을 같은 문화로 보고 있다. 예맥족은 중국 요하유역을 중심으로 거주하는 종족으로 비파형동검 등 청동기문화를 배경으로 한 농경사회 집단으로 보고 있는 점이며, 고조선족은 그 특징적인 비파형동검이 대석개묘라는 무지석식 고인돌에서 출토되는 점으로 북한에서 보는 입장이다.

IV. 세계 문화유산으로 지정된 고인돌

우리나라에서 독자적으로 발전한 고인돌은 청동기시대의 특징적인 묘제로 알려져 있다. 한국의 고인돌은 규모나 밀집도에서 세계에서 유례를 찾아볼 수 없을 정도로 현저하게 전개되어 거석문화의 중심지 중 하나로 인정되고 있다.

1. 화순 고인돌

화순 고인돌은 보검재의 양 계곡 사이에 위치하고 있으며, 유적의 규모는 중심부가 31ha이고 완충지대가 190ha로 매우 광대한 지역이다.

화순 고인돌이 세계 문화유산으로 지정된 가장 큰 원인은 계곡사이의 입지로 보존 상태가 양호하다는 점이다. 화순 고인돌군은 약 10km에 걸친 계곡의 산기슭을 따라 띄엄띄엄 군집되어 있고, 개발이 안된 지역이어서 주변 환경이 비교적 원상을 유지하고 있어 보존상태가 매우 양호하다.

다음으로 고인돌의 축조과정을 보여주는 채석장이다. 덮개돌을 채석하는 장소인데 고인돌 위 산기슭에서 암벽들이 발견되고 있다. 이 채석장 아래에는 무덤방과 덮개돌에 노출된 무덤방 등이 있는 고인돌이 있

화순 감태바위

화순 관청바위

화순 괴바위

화순 대신리 발굴전경

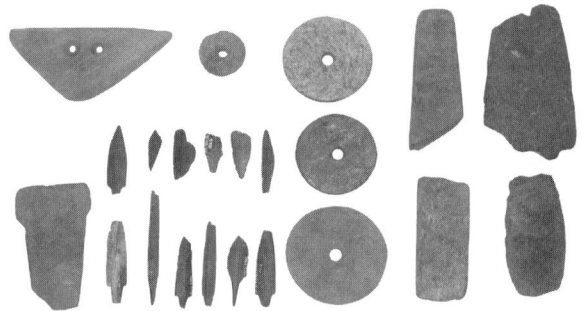

화순 대신리 발굴 출토유물

화순 마당바위

화순 마당바위군 전경

화순 핑매바위

어 그 축조과정을 추정할 수 있다. 이는 고인돌의 덮개돌 채석과정을 보여줄 뿐만 아니라 채석장 아래에 지석이 고인 기반식 고인돌, 무덤방이 노출된 고인돌, 덮개돌이 없는 무덤방 등이 존재하고 있기 때문이다. 그리고 고인돌의 상석을 채석하였던 채석장과 채석하다만 석재 등이 남아있고, 그 아래에는 여러 형태의 고인돌들을 볼 수 있어 고인돌의 축조에 이르는 일련의 과정을 살펴볼 수 있다.

거대한 기반식 고인돌이 다수 분포되어 있는 점도 들 수 있다. 국내 최대 규모(무게)인 춘양 대신리에 길이 7.3m, 폭 5.0m, 두께 4.0m의 고인돌은 200여톤 이상에 이르며, 도곡 효산리에 길이 5.3m, 폭 3.6m, 두께 3.0m로 약 100톤 이상이다. 주변에도 초대형 고인돌이 다수 분포하며, 이런 규모는 전북 고창지역에서도 발견되고 있다.

성역화된 묘역시설을 갖춘 고인돌이 존재한다. 고인돌 주변에 납작한 돌을 네모지거나 타원형을 깔아 묘역시설한 고인돌이 있다. 이런 고인돌은 독립된 거대한 고인돌이거나 군집을 이룬 곳에서는 가장 규모가 크고 상징적인 고인돌에서만 나타나고 있다. 무덤의 기능이 아닌 상징적인 거석기념물로 축조된 것이다.

또한 다양한 형태의 고인돌들이 공존하고 있다. 화순 고인돌에서는 탁자식, 기반식, 개석식이 공존하고 있다. 화순에서는 개석식화되는 양상을 보인 탁자식만 발견된다. 기반식 고인돌은 효산리에서 군집을 이루고 있고, 대신리에서는 군집안에 1기 또는 독립되어 발견된다. 발굴된 고인돌 중에 무덤방(石室) 위를 바로 덮개돌로 덮은 즉 개석식 고인돌이 발견되었다.

춘양 대신리 고인돌의 다양한 무덤방과 부장유물이 출토된다. 춘양 대신리 고인돌의 발굴로 시신이 안치된 무덤방이 확인되었고, 깐돌(敷石)로 연결된 고인돌, 받침돌(支石)만 있는 고인돌이 발견되었다. 무덤방안의 부장품으로는 가락바퀴(2곳)와 붉은간토기(紅陶), 민무늬토기편이 있으며, 무덤방 주위에는 돌살촉, 돌끌, 턱자귀, 간돌검편, 갈판과 갈돌, 다량의 민무늬토기편, 붉은간토기편 등이 있다.

고인돌의 축조 연대를 추정할 수 있는 근거의 확보이다. 화순 대신리 고인돌에서 나온 목탄의 방사성탄소연대가 기원전 2500±80년(27호, 중심연대 555년, 보정연대 720~390년)으로 측정되었다. 이는 2500년경에 고인돌이 축조되었음을 말해준다. 그리고 채석장 아래에서 출토된 아가리부분에 삼각문과 점열문이 있는 토기는 전기 청동기시대 유적에서 출토되는 것으로 기원전 10세기 이상까지 올라갈 수 있는 유물이다.

능주 일대의 지석강변은 고인돌사회 이후 문화의 중심지로 확인되었다. 화순 고인돌에서 2km 떨어진 곳에 국보 제143호인 청동기 일괄유물이 출토된 화순 대곡리 적석목관묘 유적이 있다. 이 유적은 이 지역에서 제사와 정치를 관장하였던 지배자의 무덤인 것이다. 이 무덤의 발견은 고인돌사회 이후에도 중요한 지역임이 밝혀지게 되었고, 문헌상의 여래 비리국이라는 마한 소국으로 비정되고 있기 때문에 소국을 다스리던 무덤일 가능성이 많다. 즉 고인돌 이후의 지역 통치자 무덤이다. 또한 효산리에서 발견된 백제 석실분과 천덕리 등에서 거대한 봉분이 있는 고분이 다수 존재하고 있어 백제시대에도 중심 세력이 자리 잡고 있음을 알 수 있다.

2. 고창 고인돌

고창 고인돌은 전북 고창읍 죽림리와 아산면 상갑리에 위치하고 있다. 이 고인돌은 국가 사적 제391호로 지정되어 있다. 고창읍에서 선운사 방향인 서쪽으로 8km쯤 가면 도산리 탁자식 고인돌이 있고 여기서 북쪽의 들판 건너편에 동서로 뻗은 산줄기에 죽림리와 상갑리가 있는데 죽림리 매산마을 뒷산줄기 남사면에 10개 군집을 이루고 442기의 고인돌이 산줄기 방향으로 열을 이루면서 분포되어 있다. 세계문화유산으로 지정된 유적지의 규모는 중심지가 8.28ha이고 완충지대가 8.07ha이다.

고창 고인돌에서 남쪽으로 수Km 떨어진 도산리 고인돌은 동서로 뻗은 나지막한 구릉 능선에는 거대한 탁자식 고인돌과 함께 바둑판식 또는 개석식이 한군데에 모여 있어 1981년 4월 1일 전라북도 기념물 제49호로 지정되었다. 탁자식 고인돌은 높이 약 190cm, 너비 250cm에 25cm 정도의 균일한 두께의 오각형과 장방형 굄돌 두 장을 65cm 정도의 간격을 두고 수직으로 세우고 그 위에 가로 344cm, 세로 290cm, 두께 60cm 정도의 판석을 얹어 놓았다. 전체 높이는 2.5m 로서 좁은 폭을 가진 길쭉한 무덤방을 만들었다. 남한지역에서의 가장 전형적인 탁자식고인돌이다.

고창 도산리 고인돌

고창 죽림리 고인돌군

　고창 고인돌의 특징은 먼저 1.7km의 좁은 범위 안에 400여 기 이상이 밀집되어 있는 점이다. 이러한 분포는 단위 면적으로 보아 우리 나라 뿐 아니라 세계적으로도 가장 조밀한 분포 지대이다. 고인돌의 최대 밀집 지역인 전남지방에도 이와 같이 집중적인 밀집지는 없다. 대부분의 경우 고인돌이 일정한 지역에 군집되어 있더라도 어느 정도의 거리를 유지하면서 각각의 묘역을 형성하고 있는 것과는 다른 모습을 보여주고 있는 것이다.

　그리고 고인돌 형식에 있어서도 고창에는 탁자식과 기반식, 개석식 등이 함께 분포되어 있는 것을 발견할 수 있다. 특히 도산리 탁자식 고인돌은 북한이나 요령지방처럼 처마가 넓고 덮개돌이 얇은 형식이며, 죽림리 고인돌은 지상에 노출된 무덤방이 낮고 기반식 고인돌 처럼 덮개돌이 두터워져 전형적인 탁자식에서 탈피하고 지방화되는 형태를 보여준다.

고창 고인돌의 대부분은 받침돌이 고인 기반식 고인돌이다. 이 기반식들은 덮개돌이 입체화되거나 거석화되는 양상을 보인다. 이중 가장 큰 고인돌은 길이가 5.8m, 폭 5m, 두께 2m의 대형 덮개돌이다. 무게로 따지면 적어도 1백톤 이상이나 된다. 고인돌 중 기둥모양의 받침돌을 한 기반식 고인돌은 덮개돌이 웅장하고 인위적인 감을 보여주는 것으로, 고창을 비롯하여 전남 영광지방에 집중 분포된 지역적인 특징 요소이다. 그리고 지상에 무덤방이 드러난 지상 돌널형 무덤방은 탁자식의 지상 무덤방이 축소화된 형태이다. 이 형태에서는 기반식의 특징적인 받침돌도 함께 나타나 양 형식의 고인돌 요소가 혼용된 모습을 보인 것도 있다. 이것은 고인돌의 변천 과정을 엿볼 수 있는 과도기적인 형태여서 고인돌 연구에 귀중한 단서를 제공해 주고 있다.

고창지역 고인돌에서는 부장 유물이 발견되지 않는 것이 하나의 특징이다. 고인돌에서 출토된 유물은 한 점도 없지만 인근 구릉의 지표에서 간돌검의 손잡이파편 1점이 채집되어 이들 고인돌의 성격을 간접적으로 시사해주고 있다. 발굴된 고인돌의 덮개돌 북쪽에 삼국시대의 분묘가 조성되었는데, 여기에는 토기병(土器甁), 적색토기호(赤色土器壺), 개배(蓋杯) 등 토기류가 부장되어 있었다. 이처럼 고인돌을 이용해 후대에 분묘가 축조된 자료로서 주목되는 유적이다.

3. 강화 고인돌

강화 고인돌은 산기슭, 구릉, 평지, 산등선 등 아주 다양한 분포 입지를 보여주고 있다. 세계문화유산으로 지정된 강화 고인돌의 유적지의

강화 오상리 고인돌군

강화 고천리 고인돌

규모는 중심부가 12.27ha이고, 완충지대가 116.48ha이다. 강화도에는 모두 120여기가 알려져 있는데 그 중 보존 상태가 양호한 부근리 16기, 삼거리 9기, 고천리 18기, 어산리 12기, 교산리 11기 등 66기가 세계유산으로 등록되었다.

인천광역시 강화군 하점면 부근리에 있는 탁자식 고인돌은 고려산(해발 436m)의 북쪽 봉우리를 이룬 시루매산의 북쪽기슭에 형성된 대지 상에 있으며, 사적 제137호로 지정되어 있다. 지금까지 남한지방에서 발견된 탁자식 고인돌 가운데 가장 큰 규모에 속하는 것이다. 덮개돌

강화 고천리 고인돌군

강화 부근리 고인돌

의 크기는 장축 길이가 650cm, 너비가 520cm, 두께가 120cm이며, 지상에서의 전체 높이는 260cm이다. 받침돌을 좌우에 세우고 한쪽 끝에는 마감하기 위한 판석을 세워 무덤방을 만든 뒤 시신을 안치하고 다른 한쪽을 마저 마감했을 것으로 생각되나 현재 양끝의 마감돌은 없어지고 좌우의 받침돌만 남아 있어 석실 내부가 마치 긴 통로 처럼 되어 있다. 석재는 강화에서 흔히 보이는 흑운모편마암(黑雲母片麻巖)이며 놓인 방향은 동북 (60°)이다. 받침돌의 크기는 길이가 450cm와 464cm, 두께가 60cm와 80cm, 높이가 140cm이며 기울기가 70°이고, 장축방향이 동북(69°)이다.

이 고인돌은 대지상에 거대한 덮개돌이 받침돌에 의해 웅장한 모습을 띤 것이라든지 주위에서 쉽게 관망할 수 있는 위치에 있는 점에서 무덤으로서의 기능보다는 축조집단들을 상징하는 기념물이거나 제단으로서의 기능이 강한 것이다.

강화 내가면에 있는 오상리 고인돌은 강화도 기념물 제16호로서 13기가 정비 복원되어 있다. 고인돌군은 고려산 서쪽 낙조봉의 능선이 남쪽으로 흘러내린 낙타봉의 오목한 곳에 12기가 집중적으로 분포되어 있으며, 모두 탁자식으로 무덤방의 방향은 동-서방향이다. 이 고인돌군에서도 능선과 가장 가까이에 있는 대형고인돌이 한 곳에 치우쳐 있고 나머지는 군집을 이루며 분포하고 있다. 우리나라 중부지방의 탁자식 고인돌군을 대표적으로 보여주는 곳이다.

강화 고인돌의 특징은 탁자식 고인돌의 중심 분포이며, 기념물적인 탁자식과 무덤으로 쓰인 탁자식으로 구분되나 대부분 소규모 무덤의 기능을 가진 고인돌이 다수를 차지하고 있다. 또 하나의 특징은 산등선의 입지이다. 일반적으로 고개마루 같은 입지이나 강화에서는 산등성이를 따라 탁자식 고인돌이 분포하고 있다.

V. 한국 고인돌의 특징

1. 고인돌에는 염원이 담긴 이야기가 많다.

일반인들이 고인돌에 대해 부르는 별칭은 자연석이 땅에 묻혀있는 것에서 독배기, 바우배기 등 독바우로, 받침돌이 고이고 있는 바둑판식 고인돌의 경우 괸바우·괸돌바우로, 고인돌이 무리지어 있는 모습에서 칠성바위나 장기바우로, 덮개돌의 형상을 따라 장수와 복을 상징하는 거북바우(龜岩)·두꺼비바우·개구리바우·배바우(舟岩)로, 옛날 장군과 관련된 전설에서 장군바우 등으로도 많이 불리우고 있다.

이러한 고인돌은 민간에서 힘센 장수와 관련된 이야기, 만리장성을 쌓기 위해 운반하다가 만 이야기, 장수와 치병을 위한 거북신앙과 관련된 이야기, 칠성신앙과 관련된 이야기, 힘세고 인자한 마고 할머니와 관련된 이야기, 영웅 탄생과 관련된 이야기 등등 많은 이야기가 전해오고 있다.

2. 세계 거석문화의 중심 분포지이다.

최근 통계 자료에 의하면 우리나라에는 약 3만 6천여기의 고인돌이 분포하는 것으로 추정하고 있다. 그 중에서도 전남지방에는 약 2만 2천여기가 확인되어 우리나라 뿐 아니라 세계적으로도 가장 조밀한 분포상을 보이고 있다. 이외 영남지방에는 약 4천 8백기 이상이, 경기와 강원 등 중부지방에는 약 2천여기, 충청도에 약 1천여기, 전북지방에는 약 2천기, 북한지방에 분포된 고인돌 통계치는 약 4천 2백여기 이상이다. 하지만 북한에서는 대동강유역에 1만 4천여기가 분포한다고 주장하고 있어 적어도 한반도에는 4만기 이상이 분포되어 있다고 할 수 있다.

우리나라 주변인 일본에는 500~600기가, 중국 요령성에 350여 기, 절강성에 50여 기가 분포된 것으로 알려져 분포 수로 볼 때 우리나라와는 비교가 안 될 정도로 희박하다. 유럽 전역에서는 약 6만여 기의 거석물이 분포한 것으로 추산되고 있지만 대부분 선돌이며, 고인돌은 수천 기에 불과하다. 이러한 고인돌 분포상은 세계적으로도 동북아시아가 그 중심 분포권을 형성하고 있고 그 중에서도 한반도 전남지방이다.

이처럼 많은 고인돌이 남아있는 이유는 우리 선조들이 거석에 대한 신앙이 주된 요인이다. 거석(바위)에 영혼이 깃들어 있다는 믿음에서 소원의 대상으로 여겨왔던 것이다. 고인돌을 훼손하는 일은 자신과 자손에 해가 된다는 믿음이 수천 년간 자연 그대로 보존되어 왔다. 이것은 환경과 자연 보존의 파수꾼의 역할을 고인돌이 일조하였던 것이다.

3. 다양한 형태의 고인돌이 있다.

다른 나라의 거석문화와는 달리 우리나라에는 다양한 형태의 고인돌이 존재하고 있다. 고인돌의 외형상 형태는 탁자식, 기반식, 개석식, 위석식 등 여러 형태가 있는데, 지역에 따라 고인돌 형태에 큰 차이를 보이고 있다. 주로 한강 이북에서 주를 이루는 탁자식 고인돌은 대개 4매 판석으로 결구된 무덤방이 지상에 건조된 것으로 마치 탁자처럼 생겨 붙여진 명칭이며, 주로 북쪽에 많이 분포되어 있기 때문에 북방식이라고도 한다. 호남과 영남에서 주로 나타나는 바둑판식(碁盤式)고인돌은 거대한 덮개돌 밑에 받침돌이 4개정도 고이고 있는 것으로 마치 바둑판처럼 보이기 때문에 붙여진 이름이며, 주로 남부지방에서 많이 분포되어 남방식이라고도 한다. 동북아시아 전 지역에서 고루 분포되는 개석식 고인돌은 땅 속에 주검이 안치된 돌널이 있고 그 위를 거대하고 납작한 돌로 덮은 형태에서 마치 관을 덮고 있는 뚜껑으로 생각하여 붙여진 명칭이다. 이는 무덤으로 사용된 것으로 대부분의 고인돌이 이에 속한다. 위석식 고인돌은 덮개돌 밑을 돌아가면서 빈틈없이 판석 수매가 받치고 있는 형식이며, 제주도 고인돌의 특징이어서 제주식이라고도 한다.

이외에 덮개돌 밑의 지하 시설들은 지역에 따라 매우 다양하게 나타나고 있다. 규모가 큰 묘역시설과 축조 기획에 의한 장방형과 타원형의 묘역시설, 덮개돌의 형태에 따른 받침돌의 선택, 정교한 무덤방 축조 등은 한국 고인돌의 한 특징이기도 한다. 고인돌 형태 중에서 거대한 덮개돌을 받침돌로 고이고 있는 바둑판식 고인돌은 다른 나라에서는 볼 수 없는 형식으로 우리나라 고인돌의 독특한 형태이다.

4. 화려한 유물의 부장풍습이다.

고인돌에서 출토되는 유물은 크게 석실내의 부장유물과 석실 주변에서 발견되는 의례유물이 있다. 부장유물들은 무기류, 공헌토기류, 장신구류 등이며, 가장 많은 것은 무기류인 간돌검(石劍)과 돌화살촉(石鏃)이다. 당시에 희귀하고 특수계층만 사용된 것으로 여겨지는 청동기는 비파형동검이 많으며, 한반도 남단지역 특히 전남 남해안 지역인 여수 반도에서 많이 출토된다. 공헌토기는 붉은간토기(紅陶)와 가지문토기(彩文土器)가 있다. 장신구는 천하석제 곱은옥(曲玉)과 벽옥제 대롱옥(管玉)이 있는데, 귀걸이나 목걸이, 옷을 치장하는데 쓰였다. 의례유물은 일상 생활과 관련이 깊은 다양한 석기나 토기들이 깨진 채로 발견된 경우가 많다.

사람의 주검 옆에 부장된 붉은간토기는 붉은 색이 사람의 피를 상징하고 내세의 부활과 재생을 바라는 의미이며, 검은 신분을 상징하기도 하지만 이 세상에서 누렸던 그 부귀영화를 다른 세계에서도 누리라는 내세의 의미가 담겨있는 것이다. 특히 유물 중 간돌검은 우리나라의 고유한 검으로 특징적이라 할 수 있다.

5. 불가사의한 고인돌의 존재이다.

고인돌의 덮개돌 무게는 보통 10톤 미만이지만 대형의 고인돌은 20~40톤에 이르며, 심지어 100톤 이상도 있다. 이러한 고인돌을 축조할 때 가장 어렵고 중요한 작업이 덮개돌의 채석과 운반이다. 덮개돌은 주변 산에 있는 바위나 암벽에서 떼어낸 바위를 이용하고 있다. 암벽에서 덮개돌을 떼어내는 데는 바위틈이나 암석의 결을 이용하였다.

이러한 덮개돌은 동원된 사람들에 의해 고인돌을 축조하는데, 실험고고학에 의하면 덮개돌 1톤의 돌을 1마일(1.6km) 옮기는데 16~20명이 필요하며, 32톤의 큰 돌을 둥근 통나무와 밧줄로 옮기는데 2백 명이 필요하다는 연구가 있다. 덮개돌을 운반하는 방법은 여러 개의 둥근 통나무를 이용해 끈으로 묶어 끌다거나 지렛대를 이용하는 방법이 사용되었을 것이다. 운반되어 온 덮개돌은 지상이나 지하의 무덤방 또는 받침돌에 흙을 경사지게 돋우고 그 위로 덮개돌을 끌어올린 후 흙을 제거하였다고 추정된다.

이러한 고인돌의 축조 기술은 암벽에서 돌을 떼어내는 고도의 기능을 가진 석공이 필요하며, 이를 보다 쉽게 운반하고 받침돌 위에 정확하게 올리는 토목 설계의 기술을 요하게 된다. 오늘날의 중장비로도 할 수 없는 무게를 가진 고인돌의 축조는 많은 상상력을 불러일으키며, 불가사의한 건조술이 아직도 풀리지 않고 있다.

참고문헌

한흥수, 『조선의 거석문화 연구』, 「진단학보」3, 1935.

김병모, 『한국 거석문화 원류에 관한 연구(Ⅰ)』, 「한국고고학보」10 · 11합집, 1981.

지건길, 『지석묘사회의 복원에 관한 일고찰』, 「이화사학연구」13 · 14 합집, 1983.

이융조 · 하문식, 『한국 고인돌의 다른 유형에 관한 연구』, 「동방학지」63, 1989.

이영문, 『호남지방의 지석묘 출토유물에 대한 고찰』, 「한국고고학보」25, 1990.

이상길, 『지석묘의 장송의례』, 「고문화」제45집, 1994.

임영진, 『유럽 거석문화 연구 현황』, 「한국선사고고학보」6집, 1999.

하문식, 『고조선지역의 고인돌 연구』, 백산자료원, 1999.

최몽룡 외, 『한국 지석묘연구 이론과 방법』, 주류성, 2000.

이영문, 『고인돌 이야기』, 다지리, 2001.

이영문, 『한국 지석묘사회 연구』, 학연문화사, 2002.

석광준, 『우리나라 고인돌무덤 연구』, 중심, 2003.

유태용, 『한국 지석묘 연구』, 주류성, 2003.

세계 기록유산

훈민정음
백운화상초록불조직지심체요절
승정원일기
조선왕조실록

훈민정음

조남호 국립국어원 학예연구관

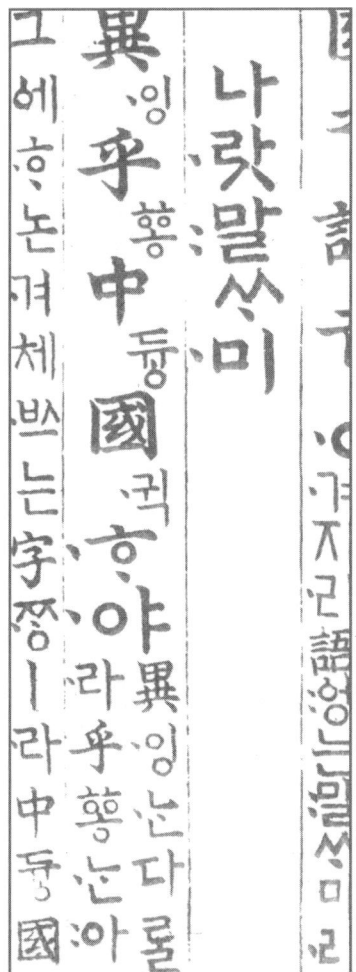

훈민정음

1940년 경북 지방에서 그 존재조차 알려져 있지 않던 책이 한 권 발견되었다. 이 책의 이름은 『훈민정음』(訓民正音)이다. 이 책은 그 이후 한글에 관한 연구가 풍성해지고 한글에 대한 이해가 깊어지는 데 중요한 밑거름이 된다. 그렇지만 '훈민정음'이라는 이름이 비로소 알려진 것은 아니다. 세종 대왕이 새로운 문자를 만들고 거기에 백성을 가르치는 바른 소리라는 의미로 '훈민정음'이라는 이름을 붙인 것은 이미 잘 알려진 사실이었다. '훈민정음'이라는 이름이 붙은 책도 이 책이 처음은 아니다. 우리가 흔히 알고 있는 것처럼 "國之語音"으로 시작되고 "나랏말 쓰미"로 시작되는 번역이 있는 책이 『훈민정음』이라는 이름으로 이미 있었다. 세종이 새로운 문자를 만들어 그 이름을 '훈민정음'이라고 하였고 그 문자의 이용 방법을 설명한 책의 이름도 『훈민정음』이어서 우리는 '훈민정음'이라는 말을 문자의 이름과 책의 이름의 두 가지 뜻으로 사용한다. 우리는 지금은 이 문자의 명칭을 '한글'이라고 한다. '한글'이라는 용어는 20세기에 들어와서 만들어진 말이다. 훈민정음에 관해서는 어느 정도 실록을 통해서도 알 수가 있었다. 세종 실록 1443년 12월 기사에서 이 달에 훈민정음이 만들어졌음을 알리는 기록이 나오며 그 이후에도 훈민정음에 관한 기사들이 여러 차례 나온다.

1940년에 발견된 『훈민정음』은 예의(또는 본문), 해례, 정인지의 서로 구성되어 있다. 이중에서 예의 부분은 번역된 『훈민정음』을 통해 이미 알려져 있었다. 그래서 흔히 이름이 같은 두 책을 구분하기 위해 새로 발견된 것을 '해례본'(解例本)이라 하고 기존의 것을 '예의본'(例義本), 또는 '국역본'(國譯本)이라고 한다(그림 1). 예의본 『훈민정

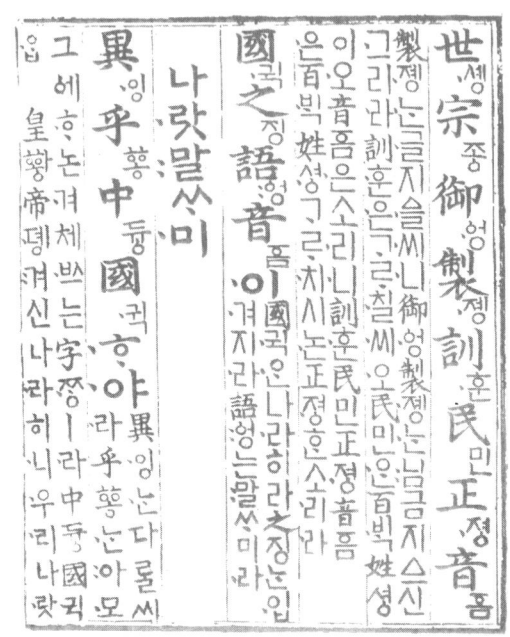

그림 1. 예의본 『훈민정음』의 첫 장. 한문 원문, 한자 풀이, 번역의 순서로 제시되어 있다.

음』에 있는 내용 중에서 해례본 『훈민정음』에 없는 내용은 중국어의 치두음(齒頭音)과 정치음(正齒音)의 표기에 관한 설명뿐이다. 중국어에서는 치두음과 정치음이 구분되는데 치두음을 적는 데는 ㅈ, ㅊ, ㅉ, ㅅ, ㅆ을 쓰고 정치음을 적는 데는 ㅈ, ㅊ, ㅉ, ㅅ, ㅆ을 쓰라고 하였다. 한글을 적는 데 사용하는 잇소리(치음)의 좌우 삐침을 각각 길게 쓰도록 한 것이다(그림 2). 예의 부분은 번역 없이 실록에도 기록되어 전해졌다. 실록에는 정인지 서도 함께 실려 있다. 그렇지만 실록에 있는 내용과 해례본에 있는 내용은 약간의 차이가 있다. 특히 뒤에서 밝히겠지만 간행 연도에 대한 기록은 실록에서는 빠져 있다. 해례 부분은 새로 발견된 책에만 유일하게 있는 내용이다. 해례 부분에서 훈민정음의 창제 원리와 글자 운용을 상세하게 밝히고 있는데 한글에 관해 이해하는 데 매우 중요한 기록이다.

이 책의 발견은 거의 기적이라고 할 수 있다. 조선 시대 후기로 오면 훈민정음에 관심을 두고 연구한 학자들이 여럿 있다. 그런데 그들조차 이 책을 보지는 못한 것으로 보인다. 그런 책이 있는데 보지 못해 아쉽다는 따위의 언급조차 없는 것으로 보면 보지 못했을 뿐 아니라 알지도 못했던 것으로 보인다. 이처럼 존재조차 알려져 있지 않던 책이

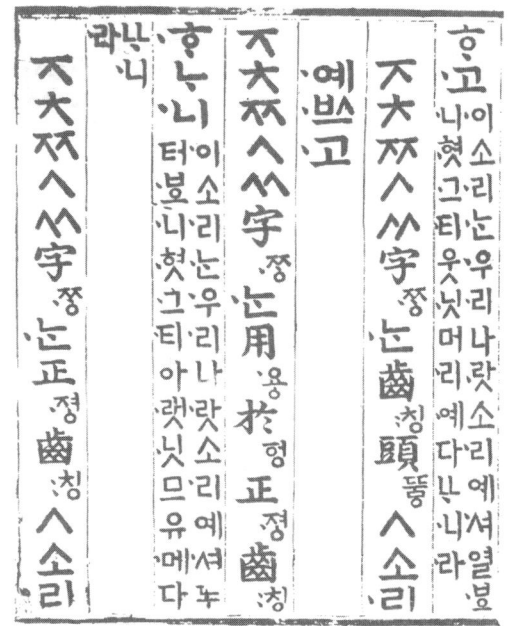

그림 2. 예의본 『훈민정음』에만 있는 치두음, 정치음 표기 설명 부분. 치두음은 왼쪽 삐침이, 정치음은 오른쪽 삐침이 길게 표기되어 있다.

몇백 년만에 홀연히 나타난 것이다. 그런 만큼 많은 관심을 끌 수밖에 없었는데 우리의 문화재 수집에 깊은 관심을 보이던 간송 전형필이 사들여 현재 간송미술관에 보관되어 있다.

해례본 『훈민정음』의 발간 경위에 대해서는 거의 알려져 있지 않다. 몇 권이나 만들어졌는지 알 수 없다. 정확한 간행 시기도 알 수 없다. 다만 정인지 서에 나오는 기록을 토대로 1446년에 만들어진 것으로 보고 있다. 현재까지 한 권만 발견되어 유일하게 전하는 책이 되었다. 책은 한 번 발간된 이후에 나중에 다시 발간되기도 한다. 그래서 처음 만들어진 책은 원간본(原刊本), 나중에 만들어진 것은 어떻게 만들어졌느냐에 따라 복각본(復刻本), 중간본(重刊本) 등 여러 용어를 사용한다. 해례본 『훈민정음』은 원간본으로 믿어지고 있다. 즉, 1446년에 만들어진 책이 전하는 것으로 보고 있다.

한글은 글자의 조직 원리가 독창적이어서 국내의 연구자뿐만 아니라 세계 문자를 연구하는 학자들의 관심도 끌고 있다. 그런데 한글에 관한 많은 의문점을 풀어 줄 수 있는 상세한 설명이 오직 해례본『훈민정음』에서만 나온다. 이 책이 없었다면 오늘날 우리가 이해하는 만큼 깊이 있게 한글에 대해 이해할 수 없었을 것이며 한글과 관련된 많은 내용을 추측하는 수밖에 없었을 것이다. 그런 만큼 이 책의 가치는 매우 크다고 해야 한다. 국보로 지정이 되고 세계 기록유산으로 등록이 된 것은 이 책의 가치를 잘 드러내는 것이라고 할 수 있다. 1962년 12월 20일 국보 70호로 지정되었으며 1997년 10월 유네스코 세계 기록유산으로 등록되었다.

II.

해례본『훈민정음』은 총 33장 3부로 되어 있다. 1부인 예의 부분은 4장 7면의 분량인데 면마다 7행 11자씩으로 되어 있다. 2부인 해례 부분은 26장 51면 3행의 분량인데 면마다 8행 13자씩으로 되어 있다. 3부인 정인지의 서는 3장 6면에 걸쳐 있다. 2부처럼 8행으로 되어 있는데 1자씩 내려서 써서 한 행당 12자씩이다. 3부로 구분한 것은 설명의 편의를 위해 구분한 것이다. 책에서는 해례 부분만 새 장에서 '訓民正音解例'라는 제목에 뒤이어 이어질 뿐이다. 3부는 2부의 바로 다음 행에서 이어진다. 제1부를 예의라고 하는 것은 정인지의 서에서 "우리 임금께서 정음 28자를 처음으로 만드시어 간략하게 예의(例義)를 들어 보이시고"라고 한 데서 연유하여 붙인 것이다. 예의는 보기와 뜻을 의미한다. 이 책은 발견 당시에 앞의 두 장이 떨어져 나가고 없었다 한다. 보완을 하여 없어진 두 장을 덧붙였는데 얼핏 보아서는 보완한 흔적을 찾기 어렵다. 그런데 비록 정밀하게 한다고 했지만 참조할 원본이 없는 상태에서 보완을 하였기 때문에 일부 오류가 있는 것으로 알려져 있다(그림 3).

'나랏말ㅆ미' 로 시작되는 것으로 알려진 부분은『훈민정음』의 예의
부분에 해당한다. 예의의 내용은 다시 크게 세 부분으로 나눌 수 있다.
첫째 부분은 세종 대왕 서문으로 한글 창제의 동기와 목적을 밝히고 있
다. 서문을 전체 번역하여 소개하면 다음과 같다.

> 우리나라 말이 중국과 달라서 한자와는 서로 통하지 않으므로 불쌍한 백성
> 들이 말하고자 하는 바가 있어도 마침내 제 뜻을 펼 수 없는 사람들이 많다.
> 내가 이를 딱하게 여겨 새로 28자를 만드니 사람들이 쉽게 익혀 나날이 쓰기
> 에 편하도록 하고자 할 따름이다.

둘째 부분에서는 초성에 쓰이는 17자와 중성에 쓰이는 11자의 음가를
밝히고 있다. 예를 들어
'ㄱ 牙音 如君字初發聲 並
書 如虯字初發聲'(ㄱ는 어
금닛소리이니 군 자의 처
음 나는 소리 같고 나란히
쓰면 규 자 처음 나는 소리
같다), '·如呑字中聲'(·는
탄 자의 가운뎃소리이다)
처럼 기본 28자의 음가를
밝혔다. '虯'는 지금의 음
을 기준으로 하면 '규'가
되지만 훈민정음 창제 당
시의 표기로는 'ㄲ'으로 시
작되는 말이기 때문에『훈
민정음』에서 ㄱ을 나란히
쓴 예로 '虯'를 든 것이다.
셋째 부분에서는 한글을

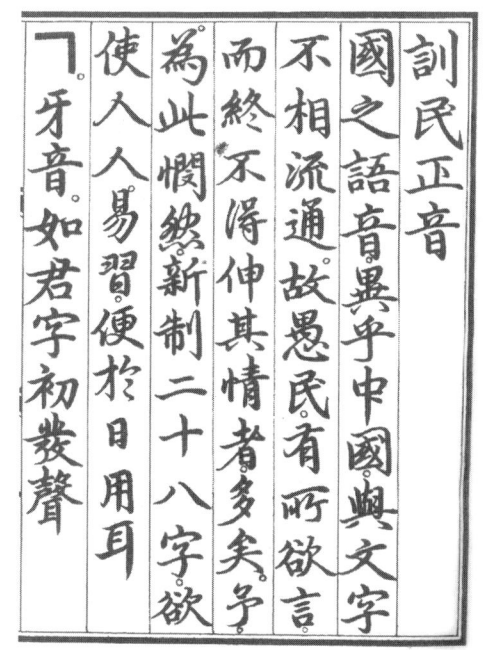

그림 3. 해례본『훈민정음』의 첫 장인 세종대왕 서문
부분. 여기 제시된 것은 보완하는 중에 생긴
오류를 바로잡은 것이다. 흔히 대표적인 오류
로 끝 부분에 '便於日用矣' 로 표기된 것을 꼽
는데 '矣' 대신 '耳' 로 바로 표기되어 있다.

실제로 사용할 때의 규정을 밝히고 있다. 그 규정들은 다음과 같다.

1. 종성은 따로 글자를 만들지 않고 초성과 같은 글자를 사용한다.
2. ㅇ을 순음(입술소리) 아래 이어 쓰면 ㅸ처럼 순경음 소리가 된다.
3. 초성을 어울려 쓰려면 나란히 써야 한다.
4. ㆍ, ㅡ, ㅗ, ㅜ, ㅛ, ㅠ는 초성 아래 쓰고 ㅣ, ㅏ, ㅓ, ㅑ, ㅕ는 초성 오른쪽에 써야 한다.
5. 초 · 중 · 종성을 모아서 하나의 완성 글자를 만든다.
6. 왼쪽에 방점으로 성조를 나타낸다.

이 규정들은 말소리의 변화로 인해 폐기된 규정인 2와 6을 제외하면 지금 우리가 한글을 적을 때도 그대로 적용되는 규정이다.

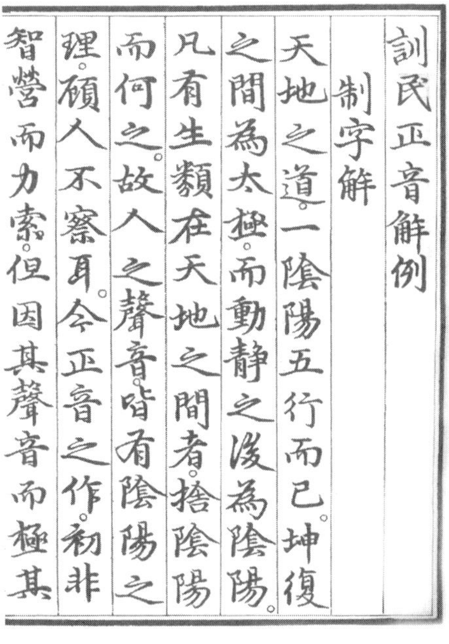

訓民正音解例
制字解
天地之道一陰陽五行而已。坤復
之間為太極。而動靜之後為陰陽。
凡有生類在天地之間者。捨陰陽
而何之。故人之聲音。皆有陰陽之
理。顧人不察耳。今正音之作。初非
智營而力索。但因其聲音而極其

그림 4. 제자해에 대한 설명이 시작되는 부분

제2부 해례는 '제자해(制字解), 초성해(初聲解), 중성해(中聲解), 종성해(終聲解), 합자해(合字解)'의 오해(五解)와 '용자례(用字例)'의 일례(一例)로 구성되어 있다. 먼저 글자를 만든 원리를 소개하고 초성, 중성, 종성의 차례로 글자의 사용에 관해 설명을 한 후 글자를 모아서 쓸 때에 제기되는 여러 문제를 설명하고 마지막으로 실제 예를 제시하는 순서로 구성된 것이다. 다섯 해에서는 먼저 산문으로 내용을 풀이하고 마지막에 시체(詩體)로 요약한 결(訣)을 제시하는 구성으로 되어 있다. 제자해가 14장 27면 4행으로 해례 중에서 가장 많은 분량을 차지한다(그림 4).

제자해에서는 말 그대로 글자를 만든 원리를 소개하고 있다. 여기에서 잘 알려져 있는 상형의 원리가 자세하게 설명되어 있다. 먼저 초성에 사용되는 17자에 대해 설명하고 있는데 상형의 원리로 만든 ㄱ, ㄴ, ㅁ, ㅅ, ㅇ의 다섯 자를 소개하고 그로부터 만들어진 ㅋ, ㄷ, ㅌ, ㅂ, ㅍ, ㅈ, ㅊ, ㆆ, ㅎ, ㆁ, ㄹ, ㅿ도 소개하고 있다. 다음으로 중성에서 사용되는 11자에 대해 설명하고 있는데 상형으로 만들어진 ㆍ, ㅡ, ㅣ 세 자를 소개하고 그로부터 만들어진 ㅗ, ㅏ, ㅜ, ㅓ, ㅛ, ㅑ, ㅠ, ㅕ 여덟 자를 소개하고 있다.

세종 대왕이 한글을 창제하던 당시에 중국의 언어 연구 성과가 국내에도 잘 알려져 있었으며 성리학이 학문의 주류를 이루던 시대였다. 『훈민정음』에도 이것이 반영되어 글자를 소개하면서 중국의 언어 이론을 이용하기도 하고 성리학의 이론을 이용하기도 하였다. 예를 들어 해례 첫 부분은 다음과 같이 시작한다.

> 천지(天地)의 도(道)는 오직 음양오행일 뿐이다. 곤(坤)과 복(復)의 사이가 태극(太極)이 되고, 움직이고 멎고 한 다음에 음과 양이 생겨난다. 무릇 목숨 가진 것들로서 하늘과 땅 사이에 있는 것들은 음양을 버리고 어디로 가랴. 그러므로 사람의 소리도 다 음양의 이치가 있는 것인데 생각하건대 사람이 살피지 못한 것이다.

제자해에서 설명하고 있는 글자는 초성 17자, 중성 11자뿐이다. 그래서 우리는 흔히 세종 대왕이 28자를 만들었다고 한다. 그런데 실제로 초성이나 중성의 위치에서 사용되는 글자들은 더 많다. 지금 우리가 사용하는 글자를 보아도 ㄲ, ㄸ, ㅃ, ㅆ, ㅉ이라든지 ㅐ, ㅔ, ㅒ, ㅖ, ㅘ, ㅝ, ㅢ와 같은 것들이 있다. 이것들 역시 『훈민정음』에서도 보이는 글자들이다. 다만 이것들은 글자를 합쳐서 만드는 것이기 때문에 뒤이어지는 초성해와 중성해에서 설명이 베풀어진다. 이 28자 중에서 후대로 오면서 초성의 ㆁ, ㆆ, ㅿ과 중성의 ㆍ가 사용되지 않게 되면서 현대에 이어지는 것은 24자뿐이다.

초성해에서는 초성에서 사용되는 글자를 설명하였다. 예를 들어 '君' 자의 초성은 'ㄱ'인데 'ㄱ'과 'ㅜㄴ'이 합하여 '군'이 된다는 식으로 설명하였다. 17자 외에 병서(竝書) 자인 ㄲ, ㄸ, ㅃ, ㅉ, ㅆ, ㆅ의 여섯 자에 대한 설명도 포함하였다. 중성해에서는 중성에서 사용되는 글자를 설명하였다. 예를 들어 '呑' 자의 중성은 'ㆍ'인데 'ㆍ'가 'ㅌ', 'ㄴ' 사이에 있어 '튼'이 된다는 식으로 설명하였다. 그리고 기본 11자가 합하여 만들어지는 글자에 대해서도 설명하였다. 두 글자가 모이는 것으로 ㅘ, ㆇ, ㅝ, ㆊ의 네 자, 한 글자 중성과 ㅣ가 합한 ㆎ, ㅢ, ㅚ, ㅐ, ㅟ ㅔ, ㆇ, ㅒ, ㆌ, ㅖ의 열 자, 두 글자 중성과 ㅣ가 합한 ㅙ, ㅞ, ㅙ, ㆋ의 네 자, 합해 18자가 있다고 하였다. 종성해에서는 종성에서 사용되는 글자를 설명하였다. 여기서도 예를 들고 있는데 '卽' 자의 종성은 'ㄱ'인데 'ㅈ' 의 끝에 있어 '즉'이 된다는 식이다. 종성은 새로운 자를 만들지 않고 초성을 쓴다는 것이 훈민정음 창제자의 방침이다. 그런데 종성에서는 필요가 없는 자들이 있다. 초성의 위치에서는 발음이 되지만 종성의 위치에서는 발음이 되지 않는 자들이 있기 때문이다. 종성해에서는 이 사실을 반영하여 ㄱ, ㆁ, ㄷ, ㄴ, ㅂ, ㅁ, ㅅ, ㄹ의 여덟 자만으로도 충분하다고 밝혔다.

합자해에서는 글자를 모아서 쓸 때의 여러 규정에 대해 보충 설명하였다. 여기서 다루고 있는 것은 각 글자의 위치, 글자를 모아 쓰는 것, 한자와의 혼용 표기, 성조 표기, ㆆ과 ㅇ의 통용, 반설경음, 사용할 필요가 없는 글자 등이다. 먼저 각 글자의 위치를 밝히고 있는데 초성은 '군' 처럼 중성의 위에 있거나 '업' 처럼 중성의 왼쪽에 온다고 하였다. 중성은 둥근 것, 즉 ㆍ와 가로 그은 것, 즉 ㅡ가 들어간 글자는 초성의 아래에, 세로로 그은 것, 즉 ㅣ가 들어간 글자는 초성의 오른쪽에 있다고 하였으며 '튼'의 ㆍ와 '즉'의 ㅡ를 아래에 둔 예로, '침'의 ㅣ를 오른쪽에 둔 예로 제시하였다. 종성은 초·중성의 아래에 있다고 하였다. 다음으로 글자를 모아 쓰는 것에 대해 설명하였다. '짜' 처럼 다른 글자를 모은 합용병서의 예와 ‘ᅘᅧ’ 처럼 같은 글자를 모은 각자병서를 소개하였으며 중성 합용(合用)의 예로 ‘과, 홰’ 를, 종성 합용의 예로 ‘홁, 낛, ᄃᆞᇌ, ᄣᅢ’ 를 들었다. 한자와 혼용할 때는 중성이나 종성으로 보충하는 일이 있음을 밝히면서 ‘孔子ㅣ, 魯ㅅ 사ᄅᆞᆷ’ 을 예로 들었다. 성조 표기에 대해서는 평성, 상성, 거성의 표기를 소개하였다. 이어서 ᅙ과 ㅇ은 서로 비슷하여 국어에서는 통용할 수 있다고 밝혔으며 반설경음은 순경음처럼 ㅇ을 반설음 ㄹ 아래에 쓴다고 하여 ᄛ과 같은 표기가 가능함을 밝혔다. 그리고 마지막으로 ᆝ나 ᆜ와 같은 글자는 필요 없다고 하였다.

용자례에서는 글자를 사용하는 방법을 예시하였는데 초성, 중성, 종성에 오는 글자에 대해 각각 예를 들고 있다. 초성 ㄱ에 대해 ‘감’과 ‘ᄀᆞᆯ’ 을 예로 드는 식이다. 초성은 17자에 각각 예를 두 개씩 들었다. 따라서 모두 34개의 예가 제시되었다. 다만 초성 17자 중에서 ᅙ이 빠지고 ᄫ이 대신 들어가 있다. 중성은 11자에 대해 4개씩 예를 제시하여 모두 44개의 예를 제시하였다. 종성은 종성에서만 사용되는 8자에 대해서 각각 2개씩 예를 들어 모두 16개의 예를 제시하였다. 따라서 용자례에서 제시된 예는 모두 94개이다. 훈민정음 창제 당시에 사용되었던 우리말에 대한 기록이 드물기 때문에 이 94개의 예는 그 자체로도 중요하다.

제3부 정인지의 서에서는 해례본을 저술하게 된 경위를 주로 설명하고 있다. 중국의 글자를 빌려서 쓰고 있으나 모난 자루와 둥근 구멍이 맞지 않는 것과 같다고 하면서 새 문자의 창제가 필요했음을 밝히고 있으며 배우기 쉽고 모든 소리를 적을 수 있다고 자랑하고 있다. 그리고 마지막에 ‘正統 十一年 九月 上澣’ 이라고 간행 연대를 밝혔다. 이 연대 표시는 실록에 실린 정인지 서에서는 빠져 있다. 이 기록이 10월 9일로 한글날의 날짜를 정하는 데 결정적인 역할을 하였다. 해례본의 발견 전까지는 실록의 기사를 근거로 9월에 만들어졌다는 것까지만 알고 있어 음력 9월의 마지막 날인 9월 29일은 양력으로 환산하여 한글날의 날짜를 정했었다. 그런데 이 기록에 의해 한글이 반포된 때가 ‘상한(上澣)’

즉 초열흘 이전이라는 것을 알게 되어 음력 9월 10일로 날짜를 수정해 1945년부터 10월 9일에 한글날을 기념하고 있다.

Ⅲ.

『훈민정음』의 가치는 한글에 관한 많은 궁금증을 푸는 데 결정적인 역할을 하였다는 점에 있다. 개화기 이래 한글에 관심을 두는 학자들이 많았다. 해례본이 발견되기 전에 많은 학자들은 독특한 문자인 이 한글이 어디에서 기원하는지 밝히려고 노력하였다. 그 결과 다양한 기원설이 나오게 되었다. 몽고의 문자를 본뜬 것이라는 견해, 한자의 옛날 글자 모양을 본뜬 것이라는 견해 등 다양한 견해가 있었다. 심지어는 전통 화장실의 창살 문양을 본뜬 것이라는 견해도 있었다. 그런데 『훈민정음』이 발견되고 제자해에서 상형의 원리로 만들었다는 기록이 있는 것을 확인한 이후 다양한 기원설은 쑥 들어가게 되었다. 상형의 원리로 만들었다는 견해는 예전부터 있었지만 구체적인 것을 밝히지는 못했었다.

제자해에서 밝힌 원리에 따르면 초성은 발음 기관을 상형하였고 중성은 천지인 삼재를 상형하였다고 한다. 이 내용은 『훈민정음』 중에서도 가장 중요한 내용이므로 좀 더 자세히 살펴보자. 먼저 초성부터 보자. 초성은 해례본의 설명에 따르면 발음 기관을 본떠서 다섯 자를 만들었다.

ㄱ : 혀뿌리가 목구멍을 닫는 모양
ㄴ : 혀가 윗잇몸에 붙는 모양
ㅁ : 입의 모양
ㅅ : 이의 모양
ㅇ : 목구멍의 모양

이 설명은 상당히 감탄할 만한 내용을 담고 있다. 발음이 어떻게 되는지 깊이 있게 관찰한 결과를 반영하였기 때문이다. 예를 들어 ㄱ은 혀의 뒷부분(혀뿌리)이 목구멍을 닫았다가 떨어지면서 발음이 된다. ㄱ이 발음이 될 때 입을 옆에서 보는 것으로 가정해 보면 그 발음의 모양이 ㄱ과 흡사하다. ㅁ을 하나 더 예로 들어보자. ㅁ은 ㄱ과 달리 위와 아래의 입술이 붙었다 떨어지면서 발음이 된다. 그런데 입의 모양을 본떴다고 제자해에서 설명하고 있다. 발음이 어디에서 나는지를 인식했음을 알 수 있다.

중성은 해례본의 설명에 따르면 천지인(天地人) 삼재를 본떠서 먼저 세 자를 만들었다.

　· : 하늘의 둥근 모양
　ㅡ : 땅의 평평한 모양
　ㅣ : 사람이 서 있는 모양

상형의 원리를 적용하여 만든 자는 이 여덟 자만이다. 다른 글자를 만든 방법에 대해서는 해례본에서 다른 원리로 설명을 하고 있다. 먼저 초성의 경우에는 기본이 되는 다섯 자에 획을 더하여 글자를 만들었다. 이를 흔히 가획(加劃)의 원리라고 한다.

　ㄱ　ㅋ
　ㄴ　ㄷ　ㅌ
　ㅁ　ㅂ　ㅍ
　ㅅ　ㅈ　ㅊ
　ㅇ　ㆆ　ㅎ

즉 ㄱ에 획을 더하여 ㅋ을 만들었으며, ㄴ에 획을 더하여 ㄷ을 만들고 여기에 다시 획을 더하여 ㅌ을 만들었다. 'ㅁ, ㅂ, ㅍ', 'ㅅ, ㅈ, ㅊ', 'ㅇ, ㆆ, ㅎ'도 마찬가지이다. 그런데 여기에 예외가 있다. ㆁ, ㄹ, ㅿ이 그것이다. 『훈민정음』에서는 ㆁ은 다르다고만 밝혔다. 그리고 ㄹ과 ㅿ은 혀와 이의 모양을 본뜨기는 했으나 모양을 달리하였으며 획을 더한 뜻은 없다고 밝히고 있다.

중성의 경우는 세 자를 기본으로 하여 나머지 여덟 자를 만들었다. 해례본의 설명을 요약하면 아래와 같다.

    ㅗ : ·와 한 종류인데 입을 오므리니 · 와 ㅡ가 어울려서 이루어진 것
    ㅏ : ·와 한 종류인데 입을 벌리니 ㅣ와 · 가 어울려서 이루어진 것
    ㅜ : ㅡ와 한 종류인데 입을 오므리니 ㅡ와 · 가 어울려서 이루어진 것
    ㅓ : ㅡ와 한 종류인데 입을 벌리니 · 와 ㅣ가 어울려서 이루어진 것
    ㅛ : ㅗ와 같으나 ㅣ에서 일어남
    ㅑ : ㅏ와 같으나 ㅣ에서 일어남
    ㅠ : ㅜ와 같으나 ㅣ에서 일어남
    ㅕ : ㅓ와 같으나 ㅣ에서 일어남

해례본에서는 ㅗ, ㅏ, ㅜ, ㅓ는 천지(天地)에서 비롯하여 초출(初出)한 것이며 ㅛ, ㅑ, ㅠ, ㅕ는 ㅣ에서 일어나서 사람(人)을 겸하여 재출(再出)한 것이라고 설명하고 있다. 중성도 초성의 경우처럼 조직적으로 글자를 만들었음을 이상의 해례본 설명을 통해 알 수 있다. 현대에 와서는 모양이 달라졌기 때문에 분명히 드러나지 않지만 해례본에 제시된 자모의 모양에서는 'ㅗ' 등의 글자에서 '·'가 분명히 나타난다(그림 5).

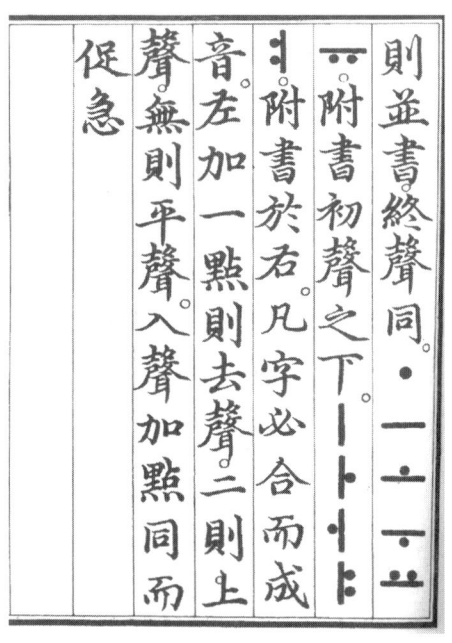

그림 5. 예의의 끝 부분. 초출한 글자와 재출한 글자에서 ·의 모양이 분명히 드러난다.

이처럼 초성이든 중성이든 기본이 되는 글자를 먼저 만들고 이 글자들을 토대로 관련이 되는 음을 표기하기 위한 새로운 글자를 만드는 방

식을 택하고 있다. 이에 따라 글자와 소리 사이에는 상관 관계가 성립한다. 예를 들어 ㄱ와 ㅋ, ㄷ와 ㅌ, ㅈ와 ㅊ는 소리나는 위치는 같고 소리를 낼 때 공기가 나오는 정도만 차이가 있다. 공기가 더 많이 나오는 소리를 표기하는 글자는 그렇지 않은 소리를 표기하는 글자에 획을 더한 것이다.

한글이 유일하게 창제자가 밝혀져 있는 문자는 아니다. 그렇지만 글자의 모양과 소리 사이에 분명한 상관 관계가 있는 문자는 한글뿐이다. 그래서 문자를 연구하는 학자들 사이에서 한글은 많은 관심을 끌고 있다. 『훈민정음』이 존재하지 않았다면 우리는 이처럼 글자와 음을 서로 관련이 있게 만드는 것을 이미 한글을 만든 사람이 고려하고 있었다는 점을 체계적으로 밝힐 수 없었을 것이다. 『훈민정음』이 있음으로 해서 우리는 한글이 많은 연구를 통해 만들어진 우수한 문자라는 점을 자랑할 수 있는 근거를 분명히 제시할 수 있게 된 것이다.

백운화상초록
불조직지심체요절

라경준 청주고인쇄박물관 학예연구사

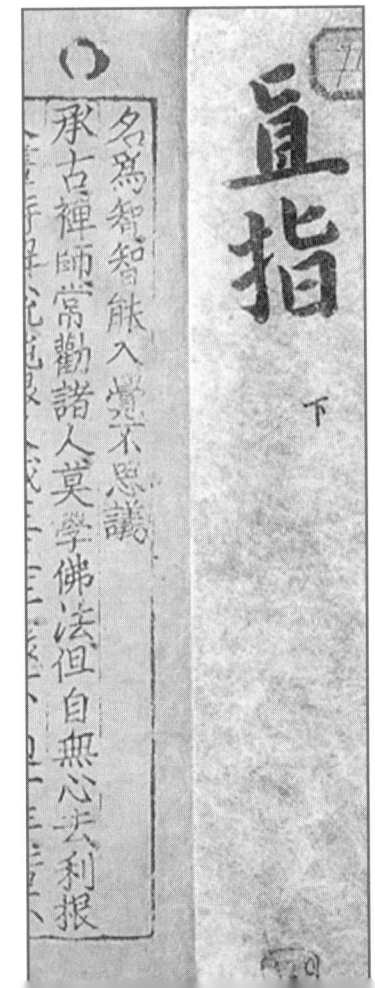

백운화상초록불조직지심체요절

Ⅰ. 『백운화상초록불조직지심체요절』은 무엇일까?

『백운화상초록불조직지심체요절(白雲和尚抄錄佛祖直指心體要節 이하 '직지'로 약칭)』은 고려 우왕(禑王) 3년인 1377년 청주 흥덕사(興德寺)에서 금속활자로 인쇄한 책이다. 이 책은 백운화상이 75세였던 고려 공민왕 21(1372)년에 노안을 무릅쓰고, 선도(禪徒)들에게 선도(禪道)와 선관(禪觀)의 안목을 자각(自覺)케 하고자 함은 물론, 선풍(禪風)을 전등(傳燈)하여 법맥(法脈)을 계승케 하고자 만든 것이다.

「직지」의 체제는 상·하 2권으로 구성되어 있다. 흥덕사에서 간행된 금속활자본은 현재 상권은 전하지 않고, 하권 1책(총 38장)만이 프랑스 국립도서관 동양문헌실에 전하고 있다.

『직지』 하권의 판식(版式)은 사주단변(四周單邊)이고, 계선이 있다. 반엽(半葉)의 행자수(行字數)는 11행 18~20자이며, 주문(註文)은 쌍행이다. 판심에 어미는 없고, 판심제는 「직지(直指)」이며, 권말제(卷末題)는 「백운화상초록불조직지심체요절(白雲和尚抄錄佛祖直指心體要節)」이다.

책의 크기는 24.6×17.0cm이며, 다섯 구멍을 뚫고 붉은 실로 꿰맨 선장본(線裝本)이다. 종이는 전통한지에 인쇄되었으며, 전체가 배접되어 있다. 표지는 능화판 문양과 종이로 보아 조선 후기에 만든 것으로 보인다.

1377년 청주 흥덕사에서 금속활자로 간행된 「직지」는 현재 하권 1책만이 전하지만, 1378년 경기도 여주 취암사(鷲巖寺)에서 간행된 「직지」 목판본은 상·하권이 완전한 1책으로 국립중앙도서관과 한국정신문화연구원 장서각 및 영광 불갑사에 소장되어 있다. 흥덕사에서 인쇄된 금속활자본만으로는 알 수 없는 『직지』의 체제나 내용을 취암사 간행 목판본을 통해서 알 수 있는데 다음과 같다.

「직지」는 석옥 청공선사(石屋淸珙禪師)가 전해준 「불조직지심체요절」을 참고하고 고려 혜심(慧諶)이 엮은 「선문염송(禪門拈頌)」과 송나라의 도원(道原)이 지은 「경덕전등록(景德傳燈錄)」 등에서 그 내용을 보완하여 새로 상·하권으로 만든 것이다. 이 책에는 과거 7불(佛)과 이들 7불로부터 법통(法統)을 이어 받은 인도의 제1조(祖)인 마가가엽(摩訶迦葉) 이하 제28조인 보제달마(菩提達磨)까지의 28조사(祖師), 달마(達磨)를 시조(始祖)로 하는 중국의 혜가(慧可)·승찬(僧璨)·도신(道信)·홍인(弘忍)·혜능(慧能) 등 6조사와 각 조서들의 법통을 이은 후대 여러 고승 중 혜안국사(惠安國師)에 이르기까지가 상권에, 그리고 하권에는 아호화상(鵝湖和尙)이하 고덕화상(古德和尙)에 이르기까지, 역대 118선사 등 154가(家)의 법어를 가려 뽑아 307편[1]에 이르는 게송(偈頌)·찬가(讚歌)·명서(銘書)·법어(法語)·문답(問答) 중에서 선(禪)의 요체(要諦)를 깨닫는데 필요한 것만을 초록(抄錄)하여 찬술(撰述)한 것이 실려 있다.[2] 우리나라의 선사로는 유일하게 신라 대령선사(大領禪師)가 하권에 수록되어 있다.

「직지」의 중심 주제는 〈직지심체〉로 〈직지인심 견성성불(直指人心 見性成佛)〉이라는 선종(禪宗)의 불도를 깨닫는 명구(名句)에서 비롯된

---

1) 법명을 밝힌 승려가 154家에 298편, 불교 경전에서 인용한 것이 4개의 경전에 6편, 법명을 밝히지 않은 승려가 1家 3편으로 구성되어 있다.

세계만국박람회 한국관

것으로 "선의 요체를 깨달아 부처와 이심전심(以心傳心)으로 통한다"는 뜻이다. 본서는 우리나라의 학승(學僧)들이 대교과(大敎科)를 마치고 수의과(隨意科)에서 공부하는데 사용되는 대표적인 학습서이다.

『직지』의 간행 배경은 정확하지 않다. 단지 이 책이 만들어진 당시의 상황으로 추정될 뿐이다. 불교는 삼국과 고려시대 국교(國敎)로서 당시 사람들의 삶을 영위시켰다. 고려시대 불교는 세속(世俗)과 밀접한 관계를 가졌다. 중세 교회가 급속한 세속화의 부작용으로 종교 본연의 역할을 잊고 타락한 것과 같이 고려 후기에도 세속과의 밀접한 관계를 유지한 불교는 타락을 초래했다. 즉 불교의 수행자인 스님들은 왕실과 결탁하여 세속의 명예를 얻는데 급급하였다. 자기 수행을 통한 중생구제(衆生救濟)라는 부처님의 가르침을 망각하고 선종(禪宗)과 교종(敎宗)이라는 명분을 지키고 세속에서 개인의 명리(名利)를 구하는 것으로 본분을

---

2) 이 책의 마지막 장에 나오는 법어를 살펴보면 다음과 같다.
承古禪師常勸諸人莫學佛法但自無心去利根人書時解脫鈍根人或三五年遠不過十年若不悟去老僧替你入拔舌
승고선사는 항상 여러 사람들에게 권하기를 불법을 배우려 하지 마라. 다만 스스로 무심하라. 슬기로운 사람은 한나절 만에 해탈할 것이다. 우둔한 사람도 3년이나 혹은 5년 만에 해탈할 것이나, 아무리 길어도 10년을 넘기지 않을 것이다. 만약에 해탈을 얻지 못하면 내가 너를 대신하여 발설 지옥에 들어가겠다.

삼고 있었다. 이러한 와중에서도 뜻있는 대덕(大德) 스님들에 의해 불교를 정화하려는 노력이 시도되었다. 선종(禪宗)계열인 보조국사(普照國師) 지눌(知訥)의 정혜결사(定慧結社),[3] 천태종(天台宗)계열인 요세(了世)의 백련결사(白蓮結社)[4]가 그것이다.

불교계 나름대로의 자정 노력에도 불구하고 고려 말기에 이르면 불교는 극도의 혼란 속으로 빠져든다. 이때에도 지눌과 요세스님과 같이 고려 말 3대 선사(禪師)인 나옹 혜근화상(懶翁惠勤和尙), 태고 보우화상(太古普愚和尙), 백운 경한화상(白雲景閑和尙)이 불교계를 개혁하고자 했다. 태고ㆍ나옹화상의 경우 국사(國師)나 왕사(王師)로 있으면서 전면에서 불교 정화에 힘쓴 반면, 백운화상은 사상적으로 불교 정화에 노력을 하였다. 이러한 노력의 결실로 『직지』가 간행된 것으로 볼 수 있다.

---

3) 지눌은 세속적인 이익을 위해 권력과 밀착 해 온 귀족 불교에 대한 비판의식에서 정혜결사(定慧結社)를 결성하였다. 이 결사는 선종 뿐만 아니라 교종, 유교, 도교에까지 문호를 개방하였고 세속적 명리를 추구해온 불교의 자기 비판에서 출발했다. 하지만 당시의 농민들이 지배자의 착취에 못 이겨 곳곳에서 봉기하고 지방하층의 승려까지 이에 참여하는 상황에서, 그가 결성한 결사는 도탄에 빠진 현실을 무시하고 오직 내적 수행의 길에만 정진하고자 하여, 현실 도피적인 지식층의 결사가 아닌가 하는 생각도 하게 한다. 그러나 지눌은 권력으로부터 해방되어 청정한 수행에 전념하는 것을 지향하였고, 무신정권에 자의든 타의든 이용되긴 했지만, 선교융합의 창조적 노선을 추구함으로써 고려 불교를 발전시키는데 커다란 공헌을 한 사람임에는 틀림없다.
4) 천태종의 요세(了世;1163~1245)는 지눌과 같은 시기에 백련결사를 결성하여 불교계 내부의 분열대립과 타락에 대한 비판으로 시작하여 중앙 집권력에 결탁하지 않고 오직 지방민중의 기반 위에서 불교 대중화에 힘썼다. 백련 결사의 성장은 이내 지배계층의 눈에 띄어 요세(了世)도 말년에 중앙 지배 권력층의 회유책에 휘말려 끝내 부패하고 말았다. 하지만 이 백련결사는 지눌의 정혜결사와 함께 고려 불교의 중요한 신앙결사로서 자리잡았고 불교발전에 크나큰 공헌을 했다.

II. 『직지』는 언제 프랑스로 건너갔을까?

『직지』는 1377년 청주 흥덕사에서 백운화상의 문하생인 석찬(釋璨)과 달잠(達湛)이 비구니 묘덕(妙德)의 재정적 지원 아래 금속활자로 인쇄한 책이다. 이 책은 인쇄 당시 대략 50~100여벌 인쇄되어 해당 사찰이나 불교계 인사들에게 배포된 것으로 추정된다. 이 책은 상·하 2책으로 인쇄되었는데, 하권 1책이 1800년대말 1900년대초 주한 불란서 공사인 꼴랭 드 쁠랑시(Collin de Plancy)에 의해 수집되어 프랑스에 건너가게 되었다.

꼴랭 드 쁠랑시는 원래 파리대학에서 법학을 공부하고 동양어학교에서 중국어를 수학했다. 그 후 1877년 중국 주재 프랑스공사관 통역관에 임명되어 북경에서 6년 동안 근무한 인물이다.

프랑스는 병인양요(丙寅洋擾)[5]로 인하여 서구 열강 중 가장 늦게 조선과 국교를 맺었다. 꼴랭 드 쁠랑시는 1888년 초대 한국 주재 대리공사로 임명되어 1891년까지 서울에 머물렀다. 그때부터 한국의 도자기와 고서(古書)를 수집하기 시작했고, 서기관으로 서울에 부임해온 모리스 꾸랑(Maurice Courand)에게 책의 목록을 만들도록 권유하기도 하였다. 또한 그는 한국에 머무는 3년 동안 1년에 한번씩 많은 양의 책을 수집해 모교(母校)인 동양어학교에 보냈다. 이때 꼴랭 드 쁠랑시가 보낸 책이 동양어학교 최초의 한국장서였다.

그 후 5년간 일본에 근무한 그는 다시 한국 주재 프랑스 공사로 임명

---

5) 고종 3년인 1866년 대원군의 천주교도 학살·탄압에 대항하여 프랑스함대가 강화도에 침범한 사건이다. 프랑스군은 1개월 동안 점거한 강화성을 철거하면서, 장녕전(長寧殿) 등 모든 관아에 불을 지르고 앞서 약탈한 은금괴(銀金塊 : 당시 화폐로 환산하여 3만 8000달러)와 대량의 서적·무기·보물 등을 가지고 중국으로 떠났다. 이때에 강화도에 보관 중이던 외규장각도서도 약탈되었다.

되어 1896년부터 1906년까지 10년
간 총영사겸 서울주재 공사로 한국
에 체류했다. 그는 외교관으로서
우리나라에 두 차례씩이나 머물면
서 확고한 감식력과 폭넓은 교양으
로 고서적을 수집하였다. 그 중 가
장 뛰어난 수집품은 1377년에 금속
활자로 인쇄된 『직지』하권 1책이
다. 그러나 이 책의 수집 방법에 대
하여는 즉, 구입한 것인지, 얻은 것
인지 아직 정확히 밝혀져 있지 않
다. 또한 수집시기에 대해서도 정
확히 알 수 없다. 다만 그가 초대공

꼴랭 드 쁠랑시

사로 재직할 때인 1889년 5월 부임한 모리스 꾸랑이 1894년에서 1896년
에 간행한 『조선서지(전 3권)』를 통해서 유추해 볼 뿐이다. 이 책의 3분
의 1가량은 꼴랭 드 쁠랑시가 저술한 것으로 보아 당시 소장하고 있었
다면 당연히 소개되었을 것이다. 그 후 1901년 간행된 『조선서지』의 부
록편에 『직지』가 수록된 것으로 보아 두 번째 서울에 있을 때인 1896년
부터 1901년 사이에 수집된 것으로 보인다.

　『직지』를 처음으로 소개한 『조선서지』는 고려시대의 『고금상정예문
(古今詳定禮文)』에서 대한제국의 『한성순보(漢城旬報)』에 이르기까지
프랑스국립도서관 소장본, 동양어학교 소장본, 꼴랭 드 쁠랑시 등의 개
인 소장본, 유럽 각국의 주요 도서관 소장의 한국본 등 1899년까지 한국
에서 나온 3,821종의 고서를 교회(敎誨)·언어·유교(儒敎)·문묵(文
墨)·의범(儀範)·사서(史書)·기예(技藝)·교문(敎門)·교통의 9부로
나누어 간단히 설명, 소장처, 기록의 근거, 사진 등을 수록하고 있는 한
국 고서의 목록 겸 해제집이다. 1901년에 부록으로 간행된 책에 부록

3738(70~71쪽)로 『직지』에 대하여 기록이 되어 있다.[6]

3738. 白雲和尙抄錄佛祖直指心體要節

1책. 대 8 절판(제 2권만 있음).

B.N. Coreen, 109.

이 책 마지막에는 다음과 같은 설명을 적고 있다. "1377년 淸州牧外 興德寺에서 주조된 활자로 인쇄됨." 이 내용이 정확하다면, 鑄字, 즉 활자는 활자의 발명을 공식적으로 삼는 太宗의 命(계미자, 癸未字)보다 26년 앞서 사용된 것이다. 그 외에도 宣光七年이라고 쓴 연대를 주목할 필요가 있다. 이 선광이라는 통치연대의 명칭은 1371년 元朝의 왕위 계승을 요구하는 昭宗에 의해 채택된 것이다.

한편 이 책의 흔적은 1900년 파리에서 열린 세계 만국 박람회장의 한국관에서 찾을 수 있다. 최근의 자료에 의하면 만국박람회의 한국관 설치에 꼴랭 드 쁠랑시가 많은 노력을 기울였음을 알 수 있다.[7] 따라서 늦어도 1900년에는 『직지』가 꼴랭 드 쁠랑시에게 넘어간 것으로 추정된다.

꼴랭 드 쁠랑시는 한국 주재 공사를 마치면서 그 동안 수집하였던 고서·도자기를 프랑스로 갖고 귀국하였다. 1911년 3월 27일과 30일에 드루오 경매장에서 한국·중국·일본 관계의 꼴랭 드 쁠랑시 소장품 883점에 대한 물품 경매가 있었다. 이 때는 한국의 물품이 주를 이루어 그 양이 700여점에 달하였다. 각 물품의 가격과 구입자의 이름 등 경매에 관한 기록은 파리 시립 고문서관에 보관되어 있으며, 이 때의 물품 가운데 도서의 경우는 몇 권을 제외하고는 프랑스국립도서관에서 구입을 하였다.[8] 『직지』는 그의 물품 경매 때에 골동품수집가인 앙리 베베르(Vebel)가 180프랑(francs)에 구입 소장하였다. 그 후 앙리 베베르의 유

---

6) 모리스 꾸랑 原著·李姬載 飜譯,『韓國書誌(修訂飜譯版)』, 一潮閣, 1994, p.847.

7) 國史編纂委員會,『韓佛關係資料 - 駐佛公使·파리博覽會·洪鍾宇-』, 2001.

8) 청주고인쇄박물관,『개관 10주년 기념 直指와 金屬活字의 발자취』, 2002, p.23.

언장에 준하여 1950년 파리 프랑스국립도서관에 기증되어 도서번호
109번 기증번호 9832번으로 현재까지 보관되고 있다.

III. 『직지』의 재발견

『직지』가 공식적으로 세상에 공개된 것은 1972년이다. 유네스코가
1972년을 '세계 도서의 해'로 선포한 후 유네스코 본부가 있는 프랑스
파리의 여러 기관에서는 '세계 도서의 해'를 기념하기 위한 여러 가지
행사를 개최하였다.『직지』를 소장한 프랑스국립도서관에서도 도서관
소장 세계 각 국의 고서(古書)를 모아서 "BOOKS"이라는 전시회를 개
최하였다. 이 전시회를 위하여 프랑스국립도서관에서는 1968년부터 준
비를 하였고, 이때에 한국과 중국의 고서를 담당한 분은 당시 도서관 연
구원으로 재직하고 있었던 재불학자인 박병선박사였다.

박병선박사의 증언[9]에 의하면 1968년 혹은 1969년에 『직지』를 처음
으로 접하였다고 한다. 이 책은 당시에 중국서적 코너에 중국 고서와 섞
여 있었다. 『직지』의 맨 뒷장에는 1377년 청주 흥덕사에서 금속활자로
인쇄했다는 기록이 인쇄되어 있다. 그러나 과학적인 증거를 선호하는
유럽인들에게 간기(刊記)만을 가지고 『직지』가 금속활자로 찍은 책임
을 증명하기는 어렵기 때문에 박병선박사는 이 책이 금속활자본이라는
것을 증명하기 위하여 많은 노력을 기울였다. 먼저 금속활자가 무엇인
지를 알기 위하여 유럽소재 한국관련 기록을 찾고자 했으며, 한국에 있
는 친지나 친구들에게 금속활자와 관련된 책을 보내주기를 요청하였

---

9) 박병선, 「직지심경의 명명사유」,『직지와 한국고인쇄문화』, 청주고인쇄박물관 · (사)충북
향토문화연구소, 1999, pp.3~8.

다. 그러나 한국 금속활자와 관련된 책이 유럽에는 소개되지 않았고, 이 당시만 해도 한국학자 중 금속활자만을 연구한 학자들이 없어 한국에서 조차 금속활자와 관련된 책을 구하지 못하였다고 한다. 그러나 박병선박사는 이 책이 금속활자로 찍은 것임을 증명하고자 지우개·무우 등을 이용하여 직접 활자를 만들어서 실험하여 1차적으로 목판과 활자의 차이점을 증명하였다. 즉 목판은 글자가 고정되었기 때문에 글자 행이 모두 일정하지만 활자는 글자가 움직이기 때문에 글자 행이 일정하지 않음을 증명하였다.

또한 금속활자의 특징을 증명하기 위하여 납으로 활자를 만들고자 납을 녹이는 과정에서 3번의 화재가 일어나는 등 갖은 고초 속에서 금속활자와 나무활자의 차이점을 찾아내었다. 즉 나무활자는 글자에 나무결이 나타나는데 비하여 금속활자는 나무 결이 나타나지 않는다. 또한 나무활자에는 칼자국이 나타나는데 비하여 금속활자는 칼자국이 나타나지 않고 대신 너덜이가 나타남을 증명하였다.

이와 같이 『직지』가 금속활자로 찍은 책임을 1972년 5월~10월에 파리 프랑스국립도서관에서 개최된 전시회에서 발표하였다고 한다.

『직지』는 박병선박사가 1972년 12월 귀국시 사진판으로 복사하여 가져와 서울의 서지학자들에게 처음으로 소개하였다고 한다.

같은 해 대통령 영부인 故육영수 여사의 주선으로 문화공보부에서 영인판을 출판하기로 결정하여 해제(책의 제목 설명)를 박병선박사에게 부탁하였으나 시간이 촉박하여 불가능하므로 故육영수여사의 주선으로 문화공보부에서 해제문을 쓰기로 결정하였다. 그 후 문공부에서 불어로 쓴 해제문을 보내와 수정하여 보냈으나 이를 완전히 무시하고 먼저 만든 초안대로 발행하였다.

수정하여 보낸 이 해제문은 프랑스에서 1972년 전시하기까지 3년이라는 긴 세월을 직접 치밀하게 연구한 후 전시한 결과에 의거하여 수정한 것인데 무시를 당했고 한편 한국에서 초안대로 발행한 해제문에는 한번도 실물을 보지 못한 분들이 실제로 그들이 고증한 것처럼 기입되어 프랑스국립도서관 측에서는 이 사실에 반발하여 원고를 수정하여 보냈으나 문공부에서 이를 무시하였다고 한다.

또한 연이어 프랑스국립도서관에 50부를 연구를 위한 비치용으로 보낸다는 조건하에 영인판 인쇄를 허가했음에도 불구하고 약속은 지켜지지 않고 단 몇 부밖에 국립도서관에 오지 않았다. 이로 말미암아 한국정부기관(문화공보부 및 관련기관)에 대한 프랑스의 불신 감정이 싹트기 시작했다.

현재 프랑스국립도서관에 특별 귀중본으로 잘 보관되어 있는 이 책의 열람에 어려움이 많음은 이러한 감정의 뒷받침이 있음을 알아야 한다고 증언하였다.

『직지』는 박병선박사도 증언하였듯이 현재 귀중본으로 분류되어 단독 금고에 보관되어 있다. 필자가 이 책을 본 것은 1999년이다. 1999년 11월 12일부터 파리 소재 주불한국문화원에서 개최한《한국의 옛 인쇄 문화 특별전》을 위하여 프랑스 출장 중에 『직지』를 2시간씩 이틀에 걸쳐 열람하였다. 현재 책의 보존 상태는 양호하였으며, 이 책에 대한 도서관 관계자들의 열정은 우리나라 사람 못지 않았다.

Ⅳ.『직지』는 정말 금속활자로 찍었을까?

「직지」에 나타나는 금속활자본으로서의 특징은

① 본문의 항렬(行列)이 바르지 않고 비뚤어져 있으며, 그 중에는 글자가 옆으로 비스듬하게 기울어진 경우도 있다.
② 인출(印出)된 글자면(字面)에서 나타나는 묵색(墨色)의 농도 차이가 심하고 반점(斑點)이 나타나 있는 경우가 많다.

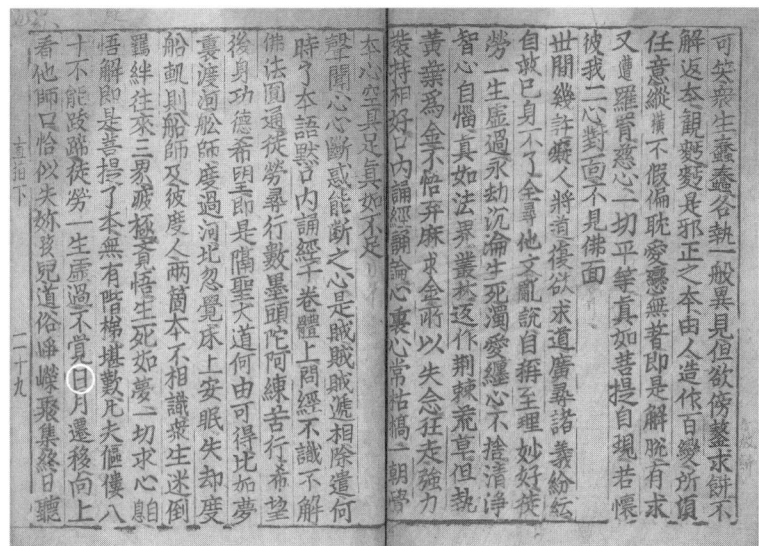

거꾸로 인쇄된 日자

③ 제12장 뒷면 11행·제29장 앞면 10행의 일(日)이나 제7장 뒷면 1행·제9
장 뒷면 11행, 제11장 뒷면 9행의 일(一) 등의 글자는 아예 거꾸로 식자된
경우도 있으며, 어떤 글자는 인쇄 도중에 탈락된 경우도 있다.
④ 동일 면에서 동일한 활자의 같은 글자모양이 보이지 않으나, 동일한 활자
가 다른 장에서는 사용되고 있다.
⑤ 글자의 획에 너덜이 와 티가 남아있는 경우도 있다.

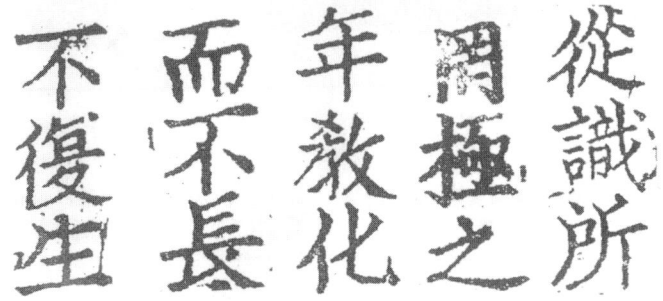

쇠똥자국

조선시대 금속활자의 경우 동일한 활자가 반복 사용되지만, 『직지』의 경우 앞에서도 보이듯이 같은 면에서는 동일한 활자의 같은 글자모양이 보이지 않는다. 이것은 활자를 만들 때, 밀랍을 사용하여 주조(鑄造)하였기 때문이다. 따라서 고려 말 청주 흥덕사에서 만든 『직지』 금속활자는 밀랍 주조법으로 만든 것으로 추정된다.[10]

『직지』 금속활자의 주조방법은 다음과 같다.

① 활자 모양으로 만든 정제된 밀랍 한쪽 면에 원고를 붙인다.
② 밀랍에 글자를 새긴다.
③ 밀랍봉에 어미자(밀랍 글자)를 붙인다.
④ 밀납 표면을 쇳물의 열에도 견딜 수 있는 도가니 만드는 흙과 질그릇 만드는 찰흙을 섞어 반죽한 것으로 덮어 싸서 주형(鑄型)을 만들어 굽는다.
⑤ 이 주형에 녹인 쇳물을 붓는다.
⑥ 식은 다음에 활자를 꺼내어 줄로 깎고 다듬는다.
⑦ 찍고자 하는 내용대로 활자를 조판한다.
⑧ 먹물을 바른 후 한지를 이용하여 인쇄한다.

이때 밀랍으로 만든 어미자는 주형을 구울 때 녹아 없어지므로 같은 글자라도 꼭 같은 모양의 것이 거의 나타나지 않는다.

V. 『직지』의 유네스코세계기록유산 등재 의미

1972년 프랑스 파리에서 『직지』가 공개된 후 대다수의 국민들이 유네

---

10) 『직지』를 찍은 금속활자가 발견되지 않았기 때문에 속단할 수는 없다. 그러나 이 책에 나타나는 특징을 살펴 볼 때, 밀랍을 사용하여 활자를 만든 것으로 추정한다. 이 밀랍활자는 천혜봉이 이론을 제공하고 국가중요무형문화재 제101호인 금속활자장 오국진이 재현하였다.

스코가 이 책을 현존 세계 최고(最古)의 금속활자본으로 공인한 것으로 알았다. 또한 공개 당시 책 이름도 『직지심경』[11]으로 알려져 국사 교과서에도 『직지심경』으로 잘못 기재되어 왔다. 당시에 유네스코에는 이 책을 공인할 수 있는 프로그램이 마련되지 않았기 때문이고 이 책의 원본을 볼 수 없었기 때문이다. 1972년 이후 우리 국민들 뇌리에서 『직지』가 다시 살아난 것은 1985년이다. 이 해에 이 책이 간행된 청주 흥덕사 터가 발굴되었기 때문이다.

근래에 풍납토성내 아파트 건축을 둘러싸면서 보존이냐 개발이냐를 놓고 많은 논란이 있었다. 이것은 비단 어제 오늘의 이야기가 아니다. 1985년 흥덕사 터가 발굴된 곳도 택지 개발로 인하여 사전 조사도 없이 포크레인에 의하여 1/3가량이 파손된 곳이었다. 개발이 우선되었더라면 우리는 소중한 문화유산을 잃어버렸을 것이고 현존하는 금속활자본 중 세계에서 가장 오래된 『직지』를 찍은 청주 흥덕사는 역사 속의 미아로 전락했을 것이다.

청주 흥덕사 터가 발굴된 1985년 때마침 프랑스를 국빈 방문한 전두환 대통령이 엘리제궁에서 『직지』와 『외규장각도서』를 열람하였다. 엘리제궁에서의 열람과 재불학자인 박병선박사와의 만남을 계기로 『직지』의 중요성을 인지한 대통령은 귀국 후 충청북도를 연두 순시하는 자리에서 청주 흥덕사 터의 보존과 함께 전시관을 지을 것을 지시하여 1992년 청주고인쇄박물관이 탄생하였다.

---

11) 원제인 『백운화상초록불조직지심체요절』을 취하려 했으나 제목이 너무 길어 『직지심체요절』이라고 하려 했음. 제목 요약으로 염려하던 중 책 중간쯤에 백지로 『직지심경』이라 써서 붙요져 있음을 발견하고 이를 부제라 여겨 원제목 대신에 사용하였다.
박병선, 「직지심경의 명명사유」, 『직지와 한국고인쇄문화』, 청주고인쇄박물관 · (사)충북향토문화연구소, 1999, p.3.
필자가 1999년 12월 3일 프랑스국립도서관을 방문하여 『직지』의 원본을 열람하였는데, 『직지심경』이라고 쓴 백지는 없고, 서근(書根) 1/3우측에 오른쪽에서 왼쪽으로 '下 直指心經'이라고 쓰어 있음을 확인했다.

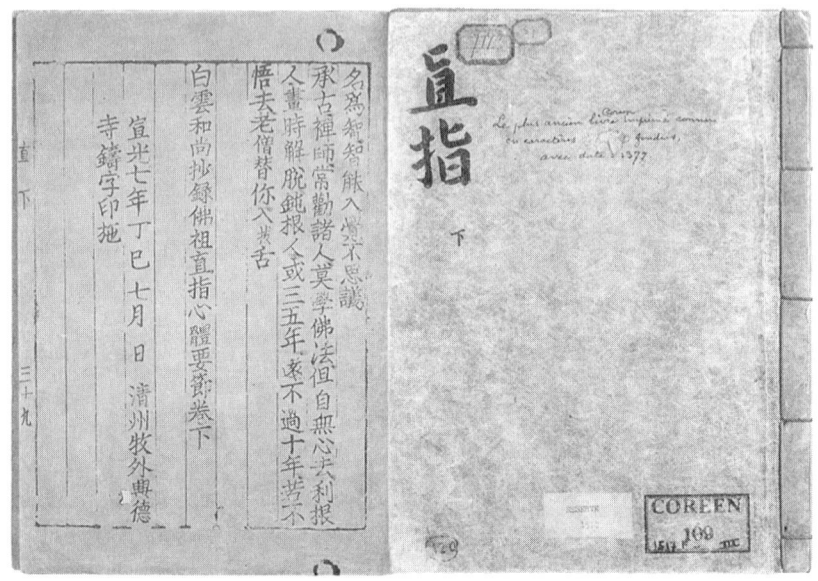

직지

　『직지』가 현존하는 금속활자본 중 세계에서 가장 오래된 것이기는 하나 이 사실을 인지하는 나라는 그 동안 많지 않았다. 청주시에서는 인류 역사에 가장 큰 영향력을 발휘한 금속활자 발명국이라는 사실을 세계에 널리 알리고자 많은 노력을 기울여 왔다. 즉 1994년부터 세계 석학들을 초청 동·서양 금속활자 인쇄 기술과 『직지』의 우수성을 증명하는 국제 학술회의를 격년제로 개최하였고, 1995년부터는 매년 해외 순회전시를 개최하였다. 그리고 "유네스코 세계기록유산"에 『직지』를 등재하는 것이 이 책의 우수성과 가치를 빠른 시일 내에 전 세계에 알릴 수 있다고 보고 1998년 9월 2일 유네스코 한국위원회를 통하여 유네스코 본부에 등재 신청을 하였다. 그러나 『직지』는 1999년 오스트리아 비엔나에서 개최된《제4차 유네스코세계기록유산 국제자문위원회 회의》에 안건으로 상정도 되지 못하였다. 지금까지 "세계기록유산"으로 등재된 기록물들의 원산지와 소유국이 일치하지만 『직지』는 한국에서 간행한 후 프랑스가 보관하고 있기 때문이었다. 이러한 이유로 유네스코 본부에서는 1998년 9월 8일 프랑스와 공동신청을 권유하는 전문을 보내왔다. 이에 10월 17일 외교통상부와 유네스코 한국대표부를 통해 『직지』가 유네스코세계기록유산으로 등재될 수 있도록 프랑스정부에 협의 해줄 것을 요청하였다. 그러나 1999년 2월 4일 프랑스국립도서관으로부터 온 회신은 『직지』를 유네스코 세계기록유산 등재할 의사가 없다는 내용이었다.

『직지』가 《제4차 유네스코세계기록유산 국제자문위원회 회의》에서 안건으로 상정되지도 못하자 청주시에서는 세계기록유산 등재를 심사하는 《제5차 유네스코세계기록유산 국제자문위원회 회의》를 청주에 유치하여 이 책을 등재시키고자 하였다. 이에 청주시에서는 청주고인쇄박물관 최진섭 관장, 라경준 학예연구사, 임채영 연구원 그리고 유네스코한국위원회 허 권 문화부장으로 구성된 대표단을 1999년 6월 10일부터 6월 12일까지 오스트리아 비엔나에서 개최되는 《제4차 유네스코세계기록유산 국제자문위원회 회의》에 파견하였다.

대표단은 《제4차 유네스코세계기록유산 국제자문위원회 회의》에 참석한 각 국의 자문위원들에게 『직지』의 가치와 우수성, 인류사에 끼친 영향력 등을 소개하며 이 책이 유네스코 기록유산에 등재되어야 하는 당위성을 역설하였다. 또한 《제5차 유네스코세계기록유산 국제자문위원회 회의》의 청주 유치도 신청하였다. 그러나 동 회의의 청주 유치는 처음부터 난관에 봉착하였다. 동 자문회의 개최지가 지금까지 각 나라의 수도에서 개최되었기 때문에 수도가 아닌 지방의 도시에서 유치한다는 것 자체에 자문위원들이 난색을 표시하였다. 그리고 《제4차 유네스코세계기록유산 국제자문위원회 회의》에 자문위원으로 참석한 멕시코 대표가 다음 회의 장소로 멕시코시티 유치를 신청하였기 때문이다. 지금도 그렇지만 당시에 우리나라는 정 위원이 아니고 업저버 자격으로 참석한 상태라 공식석상에서 발언권이나 의결권이 없기 때문에 상당히 불리한 상황이었다. 이러한 어려운 조건 하에서도 청주시 대표단은 자문위원들과 개별 접촉을 통하여 기록유산의 중요성을 아시아권에서 홍보할 수 있는 한국의 청주가 다음 개최지로서 최적지임을 적극 홍보하였다. 또한 2000년에 개최될 《유네스코세계기록유산 국제자문위원회 임원단회의》를 멕시코시티에서 가져가는 대신 《제5차 유네스코세계기록유산 국제자문위원회 회의》를 청주에서 개최하는 것으로 위원들을 설득하여 마침내 1999년 6월 12일 오스트리아 국립과학원에서 동 회의의 청주 유치가 결정되었다. 비록 《제5차 유네스코세계기록유산 국제자문위원회 회의》를 청주에서 개최한다고 하더라도 유네스코 자문위원들이 『직지』의 중요성이나 가치를 인정하지 않으면 세계기록유산 등재는 어렵기 때문에 유네스코 총회가 열리는 1999년 11월에 프랑스 파리에 있는 한국문화원에서 《한국의 옛 인쇄문화 특별전》을 개최하였다.

이 전시회에 유네스코본부 Abid 기록유산담당관을 비롯한 많은 유네스코 인사들이 참석하여 『직지』를 비롯한 한국의 옛 기록물들을 관람하였고, 그 우수성에 대하여 놀라워하였다. 이러한 우호적인 분위기 속에서 2001년 6월 《제5차 유네스코세계기록유산 국제자문위원회 회의》가 청주에서 개최되었다. 이 때까지만 해도 우리나라에서는 문화재청에서 추천한 『승정원일기』만이 안건으로 상정되었다. 프랑스국립도서관에서 명확한 답변을 주지 않았기 때문에 안건에 포함이 되지 않은 것이다. 이 때에 유네스코본부 Abid 기록유산담당관과 유네스코한국위원회 김여수사무총장과 허 권문화부장, 김귀배 차장의 노력으로 프랑스국립도서관측에서 『직지』가 유네스코 세계기록유산에 등재되는 것에 대해 찬성도 반대도 하지 않겠다는 의견을 6월 22일에 표방하여 이 책이 제5차 회의 안건으로 상정되었다. 그러나 『직지』가 《제5차 유네스코세계기록유산 국제자문위원회 회의》의 안건으로 상정되자 이번에는 중앙정부의 관련부처에서 제동을 걸어왔다. 외규장각도서 반환 협상에 영향을 줄 수 있으니 안건으로 상정하지 말라는 이유였다. 이러한 어려움 속에서 2001년 6월 27일부터 6월 29일까지 청주에서 열린 《제5차 유네스코세계기록유산 국제자문위원회 회의》에서 『직지』와 『승정원일기』가 "유네스코세계기록유산"으로 등재되었다. 《제5차 유네스코세계기록유산 국제자문위원회 회의》에서 모든 자문위원들이 『직지』에 대하여는 이견이 없었지만 『승정원일기』에 대하여는 이의를 제기하였다. 『승정원일기』가 세계사에 끼친 영향이 없다는 점, 그리고 1997년에 지정된 『조선왕조실록』과 차이가 없다는 이유를 들어 등재에 난색을 표명하였다. 만약에 《제5차 유네스코세계기록유산 국제자문위원회 회의》가 한국 열리지 않았다면 『승정원일기』의 유네스코 세계기록유산 등재는 어려웠을 것이다.

유네스코에서 『직지』를 "세계기록유산"으로 등재한 이유는 다음과 같다.[12]

> "『직지』는 현존 세계 최고(最古)의 금속활자로 인쇄문화의 전파와 인류의 역사에 큰 영향을 주었다. 이에 세계적인 영향력을 준 기록유산으로 인정을 하게 되었고 현재 프랑스에 단 한 권만이 보관되어 있기에 그 희귀성이 유네스코의 기록유산으로 선정하는 데 크게 고려되었다. 아울러 『직지』와 『구텐베르크 42행 성서』는 현존하는 세계에서 가장 오래된 동·서양의 금속활자본으로 인류의 기록문화를 혁신적으로 바꾼 최대의 유산이다. 유네스코 기록유산사업의 정신에 입각해 등재를 권고한 것이다."

유네스코측의 의견에서 보듯이 이제 『직지』는 한국만의 기록유산이 아닌 세계인들의 기록유산으로 인정받은 것이다. 또한 『직지』의 유네스코 세계기록유산 등재는 제3세계 등 약소국들에게 커다란 의미를 부여한다. 앞에서도 언급했듯이 1999년까지 등재된 세계기록유산은 원산지와 소유국이 같은 기록물만이 그 혜택을 누렸다. 그러나 한국에서 간행

---

12) 이 내용은 《제5차 유네스코세계기록유산 국제자문위원회 회의》 의장을 맡은 노르웨이의 벤딕 루가스씨가 2001년 6월 29일 기자회견장에서 밝힌 말입니다.

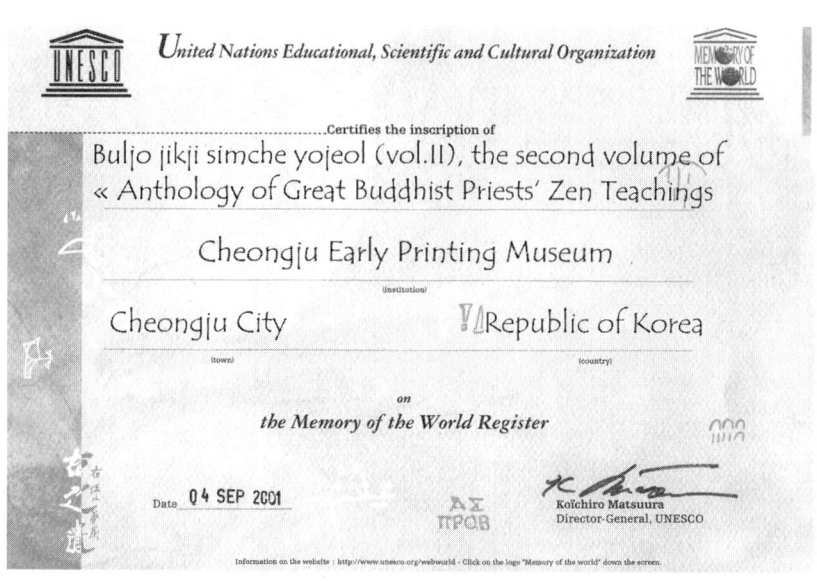

세계기록유산 인증서

하고 현재 프랑스에서 소장하고 있는 『직지』가 세계기록유산에 등재됨으로써, 과거 제국주의 시절에 강대국에 약탈당한 제3세계 국가의 기록물들도 세계기록유산에 등재될 수 있는 기회를 얻은 것이다. 이렇듯 『직지』의 유네스코 세계기록유산 등재는 한국민만의 쾌거가 아니라 제국주의 시절 핍박을 받은 제3세계 등 모든 약소국들에게 큰 의미가 있다.

부록

1. 한국 금속활자 연표[13)]

활자명칭	주조(제작)년대	활자 글자체	재료	인쇄된 책
證道歌字	고려 (13세기 초)	歐陽詢體	금속	1239年에 金屬活字本 南明泉和尙頌 證道歌를 木板으로 다시 새김
詳定禮文字	고종 21~28 (1234~41)		금속	1234-41年 詳定禮文 28부를 金屬活字로 印刷
興德寺字	우왕 3년 (1377년)	松雪體	금속	直指心體要節, 慈悲道場懺法集解(翻刻本)
高麗복字	14세기	松雪體	동	開城의 個人墓에서 출토
高麗전字	14세기		동	1958年 高麗 궁궐터에서 발굴 출토
癸未字	조선 태종 3년 (1403년)	宋朝 蜀지방에서 만든 木板 古註本중 詩,書,左氏傳 글씨체	동	北史詳節.十七史纂古今通要.宋朝表牋總類. 新刊類編歷擧三場文選對策. 陶隱先生詩集.纂圖互註周禮
庚子字	세종 2년 (1420년)	宋朝 閩板本 ~ 元朝 木版本	동	資治通鑑綱目.文選
初鑄甲寅字	세조 16년 (1434년)	明朝 木板本 孝順事實, 爲善陰騭, 論語	동	大學衍義.分類補註李太白詩
丙辰字	세종 18주조 (1436년) 세종 20인출 (1438년)	晋陽大君 瑈 글씨체	납	資治通鑑綱目訓義
初鑄甲寅字 竝用 한글字	세종 29년 (1447년)	고딕 印書(刷)體	동	月印千江之曲, 釋譜詳節
東國正韻字	세종 29년 (1447년)	晋陽大君 瑈 글씨체	동	東國正韻
庚午字	문종즉위년 (1450년)	安平大君 瑢 글씨체	동	歷代十八史略.詳說古文眞寶大全, 신편산학계몽

---

13) 천혜봉, 『한국전적인쇄사』, 1990, pp. 369~372.를 참고하여 재정리하였음.

활자명칭	주조(제작)년대	활자 글자체	재료	인쇄된 책
乙亥字	세조 1년 (1455년)	姜希顔 글씨체	동	漢字 楞嚴經, 法華經, 圓覺經, 楞伽經, 訓辭
乙亥字 竝用한글字	세조 7년 (1461년)		동	楞嚴經諺解
丁丑字	세조 3년 (1457년)	世祖임금 글씨체 金剛經 큰자체	동	金剛經五家解, 金剛經三家解 大字
戊寅字	세조 4년 0(1458년)	世祖임금 글씨인듯	동	交食推步法假令, 易學啓蒙要解
乙酉字	세조 11년 (1465년)	鄭蘭宗 글씨체	동	圓覺經, 碧巖錄, 六經合部中 三經, 兵將說, 唐書
甲辰字	성종 15년 (1484년)	歐陽文忠公集, 烈女傳, 朴耕補 글씨체	동	東國通鑑, 四鍼·文獻通考
癸丑字	성종 24년 (1493년)	明朝 木板本 資治通鑑綱目	동	東國輿地勝覽, 新增東國輿地勝覽
丙子字	중종11·14 (1516, 1519)	明朝 木板本 自治痛鑑	동	瀛奎律髓, 文苑英華, 朱子語類
印曆字	16세기	筆書體	철	大統曆, 각종 曆書
再鑄甲寅字	16세기 후기	甲寅字體	동	梅月堂集, 箋註靖節先生集, 詩傳, 詩書
經書字 經書字 竝用한글字	선조 21년 (1588년)	乙亥字體	동	小學諺解, 孝經諺解, 大學諺解, 中庸諺解, 論語諺解, 孟子諺解
戊午字	광해 10년 (1618년)	甲寅字體	동	書傳大典, 詩傳大典
戊申字	현종 9년 (1668년)	甲寅字體	동	潛谷遺稿, 貞觀政要, 巧事撮要
校書館倭언字	숙종 2년 (1676년)		동	捷解新語
顯宗實錄字	숙종 3년 (1677년)		동	顯宗實錄, 三國史記, 世說新語補
韓構字	숙종 초기 (1677년경)	韓構 글씨체	동	行軍須知, 潛谷集, 資治通鑑綱目

활자명칭	주조(제작)년대	활자 글자체	재료	인쇄된 책
前期校書館 印書體字	숙종초기 (1684년이전)	明朝 印書(刷)體	철	樂田先生歸田錄, 息庵先生遺稿, 文谷集
元宗字 竝用한글字	숙종19년 (1693년)	元宗(추존 왕) 임금 글씨체	동	御筆孟子諺解, 孟子大文
肅宗字	숙종 19년 (1693년)	肅宗임금 글쎄체	동	御筆孟子諺解序文
後期校書館 印書體字	경종초기 (1723년이전)	明朝 印書體	철	藥泉集, 崑崙集, 三淵集, 略代風謠
壬辰字	영조 48년 (1772년)	甲寅字로 찍은 心經, 萬病回春	동	易學啓蒙集箋, 資治通鑑綱目續編, 雅頌, 經書正文
丁酉字	정조 1년 (1777년)	甲寅字體	동	唐宋八家百選, 弘文館志, 御定杜陸千選
再鑄韓構字	정조 6년 (1782년)	韓構字體	동	雷淵集, 奎華名選, 正始文選, 文苑黼黻
初鑄整理字	정조 19년 (1795년)	生生字體	동	園幸乙卯整理儀軌, 華城儀軌, 杜律分韻
整理字體鐵活字 (希顯堂鐵活字)	1800년이전 정리자체		철	丁卯擧義錄, 文谷年譜, 陶菴先生集
全史字	순조 16년 (1816년)	淸朝 聚珍板 全史字體	동	錦石集, 潘南朴氏五世遺稿, 近齊集, 高麗名臣傳
全史字 竝用한글字				華音啓蒙諺解
筆書體鐵 活字	1800초기	筆書體	철	楊州趙氏譜, 義會堂忠義錄, 東萊鄭氏譜, 璿源續譜
再鑄整理字 再鑄整理字 再鑄整理字	철종 9년 (1858년)	初鑄整理字體	동	國語, 英國條約, 官報, 論語 尋常小學
竝用한글字				
三鑄韓構字	철종 9년 (1858년)	韓構字體	동	文苑
新鉛活字	고종 20경 (1883년)	印書體	납	漢城旬報, 漢城週報, 農政撮要

2. 판본 구별법

활자본과 목판본 구별법

구분 판형	활자본	목판본
글자위치 (字位)	글자가 유달리 옆으로 비스듬하게 기울어진 것이 자주 나타나고, 거꾸로 된 것도 있을 수 있다.	글자가 옆으로 비스듬하게 기울어진 것과 거꾸로 된 것이 없이 비교적 바르다.
글자줄 (字列)	글자줄이 곧바르지 않고 좌우로 들어갔다 나왔다 하여 비뚤어졌다.	글자줄이 비교적 정연하다.
글자모양 (字樣)	금속활자에서 동일한 주형으로 만든 것은 꼭 같은 글자 모양이 빈번히 나타난다. 그러나 활자만드는 방법이 다른 초기 및 민간의 금속활자본과 목활자본인 경우는 예외이다.	동일한 글자라 하더라도 꼭 같은 글자 모양의 것이 없다. 활자본을 정교하게 번각한 경우에 한하여 비슷한 글자 모양이 나타나고 있을뿐이다.
글자획 (字畫)	글자본에 의거 어미자를 하나하나 정성껏 만들어 필요한 수만큼 찍어 부어 내기 때문에 글자획이 고르고 일정하다. 그러나 활자만의 금속활자본과 목활자본의 경우는 그렇지 못하다.	글자 하나하나를 새겨내기 때문에 글자획의 굵기가 일정치 않고 굵었다 가늘었다 한 것이 대부분이다.
글자사이 (字間)	윗글자와 아랫글자의 사이가 떨어져 있다. 다만초기의 기술이 미숙했던 활자본에 한하여 윗글자의 아래 획과 아랫글자의 위 획이 서로 엇물린 것이 나타난다.	윗글자의 아래 획과 아랫글자의 위 획이 서로 엇물린 것이 자주 나타난다.
마멸 (磨滅)	금속활자는 오래 사용하면 글자획이 마멸되어 가늘어지고 일그러지지만 글자획은 붙어 있다. 그러나 목활자는 오래되면 마멸이 심하고 글자획이 부분적으로 떨어져 나가고 나뭇결이 생긴다.	오래 되면 새긴 글자획에 마멸과 나뭇결이 생기고 심한 것은 글자획이 부분적으로 떨어져 나가거나 판독하기 어려운 것이 생긴다.
칼자국 (刀痕) 또는 너덜이	금속활자는 칼자국이 없고, 주조한 다음 줄로 손질하기 때문에 대체로 글자 끝이 둥글둥글한 맛이 난다. 민간 활자는 손질이 거칠어 너덜이 같은 것이 남아 있을 수도 있다. 그리고 다만 목활자본에 한하여 글자획에 도각의 흔적과 실수가 나타나고 있을 뿐이다.	글자획에 도각의 흔적이 예리하게 나타나고 있을뿐, 쇠붙이 활자가 아니기 때문에 너덜이 같은 것은 없다.
먹색 (墨色)	금속활자본은 먹색이 일반적으로 진하지 않은 편이며, 한 지면에 진하고 엷음의 차이가 극단적으로 나타나고 있다. 목활자본은 일반적으로 진한 편이며, 한 지면에 진하고 엷음의 차이가 극단적인 것은 금속활자본과 조건이 같다.	목판본의 먹색은 일반적으로 진한 편이며, 한 지면의 먹색은 진하거나 엷음의 차이없이 순연하다.
반점 또는 번짐	금속활자본은 유연먹을 썼기 때문에 글자의 먹색을 현미경으로 확대하여 보면 반점이 나타나고 있다. 그러나 목활자본은 그렇지 않고 대체로 먹색이 번져 있다.	목판본은 먹색이 진하면서도 현미경으로 확대하여 보면 먹물이 주위에 번져있다.
어미(魚尾)	어미와 판심의 좌우계선이 떨어져 있다. 그러나 고착시킨 인판틀을 사용한 활자본은 예외이다.	목판에 새긴 것이기 때문에 어미와 판심의 좌우계선이 붙어 있다.
광곽 (匡郭)	판을 짰기 때문에 광곽의 사주 어딘가에 틈이 있다. 그러나 고착된 인판을 사용한 것은 예외이다.	목판에 새긴 것이기 때문에 광곽의 사주가 붙어 있다.

금속활자본과 목활자본 구별법

판형 구분	금속활자본	목판활자본
글자모양 (字樣)	일정한 글자본에 의해 주형을 만들어 주조하였기 때문에 글자 모양이 같고 정연하다. 그러나 글자본이 다르거나 주조방법이 다른 초기 및 민간활자의 경우는 동일한 글자라 하더라도 자 모양이 다르므로 예외이다. 그리고 보주인 경우도 다소의 차이가 있으므로 또한 예외이다	활자 하나하나가 글자본을 써서 뒤집어 붙이고 새겨 내기 때문에 동일한 글자라 하더라도 같은 글자 모양이 없고 조금씩 또는 각각 다르다. 민간활자는 글자 모양이 더욱 고르지 않고 조졸하다.
글자획 (字畫)	글자본에 의거 어미자를 정성껏 만들어 필요한 수만큼 찍어 부어내기 때문에 글자획의 굵기가 고르고 일정하다.그러나 어미자에 의한 주조방법을 쓰지 않은 초기 및 민간활자인 경우는 그다지 고르지 않다.	나무활자는 글자본을 일일이 써서 뒤집어 붙이고 새기기 때문에 굵기와 가늘기의 차이가 심하며 고르지 않다.
마멸 (磨滅)	금속활자는 오래 사용하면 글자 획이 마멸되어 가늘어지고 일그러지지만 글자 획은 떨어지지 않고 붙어있다.	오래 사용하면 글자 획이 닳아서 부분적으로 결되고 나뭇결이 생겨 인쇄가 조잡하다.
칼자국 (刀痕)	금속활자는 칼자국이 없다. 그러나 금속활자본에 섞인 나무보자는 예외이다.	글자 획에 칼자국이 예리하게 나타나고 있으며, 경우에 따라서는 세로획과 가로획이 겹치는 곳에 같이 스쳐간 자국이 나타나기도 한다.
너덜이 (鑄痕)	금속활자는 주조한 다음, 줄로 손질하기 때문에 대체로 글자 끝이 둥글둥글한 맛이 난다. 그러나 민간활자는 손질이 잘 안된 경우 너덜이 같은 흔적이 남아 있어 거친 것도 있다.	쇠붙이 활자가 아니기 때문에 너덜이 같은 것이 없다.
먹색 (墨色)	금속활자본은 유연먹을 사용하여 먹색이 일반적으로 진하지 않다.	목활자본은 송연먹을 사용한 경우 먹색이 일반적으로 진하다.
반점 또는 번짐	금속활자본은 유연먹을 썼기 때문에 글자의 먹색을 현미경으로 확대하여 보면 반점이 나타나고 있다.	목활자본은 먹색이 진하면서도 현미경으로 확대하여 보면 먹물이 주위에 번져있다.

유네스코 지정 한국의 세계유산

승정원일기

정만조 국민대학교 국사학과 교수

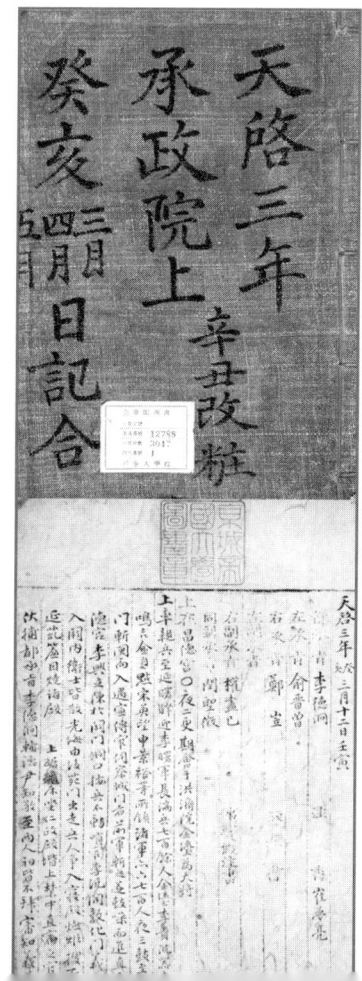

승정원일기

I.『승정원일기』란?

우리가 역사에 대해 알아보고 연구하고자 할 때 활용할 수 있는 자료는 이루 헤아리기 힘들 정도로 많다. 우선 문자로 기록된 문헌자료가 있고 그 외에도 과거와 연결된 유물·유적·전설·노래·민속·그림 등 일상의 모든 것이 그 대상이 된다. 그렇지만 그 중에서 문헌자료가 가장 기본이 되고 결정적인 토대가 된다는 데에는 이론의 여지가 없다.

조선시대의 역사에 대해서도 마찬가지 말을 할 수 있다. 그런데 숭유중문(崇儒重文)을 국가정책으로 표방해온 탓인지는 모르나 조선시대 사람들에 의해 저술되고 편찬된 문헌자료는 다양한 형태를 지니고서 질적으로 상당한 수준에 도달하였고 수적으로도 엄청난 양에 이른다. 국가는 후대에 전하기 위해 많은 종류의 기록을 정리하고 공식적인 문헌으로 편찬했는가 하면, 개인은 그 나름으로 자신이 겪고 생각한 바를 문자로 남겼다. 개인의 저작과 문집 등이 후자를 대표한다면, 현재 규장각이나 장서각 등에 보존되어 있는 각종 공문서나 일기류·의궤류(儀軌類) 및 역사책들은 전자에 속한다.

『승정원일기』는 바로 이 전자에 속하는 일기류 중의 하나다. 조선시대에는 각 관청별로 업무와 관련된 일지를 작성하는 일이 흔하였다. 왕세자나 왕세손의 학습과 동정을 기록한 『동궁東宮일기』또는 『춘방(春

坊)일기』, 죄인심문관계를 날짜별로 적은 의금부의『국청(鞫廳)일기』, 별군직(別軍直)이란 특수군대의『감대청(感戴廳)일기』등이 그것이다. 『비변사등록』이나『종친부등록』같이 이른바 각사등록各司謄錄 형식에서 보이는 등록들도 일종의 일기체로 작성되어 있어 일기류로 분류된다.

이런 일기류 작성의 기원은 황제 측근에 의한 천자 중심의 정치기록을 일기 형태로 남겼던 중국의 제도에서 비롯되었다. 한(漢)나라 때 이미 좌사(左史)와 우사(右史)를 두어 황제의 언동을 기록하게 하였고, 당(唐) 나라 때에는 기거랑(起居郎)과 기거사인(起居舍人)이 임금 앞에서 물러난 후 기록해 놓았다가 후일 실록 편찬의 자료로 삼게 한『시정기(時政記)』를 작성했다는 것이 이를 말한다. 그러나 현재 중국에는 그런 기록물이 별로 눈에 뜨이지 않는다. 반면 우리나라에는 규장각도서로 전하는 것만 해도 백여 종에 이를 정도여서 조선시대 기록문화의 풍부함을 보여준다.『승정원일기』는 바로 그 대표적인 존재다.

개략적으로 말해 본다면『승정원일기』는 조선시대 왕명의 출납을 맡고 있던 승정원이란 관청의 정7품 관원인 주서(注書)가 승정원에서 출납한 일체의 문서와, 국정논의나 정무처리를 위한 임금 신하 사이의 모임에 반드시 배석하여 상호간에 주고받는 말은 물론 심지어는 임금의 거둥을 따르면서 이루어지는 모든 언동에 대한 기록 및, 조정의 신하와 재야 유생이 올린 상소문까지 매일 매일의 모든 기록을 하나도 빠뜨리지 않고 날짜별로 수록해 놓은 일기형식의 기록물이라 할 수 있다.

현존하는 국보 303호인『승정원일기』는 모두 3243권이다. 승정원이 조선 초인 정종2년(1400)에 설치되고 세종15년(1433)에 확립되었다고 하는 만큼『승정원일기』도 이 시기 언저리에서부터 작성되었을 것이며 후대의 예로 미루어 대개 한달 치로서 한권을 묶었다고 본다면(그러나 기사가 많을 때는 한달을 망전(望前) 망후(望後)로 나누어 두 권으로 묶는 경우도 흔하였다), 조선조 전 시기에 6300여 권이 작성되었다고 계산된다. 그러나 중간에 병란과 불의의 화재를 만나 없어진 것이 많아서 현

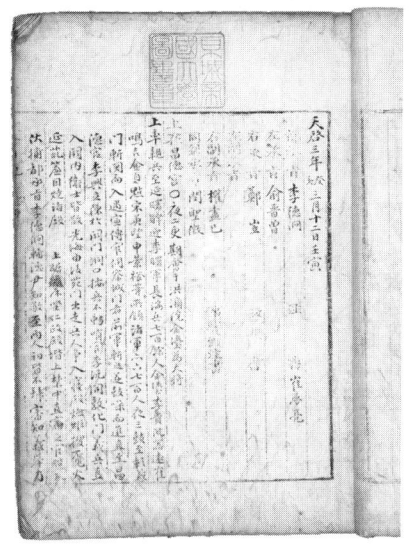

승정원일기 표지 　　　　　　　　승정원일기 내지

재는 인조 원년(1623)에서 융희4년(1910)까지 288년간의 일기 3243권(본래는 3245권이어야 하지만 권2454와 권2465는 결본이다)만 서울대학교의 규장각도서로 보존되고 있다. 유네스코에 의해 세계기록유산으로 2001년에 지정된 『승정원일기』 원본은 바로 이것이다.

II. 승정원과 『승정원일기』의 작성

조선시대의 승정원은 흔히 오늘날의 대통령 비서실에 비유된다. 국정운영을 책임진 최고 통치자의 가장 가까운 거리에서 그 통치권 행사를 보좌하는 기구라는 면으로 보면 그런 듯도 하다. 그러나 오늘날 대통령 비서실의 주된 기능이 대통령의 정책결정 보좌나 통치능력의 보완에 초점을 둔 보좌관체제라면, 조선시대 승정원의 그것은 임금에게 6조를 중심으로 한 관청에서 올리는 보고와 그에 대한 임금의 처리 명령을 위 아래로 전달하는 일이었다는 데서 큰 차이가 있다. 그래서 그 인적 구성도 도승지에서부터 좌·우·좌부·우부·동부승지의 6명을 두고 각기 6조의 직무에 조응하여 연결되게 하였으며, 전문성보다는 출신배경과 행정능력을 위주로 임용하였다. 물론 승정원의 관리인 승지들이 국정을 의논하는 자리에 임금을 시종하여 입시해 의견을 제시하고, 또 임금의 하교가 부당하다고 판단될 때는 이를 재고하시라는 의미로 반포하지 않고 되돌려 올리는(이를 封還 또는 繳還이라 함) 관행이 있음으로 본다면 정책이나 통치를 보좌하는 기능이 아주 없었다고는 할 수 없으나, 『경국대전』에 규정된 대로 그 주된 임무는 왕명출납이었다.

조선시대의 국정과 관련된 모든 사안과 문제는 일단 임금에게 보고 되어야 하였고, 마찬가지로 그에 대한 결정과 정령(政令)은 반드시 임금의 말(이를 傳敎라 함)을 거쳐야만 그 시행의 효력을 가졌다. 그런데 조선시대 관료제 운영의 특징 중의 하나는 무슨 관청이든, 어떤 신하든 간에 직접 임금에게 보고하거나 임금으로부터 명령을 받지 못하도록 한데 있었다. 마치 민간에서 손질할 때 대문에서 청지기나 겸종(傔從)과 거래해야 주인을 볼 수 있듯이, 서류로 보고하거나 임금을 면대하려면 반드시 비서기구인 승정원을 통하여야 했었다. 서슬 시퍼런 언론권을 행사하는 언관이라도 직접 임금께 주달하지 못하고 승정원을 통해 아뢸 말을 전해야 하였고, 국정을 책임진 대신마저도 승정원 승지와 주서가 입회하지 않은 상태에서의 이른바 독대(獨對)는 결코 허용되지 않았다.

이와 같이 국정에 관한 모든 보고와 명령이 반드시 경유해야 하는 곳 이니만큼 승정원은 임금과 여러 신하들의 신상과 언동은 물론, 국정 전반에 걸친 모든 정보를 파악할 수 있는 기구였다. 승정원이 갖는 이러한 정보를 고스란히 담고 있는 자료가 바로 『승정원일기』인 것이다.

『승정원일기』는 크게 세부분으로 구성되었다. 첫째는 날짜와 날씨, 승지의 좌목(座目)과 같은 의례적인 기사와 이·병조의 인사 관계 및 각

관청에서 보고하여 해당승지가 임금께 전한 계사(啓辭)와 그에 대한 전교 비망기(備忘記) 등을 묶은 문서철인 이른바 전교축(傳敎軸)이다. 두 번째는 소차(疏箚)라 하여 조정의 관료에서 재야의 유생에 이르기까지 사족양반들이 올린 상소문과 차자(箚子: 현안 문제에 관한 관료의 간단한 의견 개진 양식)로 된 부분인데 전교축처럼 같이 묶을 수 없으므로 『승정원일기』용 원고용지에 일일이 베껴 써야 하였다. 대책(大冊)이라고 불리는 세 번째는 임금의 거둥과 관련된 일체의 행사와 경연·상참(常參)·차대(次對)·인견(引見)과 같이 임금이 신료를 인접할 때 주고받는 말, 즉 이른바 연설(筵說)을 기록한 부분이다. 문자로 된 것은 혹 잘못된다 하여도 증빙 문건이 있기에 밝혀낼 수 있으나, 말이란 한번하고 나면 다시 되풀이 하거나 증빙할만한 다른 자료가 없기에 군신간의 대화를 적은 속기록인 연설의 기록은 그만큼 중요하지 않을 수 없다. 오늘날의 처지에서 보드라도 연설을 제외한 나머지는 개인의 문집이나 관청의 기록 등을 통해 찾아볼 수 있으나, 연설은 실록이나 조보(朝報)를 통해 편집된 형태로서 간접적으로 밖에 접해 볼 수 있을 뿐 『승정원일기』를 통하지 않고는 그 말을 되살려 낼 수 있는 방법이 없고, 또 군신사이의 대화가 대개 국정의 현안이나 주요 문제에 관한 논의과정에서 나온 것으로 그 결정된 내용까지 담고 있기에, 그것이 지니는 가치는 『승정원일기』의 기사 가운데 으뜸이라 하겠다.

　『승정원일기』는 승정원에 속하며 당후관(堂後官)이라고도 불리는 주서(注書)에 의해 작성되었다. 보통 상·하번으로 나눠 2명이 정원(뒤에는 假注書 事變假注書가 추가되어 3~4명이 됨)인 주서는 승지의 감독 하에 승정원 내의 기록과 문서관리를 담당하게 되어 있었으나, 주된 임무는 위에서 말한 연설의 기록 바로 그것이었다. 이를 위해 주서는 매일 출근하며 상·하번으로 갈라 교대로 입시했다. 대개는 임금 앞자리에서 서쪽에 앉는 한림(翰林: 史官임)의 맞은편인 동쪽에 앉았고 왕의 거둥 시에는 반드시 붓을 들고 수행하였다.

그런데 군신간의 수작과 대화를 빠짐없이 정확하게 기록하려는 데에는 여러 가지 어려움이 뒤따랐다. 입시한 신하들의 목소리가 각기 달라 받아 적기에 애로가 있는데다가, 주고받는 말에 한문 투가 많이 섞이기는 했겠지만 우리말로 하는 것이기에 그 자리에서 한문으로 번역하여 적어내려 가는 일이 쉽지만은 않았기 때문이다. 그래서 주서를 선정할 때는 과거급제자 중에서 문장에 능하고 글이 빠른 사람(雄文速筆)을 특별히 선발하였다고 한다. 연설을 받아 적기가 이렇게 힘들었기에 주서들은 본초책(本草册)이라는 일종의 속기록과 비망록을 겸한 치부책을 지참하였다. 그래서 자신이 알아볼 수 있는 필체로 재빨리 기록하거나, 말이 길어 다 받아 적기 어려우면 대강만 기록하고 어전에서 물러난 후에 기억을 되살리거나 같이 입시했던 사관의 기록과 대조, 수정 보완하여 초책을 작성하였다. 주서를 지낸 관인의 문집에 간혹 실려 있는 당후일기(堂後日記)란 바로 이 초책을 말하며, 사관이 작성한 사초(史草)가 비밀에 부쳐졌던데 비하여 어느 정도 열람이 가능하였다.

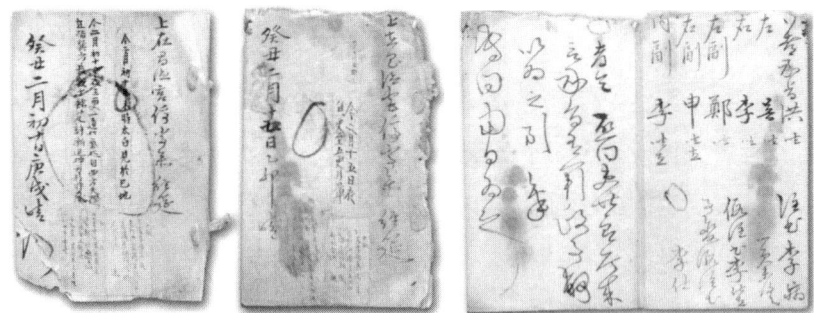

승정원일기의 초책

이렇게 초책이 작성되면 이미 날짜·좌목과 소차를 옮겨 적어 놓은 『승정원일기』의 원고에 초책의 기사를 베끼고, 앞서 묶어 놓은 전교축을 합함으로써 하루치의 『승정원일기』가 마무리되며, 이를 반달 또는 한 달 치씩 묶어 표지에 일월을 쓰면 『승정원일기』 한권이 완성되는 것이다.

Ⅲ. 『승정원일기』 활용의 예

제작이 완료된 『승정원일기』는 승정원에 보관하였다. 조선전기에는 경복궁 근정전의 서남쪽 월화문 밖에 승정원이 있었고 조선후기는 창덕궁이 정궁으로 기능하자 역시 여기에 부설되었다. 1820년대 창덕궁과 창경궁의 모습을 담은 동궐도(東闕圖)에 보면 인정전 동쪽 대청과 문서고 사이에 은대(銀臺 : 승정원의 별칭)로 표시된 곳이 있는데 『승정원일기』는 바로 여기에 보관되었던 것이다.

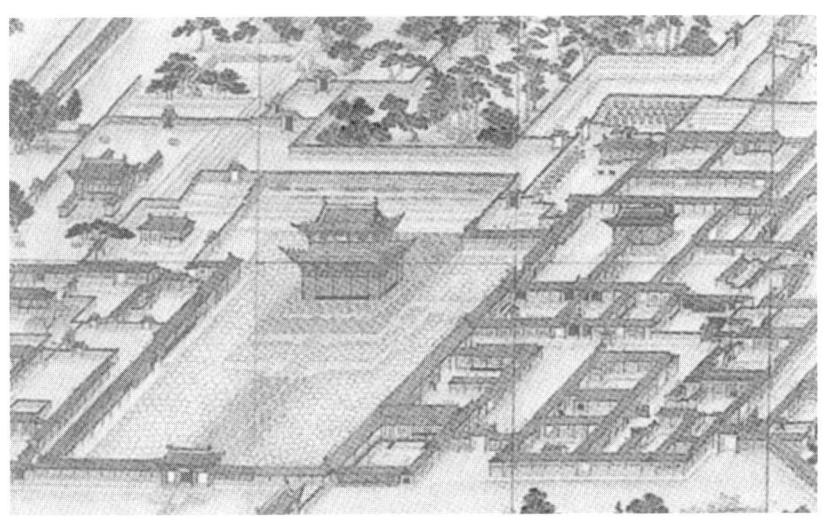

승정원(동궐도 내)

앞서 말했듯이 『승정원일기』는 편찬물이 아니라 국정논의의 현장에서 일어나고 말하여지는 바와 임금에게 올려진 문자로 된 문건을 일체의 가감 없이 보고 들은 그대로 적은 기록물이었다. 뿐 아니라 그것은 불의에 굽히지 않으며 명예와 맑은 절개를 생명으로 아는 주서에 의해 기록됨으로써 가장 믿을만한 역사이기도 하였다. 『승정원일기』라는 역사적 자료가 갖는 이런 요소들은 현장성·객관성·신빙성·다큐멘터리적인 기록성으로 특징지을 수 있다.

『승정원일기』가 갖는 이런 특징은 이미 조선시대 당대인들이 찾아내어 실생활에서 활용하였다. 국정운영상에 직면하게 되는 각종 사건과 문제점의 처리 및 해결에 있어서 그 전례와 사례 등 참고에 활용되는 것은 물론이고 비변사를 위시한 각 관청의 등록류 작성 및 실록 편찬 시에도 『시정기』(時政記 : 주서와 함께 입시한 춘추관 사관의 기록), 사초(史草 : 時政과 인물 등에 대한 사관의 비평)와 함께 기본 사료가 되었다. 그것의 활용은 비단 조정에서만 그치지 않았다.

조선후기 야사인 『연려실기술』에는 『승정원일기』를 증거로 삼은 다음과 같은 일화가 전하고 있다. 세조의 공신으로 그 총애를 받던 홍윤성이 관리로서 경기도를 순회하다가 양주에 이르러 자색을 겸비한 한 좌수의 딸을 보고 반하여 잠자리를 같이 하고자 하였다. 이 때 그 여인은 자신은 사족의 딸이므로 정식의 아내[正妻]로 맞아들인다면 응하겠으나 첩으로 여긴다면 차라리 죽음을 택하겠다고 하였다. 이미 정처가 있음에도 불구하고 홍윤성은 여인의 각오와 지혜가 뛰어난 것에 감탄하여 그 요구대로 하고는 숭례문 밖에 집을 구해 살게 하였는데, 그가 죽은 후 전처와 후처 사이에 적처(嫡妻)의 자리를 놓고 다툼이 일어났다고 한다. 오래도록 결말이 나지 않자 후처는 지난 날 세조가 홍윤성을 따라 자신의 집에 놀러 와서 자신에게 술을 치게 하면서 제수씨라 불렀는데 "이를 기록한 일기에 '부인' 이 술을 쳤다고 되어 있는지 아니면 '첩' 이 술을 따랐다고 기록되어 있는지를 보면 알 것이라"하여 『승정원일기』의 기록을 증거로 내세웠다고 한다. 그래서 그 말대로 확인 해 보니 과연 "임금께서 홍윤성의 집에 행차하셨는데 술기운이 무르익자 부인을 나오게 하여 술을 치게 하였다”라고 되어 있어서 성종이 특별히 전·후처 2명 모두를 적처로 인정하여 재산을 둘로 나누게 했다고 한다.

조선후기에 들어오면 개인의 글을 모은 문집의 간행이 성행하였다. 이 문집에는 한 개인의 시문과 편지글 및 기타 잡문과 저술 들이 들어간다. 특히 관료를 지낸 인물이라면 그 상소문과 함께 임금의 비답이 실리기도 한다. 이런 경우 그 인물이 임금과 주고받은 연설까지 실린다면 금상첨화일 것이다. 그래서 주서나 사관으로 입직하면은 자기 선조는 물론이고 남의 부탁을 받아 특정인과 관련된 『승정원일기』의 연설 기사를 등출하는 일이 적지 않았다. 문집에서 종종 찾아지는 연설기록이 이를 말해준다.

그러면 오늘날에 있어서 『승정원일기』는 어떻게 활용될 수 있을까? 조선시대 역사연구의 기본 자료가 실록임은 말할 것도 없다. 그러나 실록은 한 임금이 승하한 다음에 『승정원일기』나 『시정기』 및 사초 등을 모아 사관이 편집하고 정리하여 편찬해 놓은 것이다. 사건의 설명을 본다 하더라도, 예컨대 영조4년에 일어난 무신란(戊申亂 : 이인좌의 난이라고도 함)의 서술이 이미 반역으로 결정된 결과를 놓고 일어난 과정을 거꾸로 추적하여 재구성해 놓은 것이라면, 『승정원일기』의 기록은 그것이 일어난 과정을 동시에 시간대를 따라가며 차례로 기록했다는 차이가 있다. 실록에 의해 무신란을 이해하는 것이 난역으로 판정한 색안경을 끼고 보는 것이라면, 『승정원일기』를 활용한다면 그런 안경을 벗고 사건의 전개과정을 그대로 추적하는 것이라고 하겠다. 과거사를 복구하며 역사의 진상에 접근하는 데는 『승정원일기』가 보다 객관적인 통로라고 할 수 있는 것이다. 적어도 조선후기 정치사 이해는 『승정원일기』에 의해 다시 이루어져야 한다. 뿐만 아니라 『승정원일기』의 활용을 통해 생활사, 풍속사, 궁중의례 관계, 한의학 관련 등에 구체적이고 실제적인 풍부한 자료를 찾아 낼 수 있다. 그런 예는 수없이 많으나 여기서는 한두 가지만 들어보겠다.

요사이는 문화계 쪽에서 전통문화를 재현하는 행사가 성행한다. 특히 궁중의례 재현행사는 그 의식의 장엄·화려함으로 인해 전통문화를 오늘날에 알리는 행사의 백미로 손꼽힌다. 그런데 이런 재현행사가 철저한 고증을 거치지 않는다면 한갓 대중의 흥밋거리 제공에 그

영조정순후가례

칠 것이고, 그것은 곧 일반대중의 식상함을 불러 일으켜 오히려 관심을 후퇴시킬 우려마저 있다. 그러므로 그 재현을 위해서는 일반적인 사안은 물론 의상·언어·음악·음식·민속 등 여러 면에 걸친 고증자료가 필요하다. 다행히 규장각 장서각에 이런 행사와 관련된 기록인 각종 의궤류(儀軌類)가 수 백 종 남아 있어 기본 자료가 된다. 그런데 이런 의궤는 행사의 내용과 그림을 담고 있기는 하나 그 행사의 성격이나 세부 진행을 자세히 기록해 놓는 경우는 드물다. 이를 보완해 주는 자료가 바로 실록과 『승정원일기』이다. 단 실록이 행사한 사실을 후세에 전하기 위해 사실 자체만을 간단히 기록한 데 비해 『승정원일기』는 행사의 전 과정을 상세히 담고 있다.

영조36년 6월 초여름 첫 왕비인 정성왕후를 잃은 66세의 늙은 임금

영조는 김한구의 15세
된 딸을 두 번째 왕비
로 맞는 가례를 행하였
다. 이 과정은 후일
"영조 정순후 가례도
감의궤"로 정리되어
현재 규장각도서로 전
한다. 이를 통해 행사
규모나 참여한 인원의
옷모양, 색깔, 의장기
구 등을 그대로 재현해
볼 수 있다. 그러나 막
상 재현 행사에 들어가
서는 의식의 절차나 진
행의 구체적인 과정을
알 수 없어 곤란을 겪

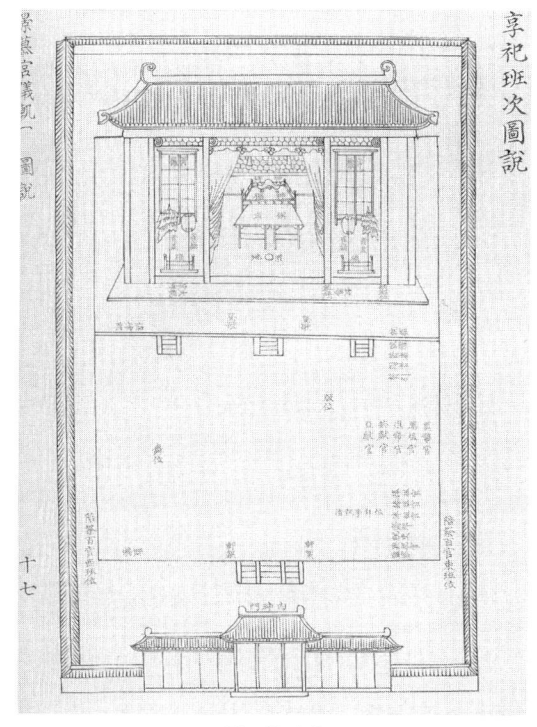

경모궁의궤

게 된다. 의궤의 그림은 몇 커트의 사진에 불과할 뿐이다. 필요한 것은
진행의 과정을 밝혀 줄 동영상이다. 그런 동영상의 구실을 하는 것이 바
로 『승정원일기』 제1169책 영조35년 6월 2일의 친영례(親迎禮)기록이
다. 여기에는 '인시(寅時)에 임금의 거둥이 있자 도승지를 비롯한 여러
승지 기사관 등이 배종하고 해당부서의 군인직책을 맡은 자들이 가마를
따르고 이어서 대가(大駕)가 어의궁 막차에 이른 후 임금이 승지들을 불
러 지시한 내용, 친영의식 거행 후 환궁하여 약방으로부터 문후 받은 사
실' 등이 갖추어 기재되어 있다.

『승정원일기』 활용의 측면에서 또 달리 말할 수 있는 것은 한의학 관
련이다. 『승정원일기』가 일차적으로 임금의 동정을 기록하는데 중점을
두고 있기 때문에 임금의 건강이나 환후는 자세히 기록해 놓았다. 물론

『약원(藥院)일기』나 『시약청(侍藥廳)일기』 등 이런 관계를 기록한 자료
가 없는 것은 아니나 현존하는 것이 많지 않아 활용에 제한을 준다. 이
럴 때 『승정원일기』의 입진(入診)기사가 유용하다. 다만 『승정원일기』
의 기록이 입진 위주여서 처방과 하제(下劑)에 관한 부분은 때로 자세치
않기도 하지만, 예컨대 조선시대 임금들이 주로 어떤 계통의 병을 앓았
다던가, 그에 대한 처치가 어떠했는가를 살피는 데는 중요한 자료가 된
다. 특히 지존인 임금의 건강과 병에 관한 입진·처치이니 만큼 당대 최
고의 명의와 의술이 동원될 터이므로 전통한의학을 연구하는데 훌륭한
정보를 제공할 것이다.

IV. 사도세자 참변 기록의 행방

　　조선의 제21대 왕인 영조의 아들이고, 유명한 『한중록』의 저자 혜경
궁의 남편이면서 개혁의 군주 정조 임금의 아버지인 사도세자의 존재는
국문학과 역사를 통해 우리에게 친숙해진 인물이다. 특히 다음 왕위를
이을 세자의 자리에 있으면서 친아버지에 의해 뒤주에 갇혀 비극적인
죽임을 당한 사실이 일말의 연민과 함께 더욱 우리의 관심을 끈다.
　　그러나 잘 알려지고 관심의 대상인데 비해서는 왜 그런 비극을 당했
는지, 한 나라의 국본(國本)이 죽어가는 판에 조정의 신하들은 무얼 했
으며 죽음에 이르는 과정은 어떠하였는지 우리가 잘 알지 못하는 궁금
증은 한두 가지가 아니다. 『한중록』에는 의대증(衣帶症)과 같은 일종의
정신병 때문이라고 하고, 후기의 당론서(黨論書)들은 노론 소론 남인 사
이의 당론에서 유래하였다고 말하지만 모두 정황론일 뿐이며, 정작 이
비극을 일으킨 영조 자신의 명백한 설명이 없고 근 일주일에 걸쳤던 이
른바 임오화변(壬午禍變)에 관한 정보를 별로 찾아 볼 수도 없다. 실록
이야 정조 초에 편찬된 만큼 현 임금의 아버지가 할아버지에 의해 죽임

을 당한 사실을 자세히 언급하기가 곤란했을 터이므로 관련기사의 서술이 부실했을 것은 그래도 이해되지만, 임금의 언동과 군신간의 대화 등 모든 과정을 같은 시간대에 빠짐없이 기록한다고 자랑하는 『승정원일기』의 이 관계 기록이 어떠하길래 임오화변에 관한 궁금증이 아직까지 풀리지 않고 쌓여있을까?

이에 대한 답변은 『승정원일기』의 해당 부분, 즉 세자가 죽임을 당한 해인 영조38년의 일기(38년이 간지로 壬午이므로 흔히 '임오일기'로 불림)에 세자 관련 기사가 일체 없다는 데서 찾을 수 있다. 그러면 당시의 주서가 이를 기록하지 않아서일까? 그렇지는 않다. 당시의 주서는 그 임무대로 이를 충실히 기록해 놓았다. 그러기 때문에 사도세자의 아들로서 왕세손이 되었던 후일의 정조는 뒤에서 보듯이 세자의 참변 당시의 사실이 『승정원일기』에 그대로 모두 기록되어 있어서 사람마다 이를 보아 그 시말을 소상히 알게 되며 서로 전하여 논란거리로 삼아 끝내는 나라 안에 다 퍼져 버릴 것을 우려했던 것이다. 이로 본다면 『승정원일기』의 임오화변 관련 기록은 애초에는 빠짐없이 실려 있었다. 그것이 중간에 어떤 연고로 없어지게 된 것이다.

그 연고는 바로 영조 51년 말 82세에 이른 연로한 임금을 대신해 대리청정을 하던 왕세손의 간청에서 비롯되었다. 청정을 시작한 다음해 2월, 그는 아비를 죽음으로까지 몰고 간 정황이나 심문기록을 관인들이 비교적 쉽게 접근할 수 있는 『승정원일기』에 그대로 둔다는 것은 대리청정하는 자리에 있는 자식으로서의 도리가 아니고, 더욱이 할아버지인 영조에게도 흠이 될지도 모를 논쟁 시비 거리를 남겨둘 필요가 없는데다가, 이미 사관의 사초나 『시정기』에 기록되어 있어 후일 실록에 수록될 터이므로 인멸의 염려도 없다는 이유를 앞세워 임오화변 관련 기록 일체를 삭제해달라고 요구하였던 것이다. 여기에는 아버지와 할아버지 사이의 갈등과 허물을 자손으로서 들어낼 수 없다는 정리 외에도, 자신의 정통성에 결코 이로울 수 없는 임오화변 문제가 거론되는 일을 사전에 예방하고자 하는 왕세손의 숨은 정치적 의도가 개재되어 있었다. 영조가 이 요구를 들어 관련기사의 적출과 이를 세검정의 차일암에서 세초(洗草:자료를 물에 풀어 없애고 종이는 재생함)할 것을 하명하였으므로 현존의 『승정원일기』에는 사도세자를 비난하고 고발한 측과 세자에 대한 임금의 심문이나 처분, 그 과정에서 보이는 여러 신하들의 간쟁과 의견 피력 및 향배, 폐세자의 이유나 뒤주에 갇히고 다시 며칠 지나 죽음에 이르기까지의 경과를 전해주는 기록은 찾아 볼 수 없게 되고 말았다. 따지고 보면 임오화변에 관한 정보의 부족은 『승정원일기』의 기록이 부실해서가 아니라 바로 이러한 사료인멸의 탓이었다.

여기서 우리는 집권자의 정치적 고려에 의해 현장감 있는 자료의 훼손은 물론 인멸까지 이루어지는 구체적인 예를 보게 되며 또한 『승정원일기』가 갖는 한계의 일면을 발견하는 것이다.

『승정원일기』의 문제점은 이외에도 몇 가지 더 있다. 주서 개인의 능력 부족으로 정확성이 떨어지는 경우 말고도 간혹 당리당략이나 사사로운 이욕 때문에 신하의 주달과 발언이 왜곡 변조됨은 물론, 심지어는 임금의 말씀까지도 의도적으로 빼거나 골라서 수록하는 예가 적발되는 경우가 그것이다. 그러나 이 보다 더 큰 문제는 현전하는 『승정원일기』가 그 본래의 형태를 유지하지 못하고 있다는데 있다. 인조 이전 부분은 전란과 화재로 이미 없어졌고, 현재 인조에서 순종까지 288년간의 3243권이 전하지만 작성 당시의 원본이 그대로 남은 것은 경종에서 헌종에 이르는 128년간(1721~1849)의 1970권과 고종 후반에서 순종까지 17년간의 198권, 도합 2168권뿐이다. 나머지 1075권은 불탄 것을 후일에 개수한 것이다. 개수란 앞서 『승정원일기』에 근거해 작성된 조보나 각사등록 기타의 공사자료에서 거꾸로 『승정원일기』의 기사를 찾아내어 불탄 부분을 복구한다는 뜻이다. 그러나 조보 등을 작성할 때 일정한 목적 하에 축약·초록하였기에 이로써 『승정원일기』를 그대로 복원한다는 것은 애초에 불가능하였다. 무엇보다도 불탄 양에 비해 개수된 양이 기간은 같음에도 불구하고 삼분의 일에도 미치지 못한 사실이 이를 뒷받침한다. 완벽한 일차사료라는『승정원일기』에도 이런 약점이 숨어 있었다.

V. 세계기록유산으로서의『승정원일기』

조선시대 국가에서 편찬한 대표적인 연대기 자료로는 역대의『실록』(1893권, 국보 151호),『비변사등록』(273책, 국보 152호),『일성록』(2327책, 국보153호), 그리고『승정원일기』(3243권, 국보 303호)를 들 수 있다. 이들은 각기 그 나름대로의 특징을 갖고 있으며 조선시대의 역사를 이해하는 데 기본적인 자료로서, 비단 역사뿐 아니라 문학, 사상, 민속, 음악 등의 여러 분야에서 널리 유용하게 활용되고 있다.

『실록』이 그야말로 정치 · 경제 · 사회 · 문화의 조선사회 전반에 관한 종합적 정리를 해 놓은 역사서라면,『비변사등록』은 군사 · 재정 · 인사 · 외교와 같은 군국(軍國)의 주요업무에 관한 내용을 간추려 담고 있는 경국지서(經國之書)라 할 것이고『일성록』은 왕정체제하의 정치자료참고서라고 할 수 있다. 그렇다면『승정원일기』는 어떠할까?

이 문제를 갖고 지금까지 검토하여 온 바로 대답해 본다면 그것은 한 마디로 국가경영 내지 국정운영을 위해 한 시대를 이끌던 인간들의 대화와 토론, 행동을 같은 시간대를 따라가며 그대로 담은 생생하고 상세한 속기록이라고 할 수 있지 않을까 한다. 이『승정원일기』를 통해 우리는 지난 시기의 어떤 사실이나 역사적 상황에 대한 실상을 현장감 있는 모습으로 복원해 볼 수 있다. 또『승정원일기』를 통해 우리는 이미 수백 년 전에 사라진 인물을 우리 앞으로 불러와 질의 문답할 수 있고 그 가슴속 깊은 곳의 마음의 변화까지 읽으며 그의 말소리와 주장을 우리의 입을 통해서 그대로 재생해 낼 수 있다. 견문이 넓지 못하여 망발일지 모르나, 근대 이전의 시기에서 이런 역사물은『승정원일기』를 제외하고는 어디에서도 찾기 어려우리라고 감히 단언한다.

한편 분량 상으로도 『승정원일기』는 타의 추종을 불허한다. 현존하는 조선 역대 실록의 총 글자 수가 약 4768만 자인 데 비해 『승정원일기』의 그것은 약 2억 4125만 자나 되는 엄청난 양이다. 294년간 지속되었다는 중국 명나라의 『명실록』(明實錄)이 모두 1600만 자라고 하는바 현존하는 인조 원년에서 1910년까지의 288년간의 『승정원일기』의 그것과는 비교가 되지 않는다. 문자로 된 기록 문화의 유산에서 세계 제일을 자랑한다는 중국에 견주어도 조선의 그것은 결코 뒤지지 않으며, 오히려 이를 능가한다고 할 만한데, 그중에서도 『승정원일기』가 단연 압도적이다.

질적 양적 어느 쪽으로 비교하드라도 우리나라는 물론 인류 역사에서 그 짝을 찾아보기 어려운 문화유산이니만치, 2001년에 유네스코가 세계기록유산으로 이 『승정원일기』를 지정한 것은 극히 당연한 일이었다.

『승정원일기』 원본은 대개 행서나 초서로 되어 읽기가 쉽지 않다. 그래서 1960년대 국사편찬위원회에서 해서로 정리해 간행함으로써 학계의 연구에 큰 도움을 주었다. 그리고 2000년 이후는 역시 국사편찬위원회에서 원문을 데이터베이스로 전산화하는 작업에 착수하여 현재는 영조40년까지 검색을 통해 이용할 수 있다. 다만 원문이 한문이어서 일반이 접근하기는 어려울 것이다. 그래서 민족문화추진회에서 2002년부터 앞부분의 인조에서 시작하여 국문으로 번역하고 있으나, 워낙 방대한 양에다가 국역종사자의 수가 절대적으로 부족하여서 앞으로 몇 십 년이 걸릴지 완간까지는 요원하다고 한다. 우리의 고전에 관한 일반 국민의 관심이 높아져야 하겠고, 아울러 이를 수행하는 관계기관과 그 요원에 대한 국가의 대폭적인 지원과 계획적인 육성책이 마련되어야 할 것이다.

참고문헌

신석호, 『승정원일기』, 「승정원일기 해제」, 국사편찬위원회, 1960.
최승희, 『1873년(고종10) 일성록의 일부 燒失과 개수』, 「규장각」12, 서울대, 1989.
정만조, 국역 『승정원일기』 인조 1, 「승정원일기 해제」, 민족문화추진회, 2002.
정만조, 『승정원일기의 작성과 사료적 가치』 「한국사론」37, '승정원일기의 사료적 가
　　　치와 정보화방안 연구', 국사편찬위원회, 2003.

조선왕조실록 - 나의 접관기

이태진 서울대학교 국사학과 교수

조선왕조실록 - 나의 접관기

Ⅰ. 조선왕조실록의 가치

조선왕조실록은 1997년에 유네스코로부터 세계문화유산으로 지정받았다. 기록류 문화재로 이런 영광을 누린 경우는 세계적으로도 그리 흔치 않다. 조선왕조실록은 태조(1392년 즉위)에서 철종(1864년 승하)까지 25대 472년간의 역사를 담은 총 1,893권 888책에 달하는 거질이다. 1925년에 제국주의 일본에 의해 편찬된 『고종태황제실록』, 『순종태황제실록』까지 합치면 그 권수는 더 늘어난다. 권수로 치면, 중국 『明實錄』이 2,900권(13대 278년간의 기록)으로 더 많으나, 실제의 지면수로는 조선왕조실록이 이보다 훨씬 많아 세계 제일이다. 조선왕조실록은 무엇보다 내용면에서 동아시아의 어느 실록보다도 충실하다는 점에서 높은 가치를 지닌다. 일본·중국·월남 등 유교문화가 퍼진 곳에는 모두 실록이 있다. 그러나 편찬된 실록을 후손 왕이 보지 못한다는 원칙을 세워 지킨 나라는 조선왕조 뿐이며, 이 원칙의 고수로 조선왕조실록은 기록에 대한 왜곡이나 고의적인 탈락이 없어 어느 나라 실록보다 내용면에서 충실한 것이 되었다. 근 500년간의 왕정에 관한 기록이 하나의 체계 아래 기록된 예도 세계역사상 드물다. 이런 여러 가지 점에서 조선왕조실록은 인류의 귀중한 문화유산으로 평가받아 마땅하다.

조선왕조실록은 금속활자 또는 목활자로 된 인쇄물이란 점에서도 주목할 점이 많다. 동아시아의 대부분의 실록은 필사본이었는데, 유독 조선의 실록만은 거의 대부분이 활자로 인쇄되었다. 다른 나라 실록들은 한두 질 생산에 그쳤으므로 필사로 만족했다. 반면에 조선왕조에서는 후술하듯이 실록을 후세에 영구히 전하려는 의식 아래 분산 배치할 곳을 네댓으로 잡았기 때문에 활자 인쇄가 더 편한 방법으로 택해졌다. 실록은 왕정의 일지로서 내용이 많아 한두 벌 마련하는 일도 쉽지 않은 것이었지만, 그것을 네댓 벌 만드는 것은 더욱 어려운 일이었다. 이에 활자 인쇄술을 택하게 되었던 것이며, 이렇게 확보된 실록자는 조선시대 활자 인쇄술의 토대가 되었다. 이 전통이 확립된 가운데 보다 더 아름다운 활자로 실록을 인쇄하려는 미의식까지 발동하여 시대마다 새로운 금속활자로 실록인쇄가 이루어 졌으니, 이런 활자문화에의 기여까지 고려한다면 세계 문화유산으로의 지정은 오히려 때늦은 감이 있다. (중략)

II. 초학시절의 접견 - 축소영인본 『李朝實錄』과 『朝鮮王朝實錄』

내가 조선왕조실록에 처음 접한 것은 1962년 겨울이었다. 나는 1961년에 서울대학교 문리과대학 사학과에 들어갔다. 1학년 때는 멋도 모르고 대학생이 된 기쁨을 마음껏 누린다고 놀기만 했다. 그러다 보니 성적표가 낮은 학점들로 가득 차 당황했다. 그래서 2학년 겨울방학 때 공부좀 해 볼 결심을 하고 조교 선생에게 특청해 국사연구실(동숭동 문리대 동부 연구실의 한쪽)을 드나들게 되었다. 조교 보조원(?)으로서의 나의 임무는 아침 일찍 연구실에 나와 청소를 하고 수업시간 외에는 하루의 대부분을 연구실 지키기로 보내다가 밤늦게 문 닫고 집에 가는 것이었다. 겨울 철에는 난로에 분탄을 피우고 재를 치우는 일까지 했으니 쉬운 일은 아니었다. 그러나 연구실 삼면 벽에 가득 꽂힌 전공 관계 자료, 저서, 논문집 등을 자유롭게 보고 만질 수 있는 특권(?)을 누렸기 때문에

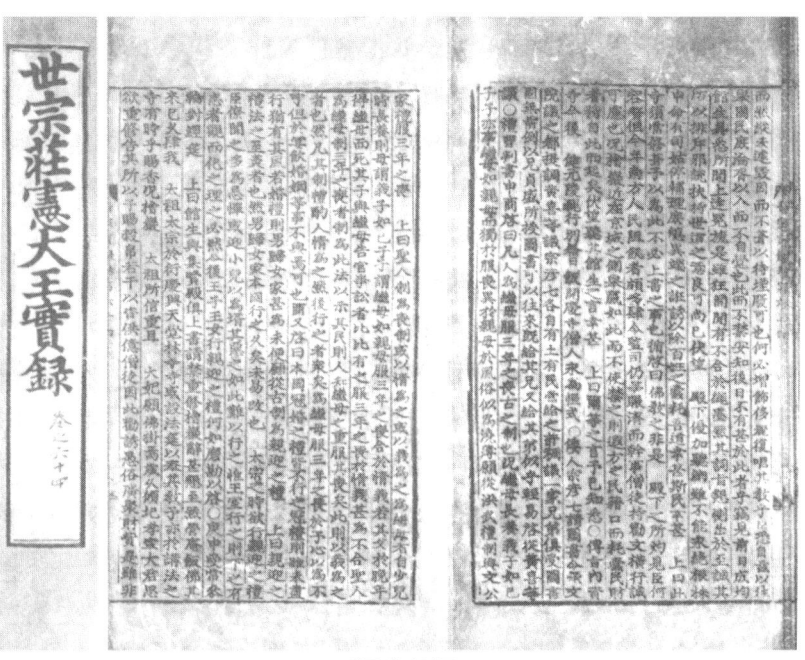

세종대왕실록

힘든 줄 몰랐다. 대학생 생활을 이런 분위기에서 보낼 수 있었던 것이 지금 생각해 보아도 나로서는 큰 행운이었다. 이 연구실은 한국사 분야에서 많은 인재들이 배출되는 곳이기 때문에 조선왕조실록도 물론 한 벌 비치되어 있었다. 그러나 그것은 원본은 아니었다. 실록 원본은 중앙도서관에 수장된 규장각 도서 속에 있으니, 학생 신분으로는 거의 접근이 불가능했다. 국사연구실에 비치된 것은 1920년대에 일본인들이 찍어낸 축소 영인본 『이조실록』이었다. 1926년에 설립된 경성제국대학(京城帝國大學)은 우리 민족의 최대 문화유산인 규장각도서를 조선총독부로부터 이관 받았는데, 이 대학은 바로 이때부터 1929년까지 4년을 소비해 조선왕조실록 태백산본을 4분의 1 크기로 축소 영인 출간하면서 『이조실록』이라고 이름 붙였다. 책 크기만 줄이고 권수는 원본대로 888

책으로 한정본(漢裝本)으로 만들어 투갑에 넣어 30질을 발간했다고 한다. 그 30질 가운데 한국에는 8질만 배포했다고 하는데, 그중 한 질이 국사연구실 동쪽 벽 서가에 꽂혀 있었다.

조선왕조실록의 보급판은 1950년대에 두 번째로 우리 손으로 이루어졌다. 국사편찬위원회가 1955년에서 1958년까지 4년에 걸쳐 같은 태백산본을 8분의 1로 축소해 국배판 양장으로 48책으로 묶어 『조선왕조실록』이라고 이름 붙여 국내외에 배포했다. 오늘날 대부분의 연구자들은 부피가 크게 줄어든 이 간행본을 이용하고 있다. 그런데 내가 출입한 국사연구실에는 이 간행본이 완간된 지 4~5년이 지났는데도 비치되지 않고 『이조실록』 한 질만 있었다. 이 실록은 졸업논문을 쓰는 학생들뿐만 아니라 외부로부터 찾아온 기성학자들에게도 애용되었던 것으로 기억한다. 『이조실록』은 한장본이기 때문에 양장본인 『조선왕조실록』보다 훨씬 고풍스러울뿐더러 글자 크기가 커서 읽기에도 편해 그때까지도 애용되었던 것 같다. 그리고 『조선왕조실록』은 당초 한정부수로 기관에 기증된 것이 많았기 때문에 연구자들 사이에는 교수신분 정도에서 확보될 수 있었다. 학생들에게는 희귀본이나 마찬가지였다.

내가 국사연구실에서 『이조실록』을 직접 펼쳐보기 시작한 것은 3학년 여름방학부터였던 것으로 기억한다. 이 무렵에 학부 졸업논문을 준비한다고 실록을 뒤적이기 시작했다. 논문주제를 조선 초기 서얼(서자) 차별의 원인을 밝히는 문제로 확정할 때 까지는 꽤 많은 방황을 했던 것으로 기억된다. 어렵게 주제를 잡은 뒤 태조실록부터 성종실록까지 열심히 들여다보면서 자료를 뽑았던 것이 잊혀지지 않는다. 초학자로서 어려운 한문을 간신히 해독하면서 주제와 관련되는 기사가 나오면 열심히 카드에 옮겨 썼던 일이 아직도 기억에 생생하다. 이렇게 일찍 서둘러 열심히 했던 덕분으로 제출한 논문은 지도교수님으로부터 큰 칭찬을 받았던 것도 잊을 수 없다.

내가 국편 간행 『조선왕조실록』에 처음 접한 것은 1965년 대학을 졸

업한 직후였다. 어느 선배님이 이 실록을 가지고 어떤 주제에 관한 자료를 뽑는 일을 도와줄 학생을 찾는다고 해서 잠시 그 일을 했던 기억이 있다. 이 실록에 직접 접하면서, 나도 이 책을 소장했으면 하는 욕심이 용솟음쳤다. 그러나 책값은 학생신분으로는 도저히 감당할 수 없는 거금이었다. 그러나 이 책 확보에 대한 집념은 강하게 남아 이 책의 색인집을 작은 돈으로 먼저 샀던 기억이 있다. 국사편찬위원회는 『조선왕조실록』을 완간한 뒤 곧 색인집을 냈는데 이것이라도 사두자고 광화문 근처에 있던 국편을 찾아갔던 것이다. 본책 없이 색인집부터 산다는 것은 분명히 앞뒤가 바뀐 행위인데도 무슨 열정에서인지 그런 구매행위를 했다. 내가 총 48질의 이 『조선왕조실록』을 구입한 것은 1969년부터 1972년 사이의 일이었다. 육군사관학교 교관으로 병역의무를 치를 때 육군중위, 대위로 받은 월급이 벼르고 벼르던 이 대사를 가능하게 했던 것이다. 이 무렵 탐구당이 국사편찬위원회 『조선왕조실록』의 재판 간행을 맡아 보급판을 새로 찍어 한국사 연구자들을 대상으로 월부로 판매하였다.

원본을 8분의 1로 축소한 국편 간행본이 조선시대 연구에 기여한 공로는 지대하다. 1960년대에 한국사 연구 붐이 일어난 것도 이런 거대 자료의 간행 없이는 불가능했던 것이다. (중략)

Ⅲ. 마침내 원본 접견

나의 실록과의 인연은 1988년 6월부터 4년간 서울대학교 중앙도서관 규장각도서관리실장을 맡으면서 한층 깊어졌다. 원본 실록에 직접 접하고 그것을 틈나는 대로 보살펴야 하는 실록과의 진짜 인연이 생기게 된 것이다. 여기서 잠시 조선시대에 편찬된 실록이 어떻게 보관되어 현재에 이르렀는지를 살펴 두고자 한다.

조선왕조실록도 인근 나라들과 마찬가지로 초기의 태조·정종·태종 3대 실록은 필사본으로 2부씩 만들었다. 그리고 이것들을 보관하는 장소도 당초에는 서울의 춘추관과 충주 두 곳이었다. 충주는 고려시대부터 실록을 보관하던 곳이었다. 그런데 영명한 군주인 세종대왕은 이런 실록 편찬 및 보관제도를 불안하게 여겨, 동왕 27년(1445)부터 2부를 더 등사하는 사업을 벌여 전주와 성주에 새 사고를 짓고, 이곳에 새로 등사한 실록들을 보관하도록 했다. 이렇게 해서 4개본을 만드는 체제가 시작되었다. 그리고 세종대왕의 실록부터는 편찬부수가 4개본으로 늘어남으로써 필사가 아니라 활자로 인쇄하기 시작했다.

실록 편찬 및 보관제도는 이렇게 세종대왕 때 일대 정비를 본 후 사소한 사고는 있어도 큰 문제는 없었다. 그러나 선조 25년(1592)에 임진왜란이 발발하여 적의 발길이 지나간 성주·충주·춘추관 등의 3개 사고는 차례로 불타거나 파괴되어 이곳에 보관되었던 실록들은 없어졌다. 무사한 것은 전주사고본 만이었다. 전주사고의 실록도 전주지방 선비 안의(安義)·손홍록(孫興錄) 등의 헌신적인 노력으로 무사할 수 있었다. 두 선비는 같은 해 6월에 왜적이 금산(錦山)에 침입했다는 말을 듣고 사재를 털어 태조실록에서 명종실록까지의 13대 실록 804권을 정읍 내장산으로 운반하여 지켰다. 의주로 파천한 조정이 이 소식을 듣고 이듬해 7월에 사관(史官)을 파견하여 이들을 포상하고 실록을 해주로 옮겼다. 그 후에 다시 안전을 위해 해주에서 강화도, 묘향산으로 옮겼다. 이렇게 전주사고본 하나가 무사함으로써 조선왕조실록이 온전한 모습으로 오늘에 이를 수 있었으니 안의, 손홍록 두 선비의 노력은 참으로 장한 것이라 하지 않을 수 없다.

묘향산에 유일본을 둔 상태에서 조정은 선조 36년(1603) 7월부터 39년(1606) 3월까지 2년 9개월간 태조실록부터 명종실록까지를 다시 출판하는 사업을 벌여 3부를 더 만들었다. 그리고 최종 교정을 본 것도 제본하여 총 5부의 실록이 다음과 같은 새로운 장소에 비치 보관되었다. 즉

신인본은 춘추관, 경북 봉화군 태백산, 평북 영변군 묘향산 등 세 곳에 비치하고 전주사고본은 강화도 마니산, 교정본은 강화도 평창군 오대산에 각각 분산 비치하였다. 이 가운데 춘추관 실록이 인조 2년(1624) 이괄난 때 소실되어 실록은 다시 4부 체제가 되었다. 그리고 묘향산사고의 실록은 인조 11년 후금(청)과의 관계가 악화되는 가운데 전북 무주군 적상산으로 옮겨지고, 마니산 실록은 인조 14년 병자호란시 청군에 의해 많이 손상되었지만 현종때 다시 완전히 보수되어 숙종 4년(1678) 같은 섬 안의 정족산으로 옮겨졌다. 그래서 이후로는 태백산본, 오대산본, 적상산본, 정족산본이란 말이 있게 되었다.

조선왕조실록은 20세기 들어와서도 다시 몇 차례의 수난을 겪었다. 일본은 통감부를 통해 한국의 역대 전적들에 대해 손을 대기 시작하여 1907년에 4개 사고들에 비치된 책들을 모두 서울로 옮겨와 규장각의 도서들과 합쳐 국가 소유의 서적들을 일괄 통제하는 체제를 만들었다. 각지 사고의 건물들은 이때 모두 부수어지거나 폐허가 되었다. 1910년 8월에 강제 병합 후 대한제국 황실이 요구하는 최소한의 책들만 이왕직(李王職) 도서로 남기고 나머지는 모두 조선총독부가 소유, 관리하였다. 실록은 이때, 정족산성본은 이왕직으로 넘겨지고 오대산 교정본은 일본 동경제국대학으로 옮겨졌다. 나머지 태백산본과 정족산본은 총독부 관리 아래 있다가 1926년에 경성제국대학이 개교하면서 이 대학의 부속도서관으로 이관되었다. 앞에서 언급한 4분의 1 축소 양장본은 이때의 이관 기념으로 만들어졌던 것이다. 경성제도 소장의 정족산본과 태백산본은 해방 후 서울대학교가 되찾아 관리하게 되었지만, 동경제대에 가 있던 오대산본은 불행하게도 1923년 관동대지진 때 대부분 불타 없어졌다. 그리고 이왕직 장서각에 수장되었던 적상산본은 6 · 25 전쟁 때 북한 인민군이 가져가 현재 평양 어느 기관에서 가지고 있다고 한다. 서울대학교가 수장한 두 가지 본 중에 태백산본은 1986년에 정부의 분산 보관 방침에 따라 부산에 있는 총무처 정부기록보존소로 이관하여 현재는 정족산본 하나만이 이 학교에 비치되어 있다.

1988년부터 내가 규장각도서관리실장으로서 실물을 접하게 된 실록은 바로 정족산본이었다. 앞에서 자세히 설명했듯이 이 정족산본은 임진왜란 중에 유일하게 무사했던 전주사고본이었다. 전주사고본은 병자호란 때 강화도 마니산에서 청군의 만행으로 부분적으로 없어지고 책장이 찢긴 것도 있었지만 명종실록까지는 임란 전에 직접 만들어진 것들이란 점에서 다른 본보다 더 귀중한 것이다. 다시 말하면 이 본만이 500년, 400년 전 선조들의 정성과 채취까지 담고 있는 임란 전 편찬의 실록도 포함되어 있는 것이다. 그런 귀중한 민족문화유산을 직책상 자주 접할 수 있게 되었으니, 얼마나 영광스러운 일인가! 나는 규장각관리실장 재임 중에 규장각 도서를 위한 독립건물이 완공되어 이사하는 일, 중앙도서관으로부터 규장각을 독립시키는 일 등을 수행하기도 했다. 이사할 때는 특히 실록을 조심스럽게 모셔 신관으로 옮기고 또 전문가들의 조언에 따라 어려운 예산 형편 속에서도 책 보관에 가장 좋다는 오동나무장을 짜서 그 속에 실록들을 고이 모셨다. 서울대학교 관리의 정족산본 실록은 현재 사면이 나무로 된 방의 오동나무로 짠 장 속에 편한 숨을 쉬고 있다. (중략)

IV. 나의 조선시대 천변재이 연구와 조선왕조실록

조선시대 천변재이에 관한 나의 연구는 이른바 17세기 위기론과의 관련 아래 시작되었다. 17세기 위기론은 1970년대부터 서구학자들이 거론하기 시작한 것으로, 이 세기에 세계 각지에서 반란, 혁명, 전쟁 등의 동요가 격심하게 일어난 것에 근거해 그 원인이 무엇인가를 밝히려는 논의였다. 1950년대에도 동요의 원인에 대한 설명이 없지 않았다. 그러나 그때는 단순히 중세사회가 해체되는 과정에서 일어난 현상에 불과한 것으로만 설명되었다. 1970년대 말부터 시작된 논의는 그런 체제변동론에서 한층 더 깊이 들어가 자연재해로부터의 영향이라는 시대적 특수성에 관한 논의가 나오기 시작했다. 즉 어느 시대에서도 보기 어려운 강도의 자연재해가 장기적으로 계속되는 가운데 기근과 전염병의 발생이 빈발하여 사회 불안이 고조된 가운데 반란, 혁명, 전쟁 등이 연속되었다는 해석이 나왔다. 역사학계보다 조금 앞서 지리학을 비롯한 여러 방면의 자연과학적 연구에서는 17세기에 지구의 기온이 내려갔다는 사실이 입증되어 소빙기(小氷期, little ice age)란 별칭이 등장하기도 하였다. 역사학계의 17세기 위기론은 이런 타 분야의 연구 성과에 영향을 받은 것이라 해도 좋다. 1976년 미국 콜로라도 국립천문연구센터의 존 에디(John A. Eddy) 박사는 그 기온강하의 원인으로 태양흑점활동 쇠퇴설을 내놓기도 하였다. 17세기에 태양흑점활동이 쇠퇴 내지 소멸하여 태양의 발열, 발광이 감소함으로써 지구의 기온이 내려갔다는 것이 그 요점이다.

대체로 이상과 같은 내용의 17세기 위기론에 접한 나는 두 가지 생각을 하게 되었다. 하나는 이 학설이 한국사에도 도입된다면 왜란, 호란으로부터의 피해밖에 부각되어 있지 않은 우리 17세기사도 좀더 풍부한 설명을 얻게 되리라는 것, 다른 하나는 17세기의 자연재해가 전 지구적 현상이라면 우리 조선왕조실록이 그 실체를 좀더 분명히 해 주지 않을까 하는 기대였다. 조선왕조가 국가이념으로 삼은 유교사상은 다음과 같은 독특한 재이관(災異觀), 천관(天觀)을 가지고 있었다. 즉 천문, 기후, 기상 등의 이상현상은 단순한 자연현상이 아니라, 사람에게 무엇인가 잘못이 있을 때 하늘이 이를 견고(譴告; 애정을 가지고 고치라고 미리 알려주는 것)하는 것으로 인식하여, 이상현상이 발생하면 모든 인간사의 책임자인 왕은 자신의 정치에 무슨 잘못이 있는가를 살피면서 공구수성(恐懼脩省)하는 자세를 취하면 재이가 해소될 수 있는 것이라고 인식하였다. 이런 재이관은 이상현상에 대한 관찰과 기록 그 자체가 곧 공구수성의 시작이라고 인식함으로써 조선왕조실록에는 실제로 자연이상현상에 관한 많은 기록이 실리게 되었다. 이 사실을 알고 있던 나는 17세기 위기론의 핵심인 기온강하와 그 원인문제가 우리 실록을 통해 분명하게 판정될 수 있으리라는 큰 기대감을 가졌다.

소빙기 현상의 실제 여부와 그 원인을 파악하기 위한 나의 실록자료 보기 작업은 지금으로부터 약 10여년 전에 시작되었다. 처음에는 17세기 초반 실록인 인조(1623~1650년간 재위)실록부터 먼저 보기 시작했다. 인조실록에는 실제로 기온강하에 해당하는 현상으로 때 아닌 눈과 서리, 우박을 동반한 천둥·번개와 대풍, 가뭄, 홍수, 기근, 질병 등 수많은 천변재이에 관한 기록들이 실려 있었다. 그러나 존 에디가 말하는 태양흑점활동의 이상에 관한 기록은 거의 찾아 볼 수 없었다. 천문이상현상으로는 오히려 유성[주로 화구형(火球型) 유성]에 관한 기록들이 수없이 많이 나왔다. 그리고 유성 낙하와 관련이 있는 현상으로 하늘에 붉은 기운(赤氣), 흰 기운(白氣), 검은 기운(黑氣), 불기운(火氣) 등이 출현했다든지, 먼지가 안개처럼 사방을 가로 막고 비린내가 난다는 등의 기록들도 수없이 나왔다. 현종(1650~1674년간 재위)실록에도 상황은 조금도 바뀌지 않았다. 이 시기에는 기근, 전염병으로 백만 명 이상이 죽어가는 상황이 몇 차례 반복되었다. 나는 이 정도의 작업에서 소빙기 현상의 원인이 태양흑점활동 쇠퇴가 아닐지도 모른다는 생각을 가지기 시작하였다. 그리고 위기적인 자연이상현상들의 시작점을 확인하기위해 시기를 앞으로 당겨, 광해군일기, 선조실록 등을 보기 시작했다. 두 실록에서도 비슷한 현상들이 거의 같은 비중으로 확인되었다. 그래서 나의 시작점 찾기는 명종, 중종을 거쳐 성종대로까지 올라갔다. 그리하여 마침내 1480년대, 곧 성종대 중반쯤부터 이상현상이 생기기 시작한 것을 확인할 수 있었다. 되돌아 그친 시기 찾기는 1760년경에서 멈췄다. 근 5~6년의 세월이 소요된 나의 이런 탐색작업은 결국 실록 전체를 뒤지는 것으로 종결되었다. 문제의 시기를 입증하기 위해서는 그 바깥 시기와의 대비가 필요했기 때문에 실록 전체에 대한 점검이 불가피했다.

실록 전체를 대상으로 뽑아진 자연이상현상 기록의 수는 총 25,000여 건에 달했다. 이를 분석한 결과, 전체 기간의 62%에 불과한 1480~1760 년간에 전체 기록의 80%가 넘는 23,000여건이 집중되어 있는 사실을 확인할 수 있었다. 이는 이 시기가 자연환경상 이상시기였다는 것을 입증하기에 충분한 것이었다. 그리고 이 시기에 계속된 이상현상은 그 강도가 바깥 시기의 것과는 비교가 안 될 정도로 가공스러운 것들이었다. 하늘에서 화구형 유성(fireball)이 소리를 내며 날아가면서 폭발하는 가운데 엄청난 바람과 우박이 쏟아지고, 흑색, 백색, 적색의 기(氣)가 베를 펼친 듯이 창공 여기 저기 퍼지고 화광이 번득였다. 그리고 때로는 태양이 빛을 잃어 붉어지다 못해 보라색이 되고, 겹겹의 햇무리, 달무리가 붉은색, 푸른색을 발하면서 여러 날 나타나고 흰 무지개가 태양을 가로 지르는 경우도 많았다. 그런가 하면 간혹 태양이 둘 또는 셋으로도 보였다. 그리고 해질녘에 나타나야 할 금성(태백성)이 대낮 정오 무렵에 하늘 가운데 나타나 여러 시간 밝게 비쳤다. 왕을 상징하는 태양의 빛은 갈수록 희미하게 잦아드는데 음성(陰星)으로 대신(大臣)을 상징하는 금성이 이렇게 밝게 빛나니 걱정스러운 일이 아닐 수 없었다. 먼지가 안개처럼 자욱하게 끼어 사방을 볼 수 없는 날이 한 달씩 계속될 때도 있었다. 여름보다 가을, 겨울철에 더 많이 발생하는 천둥·번개는 음양오행론을 믿던 유학자들에게 가공스러운 하늘의 경고가 아닐 수 없었다. 번개가 궁궐과 종묘의 건물을 내리쳐 부술 때는 할말을 잃었다. 전국 곳곳에서 쏟아지는 우박은 농작물을 해치는 정도를 넘어 사람과 동물을 죽이는 일도 허다하였다. 눈과 서리는 여름철에도 내렸다. 홍수와 가뭄은 때와 장소를 가리지 않고 번갈아 발생하였는데, 궁궐을 포함해 서울 전역이 물에 잠긴 때도 있었다. 이런 가공할 천재지변이 몇십 년으로 끝난 것이 아니라 200여 년 계속된 상황을 상상할 수 있을 것인가? 16~17세기 사람들은 이렇게 평생을 천재지변에 시달리다 일생을 마쳤다. 이와는 전혀 다른 자연환경에 살고 있는 현대인들로서는 전혀 상상할 수 없는 상황이라 하지 않을 수 없다.

조선왕조실록을 통한 소빙기 현상에 대한 나의 연구는 결국 다음과 같은 두 가지 새로운 사실을 구명하는 성과를 거둔 셈이었다. 첫째는 기온강하를 특징으로 하는 소빙기 현상의 존속 기간은 종래의 서구의 17세기 위기론에서 상정하듯이 17세기에 한정된 것이 아니라 15세기 말까지 소급하고 하한도 18세기 중반에 이른다는 것, 둘째는 기온강하의 원인이 태양흑점활동의 쇠퇴보다도 다량의 화구형 유성의 지속적인 낙하라는 사실 등이다.(화구형 유성은, 1392~1500년간에는169개인데 반해 1501~1600년에는 809개, 1601~1700년간에는 1,506개, 1700~1750년간에는 695개, 1751~1863년간에는 10개로 집계되었다). 이 두가지 사실의 구명은 소빙기 현상에 관한 이해를 새로운 차원으로 이끌 수 있는 성과로서, 이는 전적으로 우리 조선왕조실록의 기록으로서의 우수성을 통해 얻을 수 있었던 소득이었다.

나의 이런 새로운 연구 성과에는 자연과학자들의 도움이 있었다. 나는 실록 자료를 뽑으면서 태양흑점관계보다 유성이 무수하게 떨어지는 것을 비롯한 여러 가지 천문이상현상에 접해 당황하지 않을 수 없었다. 나로서는 이 상황을 풀 능력이 없었기 때문이다. 그리하여 천체물리학 전공의 소광섭 교수에게 자문을 구하였으며, 그는 내 얘기를 듣고 대단히 흥미로워하면서 미국의 노벨 물리학 수상자인 루이 알바레즈팀이 1980년에 발표한 6,500만년 전 소행성(asteroid, small planet) 지구충돌설을 소개해 주었다. 나는 『싸이언스(Science)』지에서 이들이 발표한 논문을 찾아내어 읽으면서 그들이 구명한 소행성 충돌시의 연관현상들에 접해 그 상황이 실록을 통해 확인된 자연이상현상과 너무나 흡사한 데 놀라지 않을 수 없었다. 이 학설에 의하면, 소행성이 지구에 충돌했을 때는 그 크기에 비례하는 많은 양의 먼지가 하늘을 뒤덮어 태양의 열과 빛을 차단함으로써 급랭현상이 일어나 우박, 눈이 대풍을 동반하면서 쏟아진다고 했다. 공룡이 살던 백악기 말에 떨어진 소행성은 지름이 무려 10km나 되는 것으로, 충돌시에 방출된 엄청난 양의 먼지는 지구를 수년간 어둠에 싸이게 했으며, 이로 말미암아 식물의 광합성 작용이 중단됨으로써 많은 초목들이 얼거나 말라죽어 25kg 이상의 초식동물은 살아남을 수 없었다고 추리하였다. 이탈리아, 덴마크 등지의 해안 백악기 신생대 암반층에 두껍게 쌓인 이리듐이란 물질의 발견에서 시작된 이들의 연구 결과는 결국 공룡 소멸의 원인을 밝히는 데까지 이르러 이로써 더 유명하게 되었다. 이리듐이란 물질은 지구 표면에는 거의 없고 외계의 소행성, 유성(meteoroid) 등에 다량 함유되어 있는 것이란 데 착목한 연구였다.

1500년경부터 시작된 이른바 소빙기 때 지구 대기권으로 쏟아진 유성은 백악기 말의 소행성처럼 큰 규모는 물론 아니었다. 그러나 소행성의 축소형이라고 할 수 있는 화구형 유성들이 장기간에 걸쳐 다량으로 대기권에 쏟아져 들어와 폭발할 때 그 잔해의 먼지가 대기권에 쌓이는 것은 소행성 충돌 때와 거의 비슷한 연관 현상들을 발생시킬 수 있는 것이다. 조선왕조실록에 기록되어 있는, 유성 낙하와 함께 생기는 각종 유색천기, 햇무리, 안개 같은 어둠, 해의 이변 등은 모두 유성 폭발시의 먼지가 대기권에 쌓임으로써 생긴 연관현상이었다. 그리고 금성이 대낮에 중천에 나타나는 것도 대기권이 유성의 먼지로 뒤덮여 태양빛이 차단됨으로써 발생한 현상으로 분석되었다. 나의 소빙기 현상에 관한 연구 결과는 두 차례 국제학회에 보고 될 기회를 얻었다. 한 번은 역사학자들의 모임이었고, 다른 한 번은 혜성과 유성을 연구하는 자연과학자들의 모임이었다. 두 번 다 좋은 반응을 얻었지만, 후자로부터 받은 반응은 나의 연구가 빗나간 것이 아니란 것을 확인하는 자리로 나에게는 더 소중했다. 후자에서 발표된 나의 논문은 그 개최자들이 주관하는, 세계적으로 알려진 *Celestial Mechanics* 최근호(67-1, 2 통합호, 1998)에 게재되었다. (중략)

V. 맺음말

조선왕조실록은 기록으로서의 높은 충실도로 조선시대의 한국인이 살아온 자취를 연구하는 데 필수적인 문헌이다. 나아가 그 속에는 같은 시기 한국인들과 접촉을 가진 외국인들의 세계도 찾아볼 수 있다. 일본, 중국과의 접촉 외에 류큐, 여진인들과의 접촉관계 기록은 아마도 대상 지역에서 찾아볼 수 없는 기록들이 많을 것이다. 이 문헌에 기록된 자연현상에 관한 것은 시대 환경의 변천 연구에도 큰 기여를 할 것이다. 소빙기 현상에 관한 나의 연구경험은 우리 실록이 인류사 연구에 기여할 수 있는 큰 가능성을 확인시켜 주는 것이었다. 이 밖에 인류 공유의 사항에 해당하는 자연환경에 관한 기록은 더 찾으면 한둘에 그치지 않을 것으로 보인다. 기록들이 근 500년간 하나의 체계 아래 남겨졌다는 것 자체만 해도 이 문헌의 큰 특징이라 하지 않을 수 없다. 한반도에 산 사람뿐만 아니라 그 주변 민족, 나아가 전 인류의 역사를 밝히는 데 이렇게 기여할 수 있는 자료라면 조선왕조실록은 인류문화유산으로 높이 평가받아 마땅하다.

근래 조선왕조실록은 남북한 양쪽에서 현대 한국어로 번역되었다. 그리하여 이를 바탕으로 씨디롬 제작도 이루어져 일반인들이 이용하기에 대단히 편리해졌다. 역사학자가 아닌 사람들도 접근이 쉬워진 것이다. 이 일은 실록 이용의 대중화를 예고하는 것으로 대단히 중요한 변화라고 하지 않을 수 없다. 우선 공영 텔레비전 방송이 「TV조선왕조실록」을 장기간에 걸쳐 방영하였고, 또 최근 인기를 끈 사극 「용의 눈물」이 실록기록의 이용도를 높인 점 등이 이미 대중화 시대의 시작을 알려주었다. 이 추세는 물론 반길 일이다. 그러나 이 문헌은 어디까지나 각 왕의 정사의 일지 형태로 정리된 것이기 때문에 전문가가 아니면 자칫 편편의 기록들이 아전인수격으로 이용되거나 과대 포장될 우려도 배제할 수 없다. 이 점에서 이 문헌의 이용에는 '의사의 처방'이 반드시 필요하다.

'약의 남용'은 오리려 큰 해독을 끼칠 우려가 있기 때문이다. 대중의 역사인식에는 큰 영향을 미칠 제작물이나 편찬물은 사전에 전문가들의 협의가 요망된다.

* 이 글은 『한국사시민강좌』 제23집 (1998, 일조각)에 실린 동일한 제목의 글 가운데 강의에 불필요한 부분을 몇 대목 삭제한 것이다.

세계 무형유산

종묘제례와 종묘제례악

판소리

유네스코 지정 한국의 세계유산

종묘제례와 종묘제례악

이숙희 국립국악원 학예연구사

종묘제례와 종묘제례악

Ⅰ. 종묘제례

종묘제례는 조선시대 역대 왕들의 신위를 봉안한 종묘에서 행하는 제향을 말하며, 이때 연주하는 음악이 종묘제례악이다. 제례는 효(孝)의 한 표현 방법이다. 『예기』에 효자가 부모를 기르는 세 가지 길을 제시하였는데, 살아서는 봉양하고, 돌아가시면 초상을 치르고, 초상이 끝나면 제사를 지내는 것이라 하였다. 봉양할 때는 그 순종하는 것을 보고, 초상을 치를 때는 그 슬퍼하는 것을 보고, 제사 지낼 때는 그 공경하고 때가 있는 것을 본다고 하여, 제례에서는 '공경'과 '시기[時]'를 중시하였다.

순자(荀子)는 "제례란 죽은 사람에 대한 사모의 정을 나타내는 것"으로 정성과 경애의 극치를 나타내는 것이라고 하였다. 즉 '공경' '정성'은 '예'를 통해 나타나는 것을 알 수 있다.

예(禮)는 사회체제의 유지와 통합, 완성을 향상시키는 기능이 있다. 유교사회의 의례는 길례(吉禮)·가례(嘉禮)·빈례(賓禮)·군례(軍禮)·흉례(凶禮)의 오례(五禮)로 대표된다. 오례 중 가장 중요한 것이 길례 즉 제례이고, 제례에 음악이 수반되는 것은 예악(禮樂) 사상의 구현이다. 『주례』에 오례로 만민의 거짓[僞]을 방지하여 중용[中]의 미덕을 가르치고, 육악(六樂)으로 만민의 감정[情]을 방지하여 화(和)를 가르치고자 한다고 하였다. 즉 예악을 통하여 개인이나 사회의 '중화(中和)'를 이루는 것이 그 목적임을 밝히고 있다.

유교의 제례는 대상에 따라 하늘의 신[天神]에 올리는 사(祀), 땅의 신 [地示(地祇)]에 올리는 제(祭), 사람의 신[人鬼]에 올리는 향(享)의 세 종 류가 있고, 제사의 중요성과 규모에 따라 대사(大祀 : 가장 규모가 큰 제 사)·중사(中祀 : 제2등급의 제사)·소사(小祀 : 가장 작은 규모의 제사) 로 구분한다.

조선은 제후격의 나라인 까닭에 천신에게는 제사를 지내지 못하고 지 기와 인귀에게만 제사를 지냈는데, 지기의 대표적인 제례가 사직이고, 인신의 대표적인 제례가 종묘이다. 종묘는 국왕의 선대를 모셔놓은 곳 이고, 사직(社稷)은 토지신인 사(社)와 곡식신인 직(稷)을 모셔놓은 곳 이다. 사직이 종묘보다 이념상 상위이지만 실제로는 종묘가 더 중시되 었다. 종묘는 단순히 국왕이 개인 차원에서 선왕에 대한 추모를 시행하 는 장소가 아니라 종묘에서 제사를 주관함으로써 국가통치의 정당성을 부여받았던 곳이다. 종묘제례는 주요도로는 대사에 해당하고, 그 제례 의 대상으로는 인귀의 향에 해당한다.

종묘제례는 정전인 종묘와 조묘(祧廟 : 원조를 합사하는 사당)인 영녕 전의 두 곳에서 지낸다. 이 두 곳에서 제례를 지내는 것은 천자는 7묘, 제후는 5묘라는 고제의 원칙과 부묘해야 할 신위가 많아짐에 따른 문제 해결의 과정에서 생겨난 것이다. 영녕전은 종묘와 동일한 구조로 되어 있으며, 제례는 종묘와 동일한 날짜에 시행돼 섭행으로 운영하였다.

조선시대 종묘제례는 본래 봄·여름·가을·겨울 네 때(1, 4, 7, 10 4 孟朔 초순)의 길한 날과 12월에 대제를 봉행하였으나, 1939년부터 입춘, 입하, 입추, 입동의 네 절기에 시행하는 것으로 변경하였고, 1971년 이 후로 5월 첫째 일요일에만 낮에 거행하고 있다.

제례의 절차는 신을 맞아들이는 영신(迎神), 폐백을 올리는 전폐(奠 幣), 제물을 올리는 진찬(進饌), 첫 번째 술을 올리는 초헌(初獻), 두 번 째 술을 올리는 아헌(亞獻), 세 번째 술을 올리는 종헌(終獻), 제물과 제기를 거두는 철변두(徹籩豆), 신을 보내 드리는 송신(送神)의 순서로 구성되어 있다.

II. 종묘제례악

유교는 예악사상으로 대표될 만큼 예와 악의 균형을 중시하였는데, 이것은 예와 악이 상호보완작용을 하기 때문이다. 『史記』에 "음악은 천지를 조화롭게 하고, 예는 천지를 질서있게 한다. 음악은 하늘을 말미암아 만들고 예는 땅으로써 제정한다. 예와 악을 경과 종에 베풀고 종묘사직에 사용하여 산천귀신을 섬기니, 곧 이것이 바로 백성과 더불어 함께 하는 것[與民同]"이라 하였다. 이와 같은 상호조화를 중시하는 예악 정신은 조선 초기 제례작악의 기본이 되었고, 종묘제례와 그 음악에도 적용되었다.

제례에 사용하는 음악은 천신·지기·인귀의 대상에 따라 연주절차·춤의 종류·악조·악기 편성·연주장소·연주 횟수가 정해져 있다. 이러한 내용은 『주례』에 기록되어 있고, 이것을 작악(作樂)의 기준으로 삼았다.

현재 전승되는 종묘제례악은 아악과 향악이 혼합된 형태이다. 악대 배치나 춤 형식 등의 면에서 아악적 요소를 찾아볼 수 있고, 악곡 자체는 고취악과 향악을 바탕으로 한 것이다. 아악은 중국 주나라 음악제도로써, 등가와 헌가로 이루어진 악대와 일무로 구성된다. 등가는 월대 위에 설치하는 악대로서 노래와 현악기가 중심이 되고, 헌가는 월대 아래 설치하는 악대로서 관악기가 중심이 된다. 헌가는 신분에 따라 네 종류의 형태가 있는데, 천자는 궁현, 제후는 헌현, 대부는 판현, 사는 특현을 설치한다. 일무도 신분에 따라 천자는 8일무, 제후는 6일무, 대부는 4일무, 사는 2일무를 둔다. 또 제례의 대상에 따라 음악양식이 다른데, 참고로 소개하면 다음과 같다.

천신에는 황종을 연주하고 대려를 노래하며, 운문의 춤을 춘다. 악조는 협조위궁 황종위각 태주위치 고선위우를 사용하며, 타악기(북)는 뇌고와 뇌도를 사용하고, 관악기는 고죽의 관을 사용하며, 현악기는 운화의 금슬을 사용한다. 이러한 구성으로 원구에서 여섯 번[六變] 연주하면 천신의 예의에 맞게 된다.

지기에는 태주를 연주하고 응종을 노래하며, 함지의 춤을 춘다. 악조는 함종위궁 태주위각 고선위치 남려위우를 사용하며, 타악기(북)는 영고와 영도를 사용하고, 관악기는 손죽의 관을, 현악기는 공상의 금슬을 사용한다. 이러한 구성으로 방구에서 여덟 번[八變] 연주하면 지기의 예의에 맞게 된다.

인귀에는 무역을 연주하고 협종을 노래하며, 악조는 황종위궁 대려위각 태주위치 응종위우를 사용하며, 타악기[북]는 노고와 노도를 사용하고 관악기는 음죽의 관을 사용하며, 현악기는 용문의 금슬을 사용한다. 구덕의 노래와 구소의 춤을 종묘에서 아홉 번 연주하면 인귀의 예에 맞게 된다.

조선초기 제례작악(制禮作樂) 과정에서 이와같은 기준을 그대로 적용하기 어려웠으나, 이를 따르려는 노력을 지속하였다.

조선조 이전의 종묘제례악

종묘 제례는 신라시대부터 행한 기록이 있다. 신라에는 대사·중사·소사에 관한 기록이 있어 체계적인 제례행사가 있었을 것으로 보이지만, 종묘제례악에 대한 기록은 없다. 고려시대에도 종묘제례가 있었고 음악도 수반하였다. 고려시대 종묘 제례에 음악을 사용한 시기는 숙종(1095~1105)무렵인데, 음악의 성격은 알 수 없다. 이후 1116년(고려예종 11) 중국 송나라로부터 대성아악을 도입하였고, 그해 10월 태묘에 대성악을 천거함으로써 종묘제례에 아악을 사용하기 시작하였다. 고려의 종묘제례악 연주전통은 조선으로 전승되었다. 조선 초기에는 고려의 것을 답습하다가 1395년(태조 4) 11월 고려의 옛 제도를 바꾼다는 원칙아래 종묘악장을 고쳤지만, 그 음악에 관하여는 자세히 알 수 없다.

태종조(1400~1418)에는 고려의 종묘제향악을 답습하였으나, 세종조에는 고려로부터 전승되는 종묘제례악을 일신하였는데, 원나라 임우의 『대성악보』에 의거하여 곡을 만들었다.

세종조의 종묘제례악

세종조의 종묘제례악은 승안지악(承安之樂) · 숙안지악(肅安之樂) · 옹안지악(雍安之樂) · 수안지악(壽安之樂) · 서안지악(舒安之樂) · 경안지악(景安之樂) 외에 아헌 · 종헌에 향악교주 등을 연주했고, 춤[佾舞]은 열문지무(烈文之舞)와 소무지무(昭武之舞)를 추었다.

세종조 종묘제례악의 악장은 작헌에서 각실에 각 악장을 사용하였고, 악장의 가사는 중국의 제도에 따라 모두 4자 1구, 8구 1장으로 되어있다. 악현은 옛 제도대로 등가에 음려를 쓰고 헌가에 양률을 사용하였는데, 등가에 금 · 슬(현악기)만 있고 관악기가 전혀 없으며, 특종과 특경을 쓰고 편종 편경은 사용하지 않았다.(세종 12년에 편종 · 편경의 추가 편성에 관한 논의가 있지만, 이는 연습용으로만 사용되었다) 헌가에는 태종조의 악현에 진고와 노도를 첨가하였으며, 종묘악에 한하여 헌가에서 악장을 사용하였다.

세조 이후의 종묘제례악

이와 같은 종묘제례악은 1463년(세조 9)에 보태평 · 정대업으로 대치되었다. 세종대왕은 악제를 정비하는 과정에서 봉래의(鳳來儀) · 발상(發祥) · 보태평(保太平) · 정대업(定大業)을 창제하였다. 이 중 정대업과 보태평은 조종공덕의 성대함과 건국의 간난을 형용하기 부족하여 고취악과 향악에 인하여 창제한 것이다.

보태평은 '태평을 보존한다.'는 뜻으로, 목조 · 익조 · 도조 · 환조와 태조·태종의 문덕(文德)을 찬미한 것이고, 정대업은 '대업(大業)을 이루었다.'는 뜻으로 목조·익조·도조·환조와 태조·태종의 무공(武功)을 찬미한 것이다. 목조·익조·도조·환조는 태조의 4대 조상으로, 태조가 건국한 뒤에 왕으로 추상(追上)된 분들이다.

창제 당시의 보태평은 11곡으로 구성되었고, 악조는 임종궁이며, 춤을 아홉번 변화시켰다. 정대업은 15곡으로 남려궁이며, 춤을 여섯번 변화시켰다. 12율이 12월에 배합된다는 사고방식에 의해 문덕을 찬미한 보태평은 1년 중 초목이 가장 무성하게 초목이 자라는 6월의 악조인 임종궁을 썼고, 무공을 찬미한 정대업은 만물의 기운이 쇠해지는 8월의 악조인 남려궁을 썼다.

1463년(세조 9) 보태평·정대업을 종묘제례악으로 채택하면서 보태평은 임종평조에서 황종평조로 정대업은 남려계명조에서 황종계면조로 바꾸고, 의례에 맞게 음악의 길이를 조정하면서 가사도 축소하였다. 또 곡의 수도 보태평은 희문(영신희문, 전폐희문, 인입희문)·기명·귀인·형가·집녕·융화·현미·용광정명·중광·대유·역성의 11곡으로 축소하였고, 무공을 노래한 정대업은 소무·독경·탁정·선위·신정·분웅·순웅·총수·정세·혁정·영관의 11곡으로 축소하였다. 종묘제례의 절차 중 진찬·철변두·송신의 절차에는 보태평과 정대업을 연주하지 않고 풍안지악·옹안지악·흥안지악을 연주한다. 제례 절차에 따른 악곡과 악대 그리고 춤의 내용을 표로 정리하면 다음과 같다.

표1. 제례 절차에 따른 악곡·악대·춤

절차	樂名	曲名	악대	일무
영신	보태평	영신희문	헌가	문무(보태평)
전폐	보태평	전폐희문	등가	문무
진찬	풍안지악		헌가	·
초헌	보태평	희문, 기명, 귀인, 형가, 집녕, 융화, 현미, 용광정명, 중광, 대유, 역성	등가	문무

아헌	정대업	소무, 독경, 탁정, 선위, 신정, 분웅, 순웅, 총수, 정세, 혁정, 영관	헌가	무무 (정대업)
종헌	정대업	"	헌가	무무
철변두	옹안지악		등가	·
송신	흥안지악		헌가	·

종묘제례악은 등가와 헌가의 악대가 절차에 따라 연주하고, 현행 악기 편성은 다음과 같다.

등가의 악기편성은 박, 장구, 절고, 편종, 편경, 방향, 축, 대금, 당피리, 아쟁 등의 악기와 악장을 부르는 도창으로 구성된다.

```
執篲              박    執事
麾                     아쟁
대금(3인)             도창2   당피리
방향, 편경, 절고      장고    편종    축
```

헌가의 악기편성은 박, 장구, 진고, 편종, 편경, 방향, 축, 대금, 당피리, 해금, 태평소, 징(大金) 등의 악기와 도창으로 구성된다.

```
조촉
                 박
진고, 편종       장고   축   편경   방향
당피리           젓대              해금

大金      태평소
```

음악을 시작할 때 박을 치면 축을 세 번 치고 북 한 번 치기를 3회 거듭한 다음 박 한 번 치면 음악이 시작되고, 음악을 마칠 때 박을 3회친다. 아헌에는 진고 10통을 침으로써 시작하고, 소무·분뭉·영관에 태

평소를 분다. 종헌에는 진고 3통 친 후에 박을 치면 음악이 시작되고, 대금10통하면 음악이 끝난다.

임진왜란후 현재까지의 종묘제례악

임진왜란후 선조대왕이 광국중흥의 위열이 있으므로 따로 악장을 씀이 마땅하다고 하여 중광장을 추가하고, 용광과 정명을 하나로 합치는 변화가 있었다. 이후 악제가 점점 쇠미하여져 순조대에는 악기의 수가 감축되어 과거 십수행이던 것이 4~5행으로 줄어들었고, 음절이 초쇄(噍殺)하여졌다. 이러한 현상은 고종대로 이어졌고, 대한제국의 수립으로 광무원년 황제의 악으로 격상되었으나, 일제강점기에 악현이 축소되고, 더 나아가 악장의 개변 등 변화가 생겼다. 보태평지곡을 보태화지곡(保太和之曲)으로, 정대업을 향만년지곡(享萬年之曲)으로 개칭하였고, 용광정명을 열광정명으로 곡명을 변경하면서, 가사도 일부 바꾸었다.

1945년 해방이후 궁중음악기관이 없어지고 궁중음악의 연주전통을 국립국악원이 전승하면서 종묘제례악도 국립국악원을 중심으로 그 연주전통을 이어가고 있으며, 종묘제례악은 종묘제례 의식음악으로 연주하는 외에 무대 예술 음악으로도 연주하고 있다.

종묘제례악은 1946년 이후 종묘제향에서 연주할 수 없게 되자 이의 인멸을 우려하여 1964년 중요무형문화재 제1호로 지정하여 보존 · 전승하고 있으며, 그 역사적 · 예술적 가치를 인정받아 2001년 세계무형유산 걸작으로 등록되었다.

III. 종묘제례악의 노래 - 악장

궁중에서 부르는 성악곡을 '악장' (樂章)이라고 한다. 악장의 내용은 선왕 혹은 현왕을 찬양하는 것이며, 그 목적은 왕조 영속의 당위성이나 하 · 은 · 주 삼대지치(三代之治)의 이념을 고양하는데 있다.

제례에서 노래는 전폐 · 초헌 · 철변두의 절차에서 부르지만, 보태평 · 정대업을 종묘제례악으로 채택하면서 그 원칙이 무너졌고, 각 절차에 모두 노래를 불렀다. 영신에는 보태평의 희문, 전폐에는 보태평의 희문, 진찬에는 풍안지악, 초헌에는 보태평 11곡, 아헌과 종헌에는 정대업 11곡, 철변두에 옹안지악, 송신에 흥안지악을 연주한다. 악장을 노래하는 사람을 도창이라고 한다.

일제강점기 악장의 가사 중 일부를 조선왕실을 격하하거나 대마도 정벌 내용을 은폐하는 내용으로 바뀌는 등 변화가 있었으나, 국립국악원은 1970년대부터 가사를 본래의 내용으로 바꾸어 연주하고 있다. 보태평 · 정대업의 가사는 다음과 같다.(이혜구, 『신역악학궤범』 참조)

〈보태평〉

영신 희문(熙文)

세덕계아후 오소상형성　조상님의 크신 공덕 우리 후손 열어주사
世德啓我後 於昭想形聲　아아 밝고 맑음이여 그 얼굴 그 음성

숙숙천명인 유(수)아뇌사성　엄정하고 공손하게 제사 삼가 받드오니
肅肅薦明禋 綏我賚思成　우리를 평안 주옵시고 창업보전 누리소서

전폐 희문(熙文)

비의상가교 승광장시백　엷은 예로 올리오니 마음 열어 주옵소서
菲儀尚可交 承筐將是帛　광주리를 받들어서 여기 폐백 올립니다

선조기고흠 식례심막막　선조께서 돌아보사 흠향 즐겨 듭시오면
先祖其顧歆 式禮心莫莫　공경하여 올린 예로 마음 맑고 고요하리

희문(熙文) 인입(引入)

열성개희운 병울문치창   위대하신 여러 성군 나라 운을 열으시니
列聖開熙運 炳蔚文治昌   찬란한 문화 정치 대대이어 창성하네

원언송성미 유이시가장   원하오니 이 성미를 길이 길이 찬송하며
願言頌盛美 維以矢歌章   오직 이를 노래 얹어 베풀어서 부릅니다

기명(基命)

오황성목
於皇聖穆   아아 오직 위대하고 거룩하신 목조께서

부해사경
浮海徙慶   너른 바다 건너시어 경흥 땅에 옮으시니

귀부일중
歸附日衆   따라드는 백성들이 날로 날로 많아져서

기아영명
基我永命   우리들의 길고 긴 천명의 터 정하셨오

귀인(歸仁)

황의상제   구민지막
皇矣上帝 求民之莫   위대하신 우리 상제 민안(民安)함을 구하시사

내권오구 내천명덕
乃眷奧區 乃遷明德   나라 구석 돌보시고 밝은 덕의 임금 옮겨 살게 하셨도다

인불가실 우서경종
仁不可失 于胥景從   어진 사람 잃을 손가 서로 향응(嚮應) 함께 좇네

기종여시 비아지사

其從如市 匪我之私 좇음 마치 저자 같되 사사로움 아니로고

비아지사 유인지귀
匪我之私 維仁之歸 우리 용사(用私) 아님이여 오직 인(仁)의 귀부(歸附)일네

유인지귀 탄계홍기
維仁之歸 誕啓鴻基 오직 인의 귀부(歸附)여 큰 터 널리 열으셨소

형가(亨嘉)

오황성익 지복궐벽
於皇聖翼 祇服厥辟 아아 크시도다 거룩하신 익조(翼祖)께서 고려왕을 섬
기셨고

성도계지 권의사독
聖度繼志 眷倚斯篤 거룩하신 도조님도 그 뜻 이어받아 고려왕의 신뢰함을
독실하게 받았도다

대형이가 경명유복
大亨以嘉 景命維僕 크게 형통하여 총가(寵嘉)하니 크고 크신 하늘 명(命)을
따르셨오

집녕(즙녕, 輯寧)

쌍성단(선)만 왈유천부
雙城澶漫 曰惟天府 쌍성(雙城)고을 하도 멀어 천부(天府)라고 불렀세라

이지불직 민미안도
吏之不職 民未按堵 관리 직무 다 못하여 백성 안도 못했거늘

성환집(즙)녕 유리졸복
聖桓輯寧 流離卒復 환조(桓祖) 화락(和樂) 편케하사 유리만민(流離萬民)
복업(復業)했고

총명시하 봉건궐복
寵命是荷 封建厥福　천제(天帝) 총명(寵命) 이에 입어 그 복 크게 세워졌오

융화(隆化)

오황성조 휼준궐덕
於皇聖祖 遹駿厥德　밝고 밝은 우리 성조 그 덕(德)이 크시도다

인수(유)의복 신화융흡
仁綏義服 神化隆洽　인(仁)에 안정(安定) 의(義)로 복종 신성교화 융성흡족

경피도이 급기산융
憬彼島夷 及其山戎　멀리 저 섬 오랑캐로 그 산속의 오랑캐에 이르기까지

공숙이회 막불솔종
孔淑以懷 莫不率從　말끔히 회유되어, 따르지 않는 자 없도다

항지제지 관아역역
航之梯之 款我繹繹　물 건너 산 넘어서, 우리 따름 무궁하니

오혁궐령 이타원숙
於赫厥靈 邇妥遠肅　빛나는 그 신령이여, 근방 평안 원지(遠地) 정숙(正肅)
　　　　　　　　　　하도다

현미(顯美)

오황아성고 감난보종석　위대하고 거룩하신 아아 우리 영고(寧考)시여
於皇我聖考 戡難保宗祏　국난을 평정하시고 종묘 보전하셨도다

구가여망륭 돈양현미덕　크신 공덕 구가(謳歌)되고 중망(衆望) 높으시었다
謳歌輿望隆 敦讓顯美德　군이 왕위(王位) 양여하사 미덕(美德) 드러내시도다

용광(龍光)

천자방제 방인우황
天子方懠 邦人憂惶　천자가 바야흐로 노하시니, 나라 사람들이 근심하도다

성고입주 충성이창
聖考入奏 忠誠以彰　성고께서 들어가 아뢰니, 그 충성이 밝게 드러났도다

미우천자 혁재용광
媚于天子 赫哉龍光　천자의 어여쁨을 받으시니, 빛나도다 용광[德]이여

정명(貞明)

사제성모 극배건강
思齊聖母 克配乾剛　어지신 성모께서, 성고의 배필이 되셨도다

감정궐란 찬모윤장
戡定厥亂 贊謀允臧　그 난리를 평정함도 모의 내조(內助) 훌륭코야

의여정명 계우무강
猗歟貞明 啓佑無疆　아아 맑고 밝음이여 도움 베풂 끝없으리

중광(重光)

오황선조 중덕중광
於皇宣祖 峻德重光　위대하신 선조대왕 큰덕 거듭 빛나도다

격천소무 정아종팽
格天昭誣 正我宗祊　천자께 거짓밝혀 우리 종묘 바로했네

항의제흉 전아봉강
抗義除凶 奠我封疆　의로 간흉 제거하고 우리강토 진정했네

수리계후 유구치창
受釐啓後 悠久熾昌 복을 받아 앞길여니 길이 번영 빛나오리

대유(大猷)

열성선중광 부문수(유)사방 여러 조상 성군께서 거듭 명덕(明德) 베푸시고
列聖宣重光 敷文綏四方 밝은 문화 고루 펴서 사방 안치(安治) 하시었네

제작기명비 대유하황황 예와 악의 제작 이미 완비되었으니
制作旣明備 大猷何煌煌 크신 왕도(王道) 밝은 덕은 어이 그리 휘황(輝煌)하리

역성(繹成) 인출(引出)

세덕작구 솔유미공
世德作求 率維敉功 조상의 공덕을 이어, 무애(撫愛) 공업(功業) 좇나이다

광천태평 예악방륭
光闡太平 禮樂方隆 그 빛 태평 열었으니, 예악 진정 융성토다

좌약우적 왈기구변
左籥右翟 曰旣九變 약·적 잡고 춤을 출 제, 풍류 이미 9변(九變)했소

식소광렬 진미진선
式昭光烈 盡美盡善 이로 선조 공 밝히니, 온갖 미선 다 했다오

정대업

소무(昭武) 인입(引入)

천권아열성 계세소성무
天眷我列聖 繼世昭聖武 하늘께서 우리 성군 돌보시고 도우시사 대를 이어
　　　　　　　　　　　　　무공을 밝게 빛냈도다

서양무경렬 시용가차무
庶揚無競烈 是用歌且舞 무쌍의 무공을 선양하셨으니, 이에 여기 노래하고
　　　　　　　　　　　춤추나이다

독경(篤慶)

오황성목 건아우삭
於皇聖穆 建牙于朔 우리 위대하고 거룩하신 목조께서 북녘 땅에 군기 세우
　　　　　　　　　시도다

흉독기경 조아왕적
遹篤其慶 肇我王迹 돈독할손 그 경사, 우리 왕업 터전 닦으셨도다.

탁정(濯征)

완지호 거쌍성
頑之豪 據雙城 완악한 호적(豪敵) 쌍성에 웅거할 새

아성환 우탁정
我聖桓 于濯征 거룩하신 우리 환조 깨끗이도 무찌르사

저광망 척아강
狙獷亡 拓我疆 도적 소굴 멸망하니 우리 강토 열었도다

선위(宣威)

자려실어 외모교치
咨麗失馭 外侮交熾 가엾어라 고려나라 통어를 잘못하여, 외부 모멸 심하구나

도이종서 납구자휴
島夷縱噬 納寇恣睢 오랑캐가 함부로 갉아 먹고 납합출이 방자(放恣) 눈을
　　　　　　　　　부라리고

홍건포효 원여비회
紅巾恟然 元餘奰屭　홍건적은 기세를 올리고, 원의 잔여(殘餘)는 횡포(橫暴)하고

얼승발호 호괴육량
孽僧跋扈 胡魁陸梁　요망한 중은 발호(跋扈)하고 호발도(胡拔都)가 마구 날뛰도다

오황성조 신무탄양
於皇聖祖 神武誕揚　위대하신 우리 태조께옵서 신통(神通)하신 무위(武威) 떨치시니

재선천위 혁혁당당
載宣天威 赫赫堂堂　천위를 펴셨도다 혁혁하고 당당하시도다

신정(神定)

개아적 계호비
愾我敵 戒虎貔　우리 적에 분개하니 호비 같은 정병(精兵)일세

고궐용 약한비
鼓厥勇 若翰飛　그 용기를 고무하니 하늘까지 나는 듯

동구천 정우기
動九天 正又奇　온 하늘을 진동함도 정의(正義)와 또 신기(神奇)로세

당부항 선자미
螳斧亢 旋自靡　당랑 앞발 버티어도, 당장 쓰러지고

죽사파 숙아지
竹斯破 孰我支　대 쪼개듯 쳐부시니, 누가 감히 지탱하랴

기정무 신지위
奢定武 神之爲　무공을 완정하심은, 신이 하심이로세

분웅(奮雄)

아웅아분 여뢰여정
我雄我奮 如雷如霆　장하고야 우리 용맹 우레 같고 벼락 같도다

호견막최 호험막평
胡堅莫摧 胡險莫平　어느 건강(堅強) 못 꺾으며 어느 험난 못 평정하랴

연련안안 주아신괵
連連安安 奏我訊聝　죄인을 잡음을 줄줄이 하고, 불복자(不服者)의 귀를 베
　　　　　　　　　어 바치어 잠잠하도다

신과일휘 요분숙확
神戈一揮 妖氛倏廓　신의 간과(干戈) 한 번 휘두르니, 요사기운 소청(掃淸)
　　　　　　　　　되네

무모무불 조아동국
無侮無拂 祚我東國　수모 없고 거역 없어 우리나라의 복이로다

순웅(順應)

여주거간
麗主拒諫　고려나라 신우(辛禑)임금 충간(忠諫)을 거부하고

감행칭란
敢行稱亂　감히 난을 일으킬 새

아운신단
我運神斷　밝은 결단 운행(運行)하사

아사아반
我師我返　우리 군사 돌리시니

천인협찬
天人協贊　천인의 협찬이로세

총수(총유, 寵綏)

의기재회 순내다조
義旗載回 順乃多助　의로운 기 돌아오니 순종함에 도움 많으매라

천휴진동 사녀열예
天休震動 士女悅豫　서광이 진동하니 남녀 모두 열광하네

혜아총수(유) 호장용영
徯我寵綏 壺漿用迎　우리 황조(皇祚) 사랑 기대하며 물병으로 맞았도다

기척예악 동해영청
旣滌穢惡 東海永淸　이미 죄악 씻었으니 동해 길이 맑으오리

정세(靖世)

피고신 선화기
彼孤臣 煽禍機　저 외로운 고려 유신(遺臣)이 재앙의 기운(機運) 선동할 새

아황고 극병기
我皇考 克炳幾　우리 황고(皇考) 잘도 기밀(機密) 밝히셨다

신모정 세이정
神謀定 世以靖　신기 책모(策謀) 결정하니, 세상 이로 평안토다

혁정(赫整)

도이비여 건유아어
島夷匪茹 虔劉我圉　섬 오랑캐가 요량없이, 우리 변방 침해하니

원혁아노 원정아려
爰赫我怒 爰整我旅　혁노하사, 군대를 정비하도다

만소가풍 비도명발
萬艘駕風 飛渡溟渤　만척의 배가 바람 타고, 나는 듯이 창해를 건너

내복기소 내도기혈
乃覆其巢 乃擣其穴　그 소굴을 뒤엎고, 그 소굴을 쳐부시니

비피홍모 요우방렬
譬彼鴻毛 燎于方烈　비유컨대 기러기 털이 불길에 활활타는 듯

경파내식 영전접역
鯨波乃息 永奠鰈域　고래 파도 이내 멎어, 길이 안정하였도다

영관(永觀) 인출(引出)

오황열성 세유무공
於皇列聖 世有武功　아아 우리 조상께서 대대(代代) 무공 있으셨다

성덕대업 갈가형용
盛德大業 曷可形容　성덕과 위업(偉業)을 어찌 가히 형용하료.

아무유혁 진지유정
我舞有奕 進止維程　온갖 춤에 차서 있고, 가고 섬에 법도 있어

위위타타 영관궐성
委委佗佗 永觀厥成　유유하고 의젓하게 끝마치움 보이도다

진찬(進饌) 풍안지악

집찬척척 등아조두
執爨踖踖 登我俎豆　정성 조심 다한 음식 제기 받쳐 올립니다

조두기등 악차화주
俎豆旣登 樂且和奏　제기 이미 올리옵고 아악 또한 화주하고

필분효사 유신기우
苾芬孝祀 維神其右   향기로운 효사(孝祀)에 신이 그 우(右)에 계실까?

철변두(徹籩豆) 옹안지악

앙성우두 우두우변   저희들이 제기(祭器)에다 제물을 담으니,
卬盛于豆 于豆于籩   목기(木器)에 하며 죽기(竹器)에 하도다

유필기향 내격애연
有飶其香 來假僾然   제물들이 향기로와 조상 오셨음이 완연토다

아례기성 고철유건
我禮既成 告徹維虔   우리 제례 마쳤기에 철상 고함을 경건히 하옵니다

송신 흥안지악(興安之樂)

인사졸도 신강락이
禋祀卒度 神康樂而   제사가 다 법도대로 되었으니, 신령이 안락하셨으리

양양미기 회아숙이
洋洋未幾 回我倏而   떠나가심 머지 않건만, 우리들을 힐끗 돌아보시도다

예정방불 운어막이
霓旌髣髴 雲馭邈而   무지개 깃발인양 구름타고 멀리 가시도다

IV. 종묘제례의 춤 - 일무(佾舞)

일무(佾舞)는 줄을 지어 추는 중국 고대 무용 양식의 하나로, 규모에 따라 팔일무·육일무·사일무·이일무의 네 종류가 있고, 각 일무 무원의 수는 진(晉)나라 두예(杜預)의 설과 후한(後漢) 복건(服虔)의 설 두 가지가 있다. 두예의 설은 세로와 가로의 인원수가 동일한 형태로 팔일

무는 가로·세로 모두 8명인 64명, 육일무는 가로 세로 모두 6명인 36명, 사일무는 가로 세로 모두 사명인 16명, 이일무는 가로 세로 모두 두명인 4명의 규모이다. 이에 반해 복건의 설은 세로는 8명을 유지하고 가로는 격에 따라 8명·6명·4명·2명으로 변화되는 형태이다.

일무는 1116년(고려 예종 11) 대성악의 도입으로 고려에 처음 소개되었는데, 이때 무원(舞員)의 수는 36명이다. 그러나 동 10월 태묘 친사 등가 헌가에 사용한 일무 무원의 수는 6명×8명=48명의 육일무이고, 유사섭사등가헌가는 문무·무무 모두 32명의 사일무이다. 대성악 육일무 36명이 어떤 계기로 48명 형태로 바뀌었는지, 유사섭사 때는 어떤 기준으로 사일무 32명으로 되었는지에 관한 기록은 없다. 다만 이렇게 바뀐 시기는 고려 의종대(1146~1170)이다.

조선조 종묘제례 일무에 관한 기록은 1424년(세종 6)에 처음으로 나타난다. 〈그림 1〉과 같이 문무와 무무는 6명×8명=48명으로 구성된 육일무이다. 이 춤의 이름은 열문지무(烈文之舞)와 소무지무(昭武之舞)이다.

이 때 춤사위는 알 수 없고, 음악은 경안지악·숙안지악·수안지악 등을 사용하였다. 위 그림에는 문무와 무무가 한꺼번에 그려져 있지만, 실제 연행할 때는 문무가 초헌까지 춤을 추고 물러나고, 다음 무무가 들어와서 춤을 추는 형식이며, 무원도 문무·무무가 구분되어 있다. 문무와 무무가 교대할 때 별도의 정해진 음악을 연주하는 것도 조선 후기와는 다른 점이다.

또 의물에 휘(麾)·둑(纛)·정(旌)이 있는데, 휘는 음악의 시작과 마침을 알리는 도구이고, 둑은 무무, 정은 문무의 무원들을 인도하는 기능을 하는 의물이다. 무무에는 이외 순(錞)·탁(鐲)·요(鐃)·탁(鐲)·응(應)·아(雅)·상(相)·독(牘) 외 의물을 사용하였다. 따라서 1463년(세조 9) 이전의 종묘제례일무는 고려 의종 이후의 것이 전승된 것이라고 할 수 있다. 문무와 무무는 세종조에는 회례연과 같은 연향과 종묘 등 제향에, 성종조에는 사직·풍운뇌우·산천성황·선농·선잠·우사·

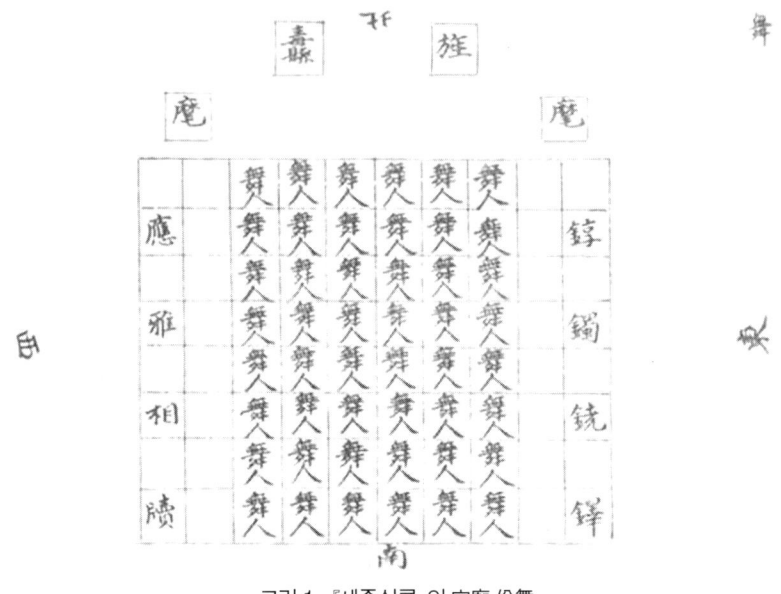

그림 1. 『세종실록』의 宗廟 佾舞

문선왕 등의 제향에 사용하였다. 현재 일부 변형되었으나 문묘제례 일
무로 전승되고 있다.

1464년(세조 10)부터는 종묘제례에 보태평과 정대업을 추었다. 이때
춘 보태평·정대업의 형태는 〈그림 2〉, 〈그림 3〉과 같다.

『악학궤범』의 도설에 의하면, 보태평은 둑잡이가 두 명, 무원이 36명
이며, 이는 송나라 대성악의 제도를 따른 것이다. 즉『악학궤범』아부
제악으로 구성된 문무·무무는 48명으로 구성된 육일무인데 반해, 보태
평·정대업은 36명 형 육일무를 따르고 있다. 동일한 육일무임에도 아
악과 속악의 형태를 달리한 이유는 알 수 없다.

보태평·정대업을 종묘제향에서는 악공이 연행하였지만, 연향에서
는 여기가 연행하였고, 복식과 의물에도 차이가 있다. 제향의 경우 보태
평은 진현관·남주의·적상조연·적말대·백포말·오피리를 착용하
고, 의물은 약·적을 사용한다. 정대업은 피변을 쓰고 나머지 관복은 보

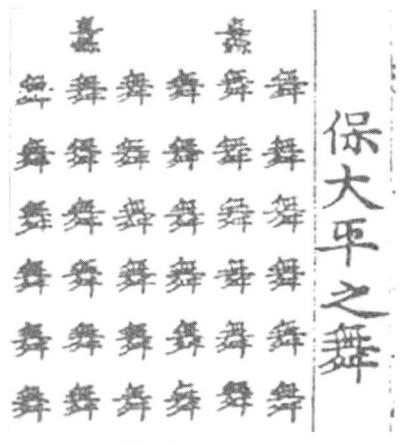

그림 2. 『악학궤범』 보태평지무 배반도

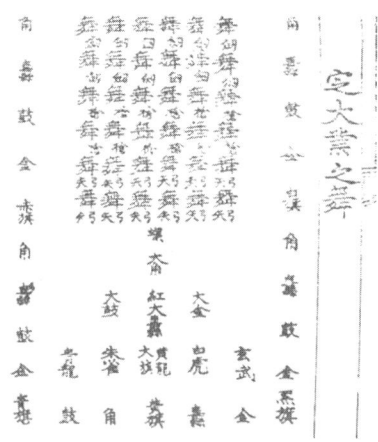

그림 3. 『악학궤범』 정대업지무 배반도

태평과 같으며, 의물은 검·창·궁시를 사용한다. 연향의 경우 보태평은 여기가 단장에 잡식을 하고, 의물은 약·적이다. 정대업은 오색단갑에 청단투구를 쓰고, 검·창·궁시를 든다.

　정대업은 무원이 36명인 것은 보태평과 같으나, 角·纛·鼓·金·旗로 구성된 의물잡이 다섯 대 25명, 螺·角·纛·大鼓·大金의 다섯 명, 주작·청룡·황룡·백호·현무기 다섯 명 등 모두 35명이 추가 구성된다. 각(角)·나(螺)는 고려 시대 위장(衛仗)악기이고, 기는 청·황·적·백·흑의 오색과 주작·현무·청룡·백호의 사신(四神)을 그린 의물을 사용함으로써 고구려와 고려의 문화전통과 오행사상을 춤에 구현했다. 이것은 아악의 무무에 錞·鐲·鐃·鐸·應·雅·相·牘의 의물잡이 여덟 명이 있는 것과 비교된다. 또 무원이 지니는 의물도 劍·槍·弓矢로 무무에서 간·척을 드는 것과 구별된다.

　이와 같이 정대업은 주작기·청룡기·황룡기·백호기·현무기와, 각(角)·둑(纛)·고(鼓)·금(金)·기(旗)와 같은 고려시대 위장에 사용하던 형명(形名), 그리고 검(劍)·창(槍)·궁시(弓矢)와 같은 의물을 사용하고, 무원도 71명으로 대규모로 구성하여 일무의 형식을 따르면서도 고구려 · 고려시대 군영문화와 오행사상을 도입함으로써 조선 특유의 춤 형식을 창출하였다.

보태평 · 정대업의 음악은 고취악과 향악에 기하여 창제하였다고 하였으나, 작무(作舞)의 원리에 관한 내용은 없다. 보태평 · 정대업은 일무의 양식을 부분적으로 따르고 있지만, 아악의 일무와는 다른 독창성을 가진 춤이다. 『악학궤범』 권5 시용향악정재(時用鄕樂呈才) 보태평에 의하면 인입장인 희문과 인출장인 역성은 족도하고, 그 나머지 곡에는 춤을 춘다는 설명이 있는데, 어떻게 추는지는 설명되어 있지 않다. 정대업은 〈그림4〉와 같이 곡진 · 직진 · 예진 · 원진 · 방진의 오진을 이루며 춤을 춤며, 이는 일무와 다른 특징을 가진다.

아악의 일무 중 무무는 아악기(의물)과 간 · 척을 사용하는데 비해, 정대업에는 角 · 纛 · 鼓 · 金 · 旗와 같은 고려시대 위장에 사용하던 形名과 검 · 창 · 궁시와 같은 새로운 의물을 사용함으로써 일무의 형식을 따르면서도 독창적 춤을 창제하였다. 또 정대업은 곡진 · 직진 · 예진 · 원진 · 방진의 오진을 이루며 춤을 춤으로써 일무와 구분된다. 『악학궤범』 권5 시용향악정재도의에 의하면 선위장에만 오진을 만들며 춤을 추는 것으로 보인다. 정대업의 구체적인 춤사위는 알 수 없다.

이와같은 『악학궤범』형의 보태평 · 정대업은 제향과 연향에 모두 사용하였고, 1502년(연산군 8) 무렵까지 지속되었다. 정대업은 1537년(중종 32)까지도 연향에 사용하였던 기록이 있는데, 정대업을 연행한 연향의 종류는 회례연 · 양로연 · 음복연 기타 등이다.

이와같이 『악학궤범』 형태의 정대업은 1502년(연산군 8)까지도 제향에서 오진을 만드는 형태로 연행되었고, 1502년(연산군 8) 종묘에서 진을 만들며 춤추기가 어렵다고 하여 진을 만들지 않고 추는 형태로 바뀌었고, 이것은 임진왜란이 발발할때까지 지속되었을 것으로 추정되고, 임진왜란과 병자호란을 계기로 변화된 것으로 보인다.

병자호란후 종묘에 제사를 지내지 못한 것이 10여년이었고, 악원과

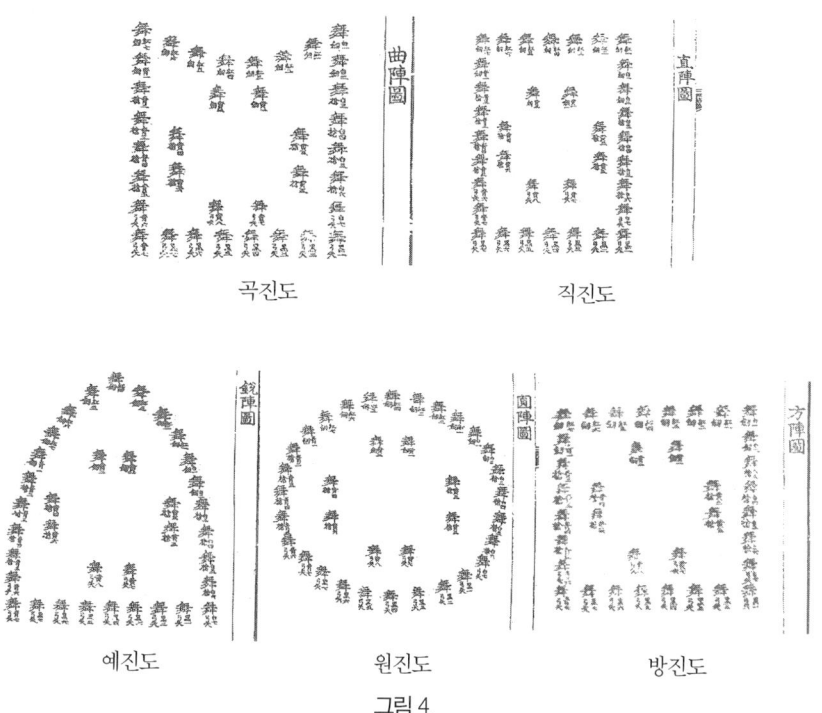

곡진도   직진도

예진도   원진도   방진도

그림 4.

무인이 모두 산망하여 음악을 복원할 때 무법을 알지 못하여 명나라의
무법을 구하여 썼다. 그리고 한자리에 붙박혀 손만 움직이는 춤은 대개
이때부터 시작되었다. 즉 보태평이 퇴장하면 정대업이 등장하여 추던
형식에서 등·퇴장이 없는 형식으로 변하였고, 정대업의 경우 오진을
만들며 입체적으로 추던 형태에서 평면적 형태로 바뀌는 등 변화가 있
었다.

1896년(고종 33년)에는 국호를 대한제국이라 칭하고 연호를 광무라
고쳐 종래 왕의 호칭에서 황제로 바뀌었다. 이에따라 종묘제례 일무도
무원이 8×8명의 64명과 둑잡이 2명 모두 66명으로 구성되었다. 이때
당시 종묘제례 일무는 한가지 형태로 통일된 것이 특징이다. 즉 보태평
지무·정대업지무의 舞人員·冠服 등이 문무와 같고, 무무는 둑잡이 대

신 정잡이가 참여할 뿐 인원수 · 관복 등은 문무와 같다.

즉 이 당시 궁중 제례의 춤은 아악 · 속악의 구분이 없어졌고, 문무 · 무무의 구분도 거의 없어진 상태이다. 다만 무무의 정잡이, 정대업지무의 의물(창 · 칼 · 궁시)을 사용하는 것이 다르다. 이때 복색은 복두 · 홍주의 · 남사대이다.

이와같은 대한제국의 악제는 1910년 이후 변화되었다. 악곡명은 보태화지무 · 향만년지무로 바뀌었고, 무원은 6×6의 36명으로 축소되고, 둑잡이가 보이지 않으며, 무무에는 검 · 창 · 궁시를 사용하였다.

1930년대 김영제가 『시용무보』에 의거해 일무를 복원하여 학생들에게 가르쳤다. 『시용무보』는 보태평 · 정대업의 춤사위를 기록한 유일한 무보로, 보태평 · 정대업의 편종 · 편경 악보와 그에 따른 춤사위 그리고 그 춤사위의 명칭이 기록되어 있다. 현행 종묘제례악은 술어가 일부 다르지만, 『시용무보』의 체제를 따른 것이다. 현재 종묘제례 일무는 64명이 추며, 보태평에는 약과 적을, 정대업에는 검을 들고 춘다. 보태평과 정대업의 복색은 같다.

보태평과 정대업은 종묘제례악이 채택됨으로써 조선조 내내 연주전통이 단절되지 않았다. 대한민국의 수립이후에도 제례악의 교육은 단절되지 않았고 1964년 종묘제례악이 중요무형문화재 제1호로 지정됨으로써 그 전승의 법적 장치가 마련되었으며, 1967년 종묘제례가 중요무형문화재로 지정됨으로써 예와 악이 조화된 본래 형태의 문화전통을 이어갈 수 있게 되었다.

유네스코 지정 한국의 세계유산

판소리

이규호 중앙대학교 음악극과 강사

판소리

I. 판소리의 語原과 起源

조선 후기에 성립된 판소리는 판소리란 명칭 외에도 잡가, 타령, 본사가(本事歌), 광대소리, 남도소리, 창극조, 가극(歌劇), 창락(唱樂), 창조(唱調), 극가(劇歌) 등 여러 명칭으로 불려져 왔다. 판소리란 용어는 순수한 우리말로 '판'과 '소리'란 두 말의 합성어다.

'판'은 다음 몇 가지로 해석할 수 있다. 첫째는 노름판, 씨름판, 싸움판 등의 용어에서 볼 수 있는 바와 같이 일정한 장소나 무대를 지칭하는 말로, 이 때 판소리는 '일정한 장소에서 불려지는 노래'라는 의미가 된다. 둘째는 '신나는 판', '이기는 판' 등의 용례에서 보는 것처럼 '어떤 상황이나 국면을 나타내는 말'로 보는 경우인데, 이때 판소리는 '특수한 상황을 노래로 엮어 부르는 음악'이란 뜻이 된다. 셋째는 판을 중국 음악의 영향으로 보는 경우다. 즉 판(板)은 중국에서 樂調를 의미하는 용어로서 판창(板唱)은 곧 우리의 판소리와 유사한 것인 바, 여기서 유래하였다고 보는 견해다. 이 경우 판소리는 '악조를 짜서 노래로 부르는 소리'란 의미가 된다.

이상과 같은 '판'이란 용어에 대한 세 가지 설은 모두 일정한 근거를 지니고 있어서, 어느 한 가지로 단정하기에는 많은 문제가 따른다. 다만 판소리가 조선조 후기 광대소학지회(廣大笑謔之戱)나 창우집단(倡優集

團) 광대의 소리공연에서
기원한 것이 사실이라 보고
이들의 판놀음에서 판소리
가 유래하였다고 한다면, 첫
번째의 '장소나 무대'란 의
미해석이 타당한 것으로 볼
수도 있다.

평양감사 부임도(모흥갑명창)

판소리는 서사무가(敍事
巫歌) 기원설(起源說)이 가장 많이 거론되고 있다. 이는 판소리가 전라
도 지방의 음악과 같은 토리(음악어법 또는 음악적 스타일)로 되어 있으
며, 판소리와 서사무가의 공연 형태가 노래와 말을 섞어서 부르는 점에
서 서로 비슷하다고 보기 때문이다. 설화에서 나왔다는 견해도 있다(說
話기원설, 이야기 기원설). 그런가 하면 마을의 큰 굿 끝에 벌이는 판놀
음에서 놀이꾼들이 여러 놀이를 벌이는 가운데 소리 광대가 소리도 하
고 재담도 하고 몸짓을 해가며 긴 이야기를 엮은 데서 시작되었다고 보
는 학자들도 있고(笑謔之戲說), 소리를 전문으로 하는 창우들에 의해 판
소리가 시작되었다고 보기도 한다(倡優集團 기원설). 중국의 영향을 거
론하는 학자도 있다.

지금까지 발견된 판소리 문헌으로 가장 오래된 것은 1754년(영조 30
년) 유진한이 한시로 쓴 만화본 〈춘향가〉이다. 이보다 뒤에 쓰인 송만
재의 '관우희'에 판소리 12마당의 제목이 소개되어 있다. 이를 보면 적
어도 영조 이전에 판소리가 공연되었음을 알 수 있다.

판소리의 인기가 확산되자 소설로도 발표되었는데 '~가(歌)'는 판소
리를 가리키고 '~전(傳)'은 소설을 말한다. 송만재가 전한 12마당은 〈
춘향가〉〈심청가〉〈흥보가〉〈수궁가〉〈적벽가〉〈변강쇠타령〉〈배비
장타령〉〈강릉매화전〉〈옹고집〉〈장끼타령〉〈왈자타령〉〈가짜신선타
령〉인데, 이 중에서 지금까지 전승되어 불려지는 것은 〈춘향가〉〈심청

가〉〈홍보가〉〈수궁가〉〈적벽가〉 5마당이고 나머지는 내용만 전한다.

II. 판소리 작품의 내용과 주제

(1) 춘향가

주제에 있어서는 춘향의 정절로 대표되는 열녀사상과 중세의 완고한 신분, 제도 , 원리로부터의 인간해방과 사랑의 성취, 그리고 서민의 사회적 항거 등이 복합되어 나타난 것으로 파악되고 있다.

(2) 심청가

주제에 대하여는 효도사상이 일찍부터 거론되었으나, 그 외에도 비장과 골계, 원초적 불행의 극복, 왕생극락, 구원을 통한 자기정화, 자아의 발견 회복과 성취확장의 실현 등으로 논의되고 있으며, 조선후기 서민들의 사회적 인간적 궁핍상을 관음보살의 구원으로 해결하려는 소박한 불교적 열망을 담아낸 것으로 보는 견해도 있다.

(3) 흥보가

주제로는 우애를 권장하는 권선징악으로 보기도 하고, 현실비판의 민중의 염원, 의식주를 위한 투쟁, 선과 악의 갈등과 대립 등으로도 논의되었으며, 역사적 현실의 서민의식적 차원에서 기존관념의 갈등과 평민적 현실주의 세계관의 등장, 또는 조선후기 현실 모순과 신분 변동현상의 반영으로 주장되기도 한다.

(4) 수궁가

주제에 대하여는 자라의 용왕에 대한 충성으로 일찍이 논의되어 왔으나, 그 후 이 외에 서민들의 비판적 반항적 풍자, 중세적 절대개념인 충성에 대한 권장과 찬양이거나, 충성을 앞세우는 봉건지배층의 무능과 위선에 대한 풍자적 해학, 그리고 이 둘의 복합으로 보는 견해들이 있다.

(5) 적벽가

화용도, 화용도타령으로도 불려지는 적벽가는 〈삼국지연의〉에서 중국천하의 통일을 꿈꾸는 조조의 군대와 이에 맞서는 유비와 손권의 연합군이 벌린 적벽대전 부분을 독립시켜 판소리화한 것이다. 그러나 여기에 창작적인 요소도 많이 가미되어 원작과는 다른 모습을 많이 지니고 있다. 등장 인물 중 조조는 불의의 권력을 상징하며 유비는 천하 획득의 정당성을 인정받는데, 이들 영웅과 대립적 위치에 있는 군사들은 현실성을 지닌 창조적 군상들로 형상화되어 있다. 주제는 군사들이 강자인 권력자들의 횡포를 비판하는 것인데 이는 주로 자탄사설, 군사점고, 새타령 등의 대목에서 나타나고 있다.

(6) 변강쇠타령

횡부가(橫負歌), 가루지기타령으로 부르기도 한다. 천하의 음남 음녀 변강쇠와 옹녀가 만나 지리산에 들어가 사는데, 변강쇠가 장승을 패어 때고 동티가 나서 죽자 시신을 치던 사람마다 그의 시체에 붙어 떨어지지 않는다. 이에 굿을 하여 화를 면하고 뿔뿔이 헤어진다는 이야기다. 중, 초라니, 풍각쟁이, 각설이, 사당패 등 조선후기 유랑민들의 생활상이 투영된 작품으로 그들의 좌절과 몰락의 비극을 희극적으로 그리고 있고, 서민적 특질만을 순수하게 지니고 있다.

(7) 배비장타령

근엄한 체 하는 배비장이 제주 기생 애랑에게 빠져, 알몸으로 궤 속에 든 채 관아에 끌려가 망신당하는 이야기다. 주제는 위선적 유가원리에 대한 풍자와 탐관오리에 대한 서민적 불만의 표출로 보인다.

⑻ 강릉매화타령

책방 골생원과 강릉기생 매화가 만나 뜨거운 사랑을 나누다 헤어지게 되나, 매화를 잊지 못해 다시 강릉에 돌아온 골생원은 강릉사또의 매화가 죽었다는 계교에 속아 가짜 무덤에 가서 울고, 귀신으로 변장하여 나타난 매화를 그녀의 혼으로 알고 다시 사랑을 나눈다. 그러다가 매화의 꾀에 넘어가 나체가 되어 상여 뒤를 따라가는 망신을 당한다는 이야기다. 주제는 시정세태의 충일한 반영을 통해서 스스로 모순에 빠져버린 초라한 양반의 모순을 풍자한 작품으로, 음탕한 것에 대한 징계가 그 중심을 이루고 있다고 하겠다.

⑼ 옹고집타령

욕심 많은 옹고집이 동냥 온 중을 모욕한 죄로 도승의 노여움을 사 도승이 허수아비로 가짜 옹고집을 만들어 진짜 옹고집을 내쫓고 주인 노릇을 하게 한다. 쫓겨난 진짜 옹고집이 도인의 질책으로 회개하여 개과천선하고 집에 돌아온다는 이야기다. 주제는 권선징악, 불교권장 등으로 볼 수 있다.

⑽ 장끼타령

배고픈 장끼가 까투리의 만류를 무시하고 콩을 먹다 죽은 후, 까투리는 까마귀 오리 등의 청혼을 물리치고 홀아비 장끼와 재혼한다는 이야기다. 유랑하는 가장으로서의 장끼의 비극적 삶이나 까투리의 개가(改嫁)가 갖는 현실적 의미 등을 통하여 볼 때, 중세 봉건해체기의 향촌사회에서 하층 유랑민들의 고난에 찬 삶과 위선적 유교윤리에 대한 서민적 비판이 주제인 것으로 평가된다.

⑾ 왈자타령(무숙이타령)

내용은 대방 왈자로서 방탕하게 살아가던 장안의 갑부 무숙이가 약방

기생 의양으로 인해 온갖 시련과 망신을 당하다가 결국에는 한명의 건전한 가족 구성원으로 복귀한다는 이야기다. 굴욕적 체험을 통한 풍자로서 방탕한 인물의 개과천선을 성취시키는 인간교정으로 파악된다.

⑿ 가짜 신선타령

한 어리석고 못생긴 선비가 신선이 되려고 금강산에 들어가 노선사(老禪師)에게 가짜 천도(天桃)와 천일주(千日酒)를 얻어먹고 신선이 된 줄로 착각하여 온갖 추태를 부린다는 이야기다. 현실에서 도피하여 무릉도원에 일신을 맡기려는 당시 지식인들을 풍자한 작품으로 보인다.

⒀ 숙영낭자전

안동에 사는 백선군(白仙君)이 꿈에 본 선녀 숙영을 잊지 못해 병이 난다. 그러다 결국 옥련동에서 두 사람은 만나게 되고 부부의 가연을 맺는다. 이것을 시기한 시녀 매월(梅月)은 백선군이 서울로 과거를 보러 간 사이에 숙영을 모함하여 자살하게 만든다. 그러나 장원급제한 백선군이 돌아와 선약으로 숙영을 소생시키고 행복하게 살다가 승천하여 선인이 된다는 이야기로 부부간의 정을 강조한 작품이다.

Ⅲ. 판소리가 자라온 사회문화적 배경

(1) 18세기까지(형성기)

1754년에 만화 유진한이 판소리 〈춘향가〉의 공연을 보고나서 쓴 한시(漢詩)는 당시 양반 계층의 판소리에 대한 관심을 드러내 주는 것이다. 그러나 유진한의 아들인 금(琴)이 쓴 〈가정견문록〉에 "아버지가 계유년 (1753년)에 호남지방을 유람하시고 그 산천과 문물을 두루 보신 뒤 이듬해 봄에 돌아오시어 춘향가 한편을 지으셨는데, 이로 인해 당시 선비들의 모함을 입으셨다"라고 한 것을 보면, 당시의 양반들이 전반적으로 판소리에 대하여 보수적인 태도를 보이고 있었던 것 같다.

유득공(1749~?)의 〈경도잡지〉를 보면 "진사급제하여 증서를 받으면 유가(遊街)를 하는데 세악수(細樂手), 광대(廣大), 재인(才人)을 대동한다. 광대라는 것은 배우로서 비단옷에 누런 초립을 쓰고 비단으로 만든 꽃을 꽂고 공작선을 들고 어즈러이 춤추며 익살을 부린다. 재인은 줄을 타고 넘는 등 온갖 묘기를 다한다"라고 기록되어 있다. 이보다 반세기 이상을 앞서는 이익(1681~1763)의 〈성호사설〉을 보면 "오늘날 과거에 급제한 이들이 반드시 광대를 불러 즐긴다"라고 되어 있고, 그의 〈곽우록〉에는 "사대부들이 과거에 올라 벼슬하게 되면 반드시 광대, 재인들을 불러 즐기니 이는 도리에 심히 어긋난다"라고 하였다.

유득공과 이익이 언급한 광대, 재인은 줄타기, 땅재주, 죽방울을 연행하던 세습적인 집단으로, 18세기 무렵에는 찬반의 논란이 있을 정도로 이미 사대부 계층의 유가에 필수적인 연희를 맡았었던 것으로 보인다.

18세기까지를 판소리의 형성기로 보는데 이 시기에는 우춘대, 하은담, 최선달 같은 명창들이 있었다. 이 시대에 12마당의 판소리가 연행되었다고 추측된다.

(2) 19세기(전후기 8명창 시대)

19세기 초의 문헌인 송만재의 〈관우희〉를 보면 그가 관우희를 쓰게 된 동기가 "아들이 과거에 급제하였으나 가산이 빈곤하여 광대를 불러 유가를 할 수 없으므로, 시로써 광대들의 놀이를 읊어 이에 대신하고자 한다"라고 기록되어 있다. 그리고 그의 〈관우희〉에 18세기의 우춘대, 19세기의 권삼득, 모흥갑 등의 명창 이름이 언급되어 있는데, 송만재가 〈관우희〉를 쓰기 이전에 판소리를 충분히 보아 잘 알고 있었던 것으로 짐작된다. 19세기에는 전시대부터 내려오던 유가의 풍습을 통하여 판소리가 사대부 계층에 침투하였고, 송만재의 〈관우희〉를 보면, 19세기에 유진한이 받은 비난에 비교하여 19세기의 사대부층의 판소리에 대한 태도에는 상당한 변화를 보이고 있다.

또 〈갑신완문(甲申完文)〉에는 임춘학, 고수관이, 〈정해팔도재인등장(丁亥八道才人等狀 1872)〉에는 염계달, 송흥록, 김제철, 임춘학, 고수관 등의 이름이 다른 재인들과 함께 기록되어 있어 관아의 행사에 판소리 광대가 불려가서 소리를 했다는 것이 나타나고 있다.

19세기(순조~고종 중엽)를 '8명창 시대' 라고도 부르는데, 전반기를 '전기8명창시대', 후반기를 '후기 8명창시대' 라고 한다. 전기8명창 시대엔 권삼득, 송흥록, 모흥갑, 염계달, 주덕기, 고수관, 방만춘, 신만엽, 김제철, 황해천 등이 거론되고, 후기 8명창 시대엔 박유전, 박만순, 김세종, 이날치, 정춘풍, 송우룡, 정창업, 김창록, 장자백 등의 명창이 활약하였다. 이 시기에 동편제 서편제 등으로 판소리의 유파가 나뉘어지고 당대 명창들에 의하여 지어진 더늠 등이 축적되어 판소리는 음악적으로 더욱 세련되고 다듬어졌다.

19세기 중엽에 중인 계층 출신인 신재효가 6마당의 판소리를 정리하였는데, 〈변강쇠타령〉은 그가 정리한 것이 유일하다. 신재효는 자신의 세계관에 맞게 기존의 판소리 사설을 개작하였는데, 사설이 세련되어졌다는 평을 듣게되었으나, 합리성을 표방한 유교적 관념과의 영합으로 판소리의 역동적 생명력이 상실되었다는 이중적인 결과를 낳게 되었다. 신재효는 판소리의 개작 뿐만아니라 판소리 광대들의 경제적 후원자이며 교육자였고, 이론적인 스승의 역할도 하였다.

19세기 말에는 사대부 계층뿐만 아니라 대원군, 고종 등 왕가의 후원자들이 판소리를 애호하여 판소리 명창들이 관직을 제수받는 등 최고 전성기를 누렸다.

광대 재인 집단 중에서도 특히 판소리 광대들이 자신들의 기예로 인하여 우대를 받고, 상류계층으로부터 경제적 후원뿐만 아니라 신분의 상대적 상승이라는 보상을 받았다는 사회적인 배경은 판소리 자체에도 영향을 줄 수밖에 없었다. 마을의 큰 굿이나 시장터에서 서민들을 울리고 웃기는 판소리와, 사대부가 참석한 잔치 또는 관아의 뜰이나 어전에서 연행되는 판소리는 두 청중 집단들의 서로 다른 기호나 기대수준을 포용하여 복합적이고 이중적인 구조를 가지지 않을 수 없게 되었다. 육담과 해학이 유식한 한자어들과 섞여서 짜여진 판소리가 서민과 양반계층의 두 사회집단의 서로 다른 성격의 공감대를 모두 충족시키는 강한 흥행성을 띤 공연 예술로 발전된 것은, 이러한 이중적 구조를 가진 사회문화적 배경에서 자라났기 때문이다. 오늘날 12마당에서 5마당(춘향가, 심청가, 홍보가, 수궁가, 적벽가)만이 전해지는 것은 이 다섯마당의 판소리가 양반과 서민의 요구를 모두 충족시킬 수 있는 주제와 내용을 가졌기 때문이라고 하겠다. 이 다섯 마당이 유교적인 표면과 서민적이라는 이중적인 주제를 갖고 있는 것도 위에서 언급한 당시 사회의 이중적 구조에 기인한 것이다.

임방울의 공연 모습

(3) 20세기 전반(근대 5명창 시대)

개화 이후인 20세기 초반에는 김창환 송만갑 이동백 김창룡 정정렬 (이선유, 유성준) 등의 명창들이 활약하였는데, 이 시기를 '근대 5명창 시대' 라고 부른다. 이때 시민층의 청중이 확대되고, 판소리가 원각사 등 의 극장 무대에 진출하여 흥행에 성공했으며, 한편으로는 사실주의 연 극과 판소리가 접목된 형태의 공연예술인 '창극' 이 나타나기도 하였다.

판소리가 공연되던 극장들이 문을 닫게 되자 송만갑, 김창룡 등의 명 창들은 협률사라는 단체를 조직하여 전국순회공연을 다녔다. 왕실과 사대부 계층이 일제와 함께 붕괴되면서 경제적 후원자층이 서민층으로 옮겨갈 수밖에 없었기 때문이다. 일제 때에는 그 이전시대의 창우집단 은 붕괴되고 판소리 명창들에 의해 만들어진 조선성악연구회가 판소리 전승을 맡게되었다. 그 이전 시대에 세습되던 판소리 광대라는 직업이 20세기에 이르러서는 창우집단 이외의 출신 성분을 가진 판소리 광대들 이 보다 많이 등장하게 되었다.

송만갑   이동백   정정렬

유성기와 라디오라는 문명의 이기가 20세기 초반의 판소리에 영향을 끼치게 되었는데, 현장에서 연행되던 판소리가 유성기나 라디오라는 매체를 통하여 청중들에게 전달되어 판소리의 감상 형태가 다양해졌다. 부유한 사람들은 그러한 기계를 사서 판소리 레코드나 방송을 들었고, 그렇지 못한 사람들은 유성기나 라디오가 있는 집에 모여서 판소리를 감상하였다.

⑷ 해방 후(인간문화재시대)

해방과 6.25동란의 격동기를 거치면서 국민들이 서양음악에 경도되기 시작하자 판소리를 비롯한 전통예술이 외면당하다가 급기야는 소멸 위기에 처하게 되었다. 이에 위기 위식을 느낀 정부가 문화재보호법을 만들어 소멸되어가는 귀중한 전통문화를 '중요무형문화재'로 지정하여 보호하기 시작했다. 판소리도 중요무형문화재 제5호로 지정받아(무형문화재는 형체가 없으므로 그 기능을 보유한 사람을 문화재로 지정하

한승호(소리)와 주봉신(북)의 공연모습

정광수(소리)와 정철호(북)의 공연모습

인사동 거리 소리판

는데 이를 소위 '인간문화재' 라 한다) 전승을 이어나갈 수가 있었다. 인간문화재로 지정받은 명창들은 정부의 정책적인 보호 아래 그 문하에서 제자들을 길러낼 수 있었다. 1980년대 들어서선 판소리에 대한 사회의 인식도 달라져서 음악대학에 국악과가 많이 생겨서 젊은 소리꾼들을 양성하고 있다. 한 때 소멸 위기로까지 몰렸던 판소리는 이제 많은 대학에서 매년 수십명의 젊은 소리꾼들을 배출하게 되었다. 판소리의 앞날은 이들 젊은 소리꾼들에 의해 결정될 것이다.

IV. 판소리 음악

1. 판소리 음악의 특질

판소리 음악은 '긴 이야기' 를 '한 사람의 북장단' 에 맞추어 '한 사람의 목소리' 로 짜나가는 一人多役의 敍事음악이다. 광대는 두 사람이고 소도구는 북과 부채뿐이다. 최소의 인원, 최소의 도구로 최대의 표현을 추구하는 것이 판소리 음악의 기본 원리이자 묘미이다. 판소리 음악의 美學은 여기에서 출발한다.

판소리는 사설의 내용이 바뀌는 데 따라 音樂語法(聲音, 길, 長短)도 변화를 주어서 매우 劇的인 분위기를 연출한다. 이것을 판소리 용어로 '裏面을 그린다' 라고 하는데, 이면이란 어떤 일의 내막이나 속사정 또는 事理 經緯 등의 뜻으로 풀이된다. 사설의 이면 해석과 음악적 표현 방법은 作唱者의 철학적 바탕과 음악적 기량에 따라 얼마든지 달라질 수 있다. 따라서 판소리 음악의 예술성 여부는 사설의 이면 해석과 그것의 음악적 형상화 능력, 즉 이면을 얼마만큼 잘 그리느냐에 달려있다 하겠다. 이런 점에서 판소리 음악은 궁중음악이나 범패처럼 의식이 앞선 타율적인 음악이나, 민요처럼 일정한 선율에 가사만 바꾸어 부르는 圖式的인 음악, 그리고 가곡이나 시조처럼 관념적인 음악 등과 구별되는 자유롭고 융통성 있는 장르이다. 뿐만 아니라 즉흥성이 강한 신명의 예술이기도 하다.

판소리 광대들은 사설내용의 이면을 적절히 표현하기 위해 독특한 판소리 음악어법을 개발, 발전시켰을뿐만 아니라(판소리에 적합한 성음과 장단을 개척하고, 선율을 작곡하였으며, 다양한 리듬을 개발하였다), 양반음악(가곡 가사 시조 시창 등), 민중음악(각 지방의 민요), 종교음악(무가 범패 등) 등 선행하는 거의 모든 음악어법들을 적극 도입 활용함으로써 판소리 음악의 표현력을 확대해 왔다. 이런 점에서 판소리 음악은 개방된 장르이다.

판소리는 '직업적인' 광대들에 의해서 '청중'을 상대로 '흥행되는' 전문예술이다. 따라서 예술적 기량이 중요시 되는데, 판소리 광대는 '得音'을 해야 소리꾼으로서의 활동이 가능하다. 득음이란 판소리의 모든 음악어법을 자유자재로 구사함으로써 모든 판소리적 상황을 성악으로 표현할 수 있는 경지를 말하는데, 20년 이상의 피나는 수련이 요구된다. 이런 점에서 餘技로 즐기는 양반음악이나, 생활상의 필요에 의해 누구나 부를 수 있는 민요, 그리고 종교행위로서의 무가 범패 등과 구별된다.

2. 판소리 음악의 3요소

⑴ 성음

성음이란 소리를 내는 방법과 직접적인 관련이 있는 소리의 성질, 곧 音色이나 音質을 말한다. "성음이 아니면 소리가 아니다.", "판소리는 성음 놀음이다."라는 말들은 판소리의 음악어법에서 성음이 얼마나 중요하게 인식되고 있는가를 보여준다. 소리광대들은 바로 이 성음을 얻기 위해 평생을 바쳐 수련하는 것이다.

판소리 음색은 '수리성(목이 약간 쉬어서 거칠고 텁텁하게 들리는,

성량이 크고 깊이 있고 변화가 많은 성음)' 을 제일로 치고 '陽聲(소리에 그늘이 없고 깨벗어서 지나치게 맑고 예쁜 성음)' 을 높이 평가하지 않는다. 그 이유는 '劇的인 사설 내용'을 '한 광대의 목소리'로 '이면에 맞게' 그리려면 聲量이 크고 변화가 다양한 음색이라야 효과적이기 때문이며, 또 그러한 음색을 선호하는 우리의 美意識과도 관련이 있을 것이다.

  판소리의 발성은 아랫배 丹田에 숨을 모았다가(호흡법에는 胸式呼吸과 腹式呼吸의 두 가지 방법이 있는데 판소리 창을 할 때는 복식호흡을 위주로 하는 것이 좋다), 일상 언어활동을 할 때와 같이 성대를 자연스럽게 긴장시킨 상태에서 힘차게 질러내는 소위 '통성'이 기본 발성이다. 이는 평상시 언어활동 때의 발성법을 극대화한 '자연스런' 발성으로, 이런 발성을 과도하게 하면 성대에 慢性喉頭炎의 일종인 聲帶結節(Singer's nodule. 일명 歌手結節이라고도 하는데, 성대 근육에 생기는 좁쌀 내지 쌀알 크기 정도의 약간 적색을 띤 백색의 혹 같이 생긴 것)이 생겨서 발성할 때 성대 근육이 꽉 닫혀지지 않으므로 껄껄하고 텁텁한 소리가 나게 된다. 이러한 발성으로 수십년 간의 피나는 수련을 거쳐(목이 잠겼다 터졌다 하는 과정이 수없이 되풀이 된다) 得音을 하게 되면 그 엄청난 聲量(20세기 초의 명창인 송만갑의 소리는 십리 밖까지 미쳤다고 하며, 그의 제자인 장판개는 쇠로 된 문고리를 진동시켰다고 한다)과 깊이 있는 성음(흔히 '구성이 올랐다'거나 '그늘이 졌다'고 하는데 목소리에 갖가지 맛이 다 들어 있어서 목소리 자체만으로도 사람들에게 즐거움을 주는 성음), 그리고 변화무쌍한 음악어법의 구사로 청중을 압도하게 된다. 이러한 판소리 발성은 서양의 소위 벨칸토 창법(Belcanto. 맑고 투명한 소리를 내기 위해 성대 근육을 비롯한 발성기관을 거의 긴장시키지 않은 상태에서 주로 鼻腔의 공명을 강조하는 '人爲的'인 발성법)과 대비된다.

(2)길

음악용어로는 '旋法'이라고 하는데, 판소리에서 표현하고자 하는 감정의 정도를 나타내 주는 '調' — 이를테면 界面調, 平調, 羽調(이들 용어는 양반음악인 歌曲에서 빌려 쓴 것인데 그 음악적 내용은 다른 점이 있다) 같은 것들 — 와 구분하여, 선율 형태를 해부해서 구성음의 기능과 음정 관계를 규명한 선율의 최대공약수의 구조틀(音階)을 말한다. 곧 '조'는 소리광대의 목청(성음), 음색, 음량을 청각에 의해서만 분별한 '唱法的'인 개념(일종의 樂想記號 역할을 한다. 우조는 호기 있고 위엄 있게, 평조는 화평하고 한가하게, 계면조는 슬프고 비통하게 등)이고, '길'은 음악 이론적인 근거와 악보상의 분석에 의한 '旋法的'인 개념이다. 길 이름은 조 이름 뒤에 '길'이란 명칭을 붙여 쓰는데, 현존 판소리에 나타나는 길은 그 구성음들의 질서에 따라 '우조길' '평조길' '계면길'로 구별된다.

'우조길'은 '솔 라 도 레 미'의 음 구조로 되어있는데, 웅장하고 위엄 있고 씩씩한 느낌을 주는 선법이다. 판소리뿐만 아니라 궁중음악 가곡 경기민요 산조에도 이 음 질서가 많이 쓰인다. '평조길'은 '레 미 솔 라 도'의 음 구조로 되어있는데, 화평하고 점잖은 느낌을 준다. 산조 풍류 시조 같은 민간음악에도 널리 사용된다. '계면길'은 '미 솔 라 시 도 레'의 음 구조로 되어있는데, 슬픈 느낌을 준다. 산조 남도민요 시나위 같은 남도음악에 넓게 쓰인다.

(3) 長短

장단이란 전통음악의 외형적인 틀을 결정하는 리듬의 큰 단위를 말한다. 판소리에서의 장단이란 용어는 단순히 拍子만을 가리키는 것이 아니고 리듬의 네 요소인 박자, 속도, 강약(액센트), 틀(패턴)의 복합개념으로 인식해야 한다. 오늘날 판소리에 쓰이는 장단은 진양, 중머리('중몰이', '중모리' 등으로도 쓰이나 여기서는 '머리'로 통일한다), 중중머

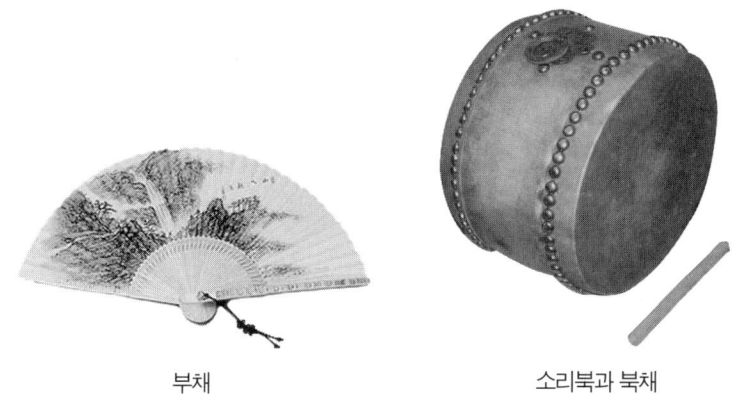

부채 소리북과 북채

리, 자진머리, 휘머리, 엇머리, 엇중머리 등이다. 각 장단을 속도에 따라 '느진~', '평~', '자진~' 등으로 細分하는데(예를 들면 '느진중머리', '평중머리', '자진중머리'), 자진진양을 '세마치', 자진중머리를 '단중머리'라 하기도 한다.

진양

판소리 장단 중에서 가장 느린 장단(♩=30~50)으로, '三分拍(한 박이 셋으로 나누어지는 박)' 여섯개가 모여서 기본꼴을 이루고(6/♩박자), 기본꼴이 보통 두개에서 대여섯개까지 모여 하나의 旋律線(의미구조를 갖는 선율의 최소 단위)을 형성한다. 속도가 느린데다가 대개 5, 6박에서 音을 持續시키거나 休止를 주기 때문에, 느린 情緒나 여유있고 한가한 情景을 표출하는 데 적합하고, 사설 내용의 정서나 정경을 극대화시키는 효과도 있다.

중머리

보통 빠르기(♩=60~90)의 2분박 12개가 모여서 기본꼴을 이룬다(12/♩박자). 중머리 12박이 구성해내는 리듬꼴은 〈3x4〉(3拍子 리듬이 4개 있다는 뜻), 〈2x6〉, 〈(3x2)+(2x3)〉(3박자 리듬 2개와 2박자 리듬 3개가 들어있다는 뜻), 〈(2x3)+(3x2)〉 등과 같이 2박자 리듬과 3박자 리듬을 자유롭게 섞어가면서 짜기 때문에 매우 다양하다. 느리게도 빠르게도 느껴지지 않는 속도와 12拍이라고 하는 긴 장단 週期로 인해 붙임새와 선율을 다양하게 활용할 수 있기 때문에, 散文도 능히 소화할 수 있다.

중중머리

구조상으로는 중머리의 속도가 약 2배 빨라진 장단으로 볼 수있다(♪=144~180). 중머리와 같이 2분박 12개가 기본꼴을 이룬다(12/♪박자). 12박이 구성해 내는 리듬꼴은 중머리와 같이 〈3x4〉, 〈2x6〉, 〈(3x2)+(2x3)〉 등으로 다양하다. 이런 리듬꼴은 우리 말의 운율이나 붙임새와 밀접한 관련이 있다. 굿거리, 살풀이, 타령 등과 장단 구조는 같으나 강약이 다르다. 흥을 主情緖로 갖고 있는 춤 장단인 굿거리 등과 한배가 같기 때문에 기본적으로 흥겨운 정서를 표출하기에 적합한 리듬 구조이다.

자진머리

구조상으로는 중중머리의 속도가 약 2배 빨라진 형태의 장단이다 (♩.=90~120). 빠른 3분박 4개가 기본꼴을 이룬다(4/♩.박자). 네 묶음의 장단이지만 세분하면 12박이므로 중중머리와 같이 다양한 리듬꼴을 형성한다. 그 속도감으로 인해 리듬의 효과가 잘 드러나기 때문에 말붙임의 여러 기교(완자걸이 잉어걸이 괴대죽 도섭 등)가 자주 활용된다. 빠른 장단 週期로 인해 어떤 事物이나 人物 또는 事緣 등을 장황하게 列擧, 羅列하는 데 적합하다.

휘머리

자진머리가 더욱더 빨라져서 한 박자가 셋으로 분할될 여유가 없이 둘로 분할되어 형성된 장단으로, 매우 빠른(♩=최소 144,200 내외) 2분박이 4개가 모여서 기본꼴을 이룬다(4/♩박자). 청중이 잘 알아듣지 못할 정도로 사설을 다붙여 나가는 빠른 속도감으로 인해 緊迫感을 창출해 내기 때문에, 숨쉴 틈 없을 정도로 급박하게 펼쳐지는 극적 상황을 표출하는 데 적합하다.

엇머리

5박자 단위(3+2) 둘이 모여 10박자가 한 장단이 된 독특한 구조이다(10/♪박자, ♪=최소 160). 판소리 장단 중에서 유일한 混合박자이다. 혼합박자로서의 異質感 때문인지 旣存 판소리에선 예기치 않은 인물이 등장하거나 뜻밖의 상황이 전개 될 때 주로 활용하고 있다.

엇중머리

중머리 장단이 둘로 나뉘어진 구조로 보통 빠르기(♩=80~90)의 2분박 6개가 기본꼴을 이룬다(6/♩박자). 판소리의 뒷풀이에 주로 쓰이고 있다. 장단 구조가 양반 음악인 風流, 歌詞, 12雜歌 등에 쓰이는 도드리와 같아서 점잖고 품위 있는 분위기를 연출하는 데 적합하다.

3. 판소리 음악의 여러 모습

⑴ 流派

판소리의 전승지역은 전라도, 충청도 서부, 경기도 남부에 이르는 넓은 지역에 이르는데, 각 지역은 각기 다른 자연조건과 음악적 환경으로 인해 독특한 음악어법을 형성 발전시켰다. 이와 같이 각 지역마다 독특한 음악어법으로 전승된 소리제를 유파라 하는데, 東便制 西便制 중고제의 세 유파가 전한다. 그러나 20세기에 들어와 광대들의 교류가 빈번해짐에 따라 각 流派가 서로 뒤섞이게 되어 오늘날엔 그 실체를 찾기가 어렵다.

동편제

송흥록(19세기 중반의 명창. 판소리의 中始祖, 동편제의 創始者, 歌王이란 칭호를 얻음)의 법제를 표준하여 운봉 구례 순창 흥덕 등 섬진강 동쪽(전라도 동북지역)에서 널리 유행되던 소리제로서, 소위 '대마디대장단(매 장단마다 사설의 句節單位 또는 音步單位가 놓이는 붙임새)' 으로 특별한 기교를 부리지 않고 소리를 짜나가는, 목으로 우기는 소리제이다. 무겁고 웅장한 발성을 쓰며, 대체로 장중하게 시작하고 소리를 들어서 장단에 말을 던지듯이 짜나가며, 소리 꼬리는 짧게 끊는 경향이 있다. 박진감 넘치는 남성적인 소리제이다.

서편제

박유전(조선조 헌종~고종 때의 명창)의 법제를 표준하여 광주 나주 보성 등 섬진강 서쪽(전라도 서남지역)에서 널리 유행하던 소리제로서, 동편제에 비해 기교가 많이 들어간 화려한 소리제이다. 동편제보다는 가벼운 발성을 쓰는 편이며, 대체로 부드럽게 시작해서, 미세한 기교로 느리게 끌고 가며, 소리 꼬리는 길게 빼는 경우가 많다. 섬세한 여성적인 소리제이다. 기교가 많이 들어가므로 장단의 속도는 동편제에 비해 전반적으로 느린 편이다.

중고제

김성옥 염계달(조선조 순조 때의 명창들)의 법제를 표준하여 경기도 충청도 지역에서 전승되던 소리제로서, 동편과 서편의 중간쯤 되는 소리인데 비교적 동편제에 가깝다고 하나 오늘날엔 전승이 끊어진 듯하다.

⑵ 歌風

판소리 음악에 덜렁제 京드름제 석화제 추천목 등의 용어가 쓰이는데, 이는 어느 특정한 명창이 개발한 독특한 가락의 짜임새나 모양새(일종의 더늠)를 말하는 것으로 유파라기보다는 그 명창의 歌風으로 보는 것이 타당하리라 생각된다.

덜렁제는 19세기 초의 명창 권삼득의 더늠으로, 설렁제 豪傑制 드렁조 권제 등 여러 명칭으로 불린다. 가마꾼의 勸馬聲 가락을 소리로 짰다고 하는데 아주 호방하고 씩씩한 분위기를 연출한다. 〈흥보가〉 중 '놀보가 제비 후리러 나가는 대목' 이 전한다. **경드름제**는 순조 때 경기도 여주 명창 염계달의 더늠으로 〈창부타령〉 〈도라지타령〉과 같은 서울민요 토리를 판소리화시킨 것이다. 京調, 京制, 京토리라고도 하며 경쾌한 느낌을 준다. 〈수궁가〉 중 '세상에 나온 토끼가 자라를 욕하는 대목' 이 전한다. **석화제**는 가야금 병창제와 비슷한 소리제로서, 순조 때 명창 김제철 신만엽이 제작한 것이다. 중중머리 장단으로 되어 있는데 우아하고 경쾌한 느낌을 준다. 〈수궁가〉 중에서 토끼가 세상으로 돌아오는 대목인 '소지노화' 가 전한다. **추천목**은 염계달의 제작으로 전하는데, 선율이 그네를 타는 것처럼 흔들흔들하는 느낌을 준다고 해서 붙인 이름인 듯하다. 주로 중중머리 장단으로 짜여 있다. 〈춘향가〉에서 '방자가 춘향의 행실 그른 내력을 말하는 대목' 이 전한다.

⑶ 더늠과 바디와 제

더늠이란 '더 넣다' 에서 온 말인 듯하다. 旣存 傳承에 첨가된 문학적 음악적 새로움을 가진 창작 부분을 가리키는 것으로, 전승 상 여태까지 없던 것을 더 넣었다는 뜻인 듯하다. 現傳하는 판소리 음악은 세월이 흐르면서 여러 명창들의 더늠이 하나하나 쌓여서 이루어진 것으로, 완성체가 아니며 지금도 變移를 계속하고 있다. '권삼득 더늠' '염계달 더

늠' 등과 같이 그 더늠을 만든 사람의 이름으로 명칭을 삼고 있다. **바디**
는 '선생에게서 전해 받다' 의 '받다' 에서 온 말인 듯하다. 어느 명창이
짜서 부르던 판소리 한 마당 전체를 가리키는데, '制' 와 混用되기도 한
다. '송만갑 바디' '정정렬 바디' '박동실제' '김연수제' 등과 같이 그
전승 계보를 확립한 사람의 이름을 붙여 부른다. **制**는 法制 또는 製作의
뜻인 듯한데, 판소리에선 여러가지 의미로 쓰이고 있다. '동편제' 라고
할 때에는 유파의 의미이고, '송만갑제 춘향가' 라고 할 때에는 바디의
의미이며, '고수관제 사랑가' 라고 할 때에는 더늠의 뜻이고, '석화제'
'권삼득의 덜렁제' 등은 歌風의 의미로 쓰인 것이다.

(4) 고수와 추임새

고수

고수는 판소리 공연의 유일한 반주자이기 때문에 그 기능은 절대적이
다. '一鼓手 二名唱'이란 말은 이러한 고수의 중요성을 강조하기 위해
생긴 것이다. 고수의 기능으론 다음 몇가지가 있다. 첫째는 반주자의 구
실인데, 고수는 일차적으로 소리의 '밀고 달고 맺고 푸는' '生死脈' (소
리의 陰陽)을 알아서 북 가락을 運用할 줄 알아야 한다. 둘째는 지휘자
로서의 구실이다. 고수는 소리광대가 힘이 쳐지면 추임새를 힘차게 해
주든가, 북을 박력있게 쳐주든가 해서 힘을 북돋아 주어야 하고, 소리가
빨라지면 북가락으로 소리를 잡아당겨서 속도를 조절해 줄 줄도 알아야
한다. 셋째는 상대역으로서의 구실이다. 소리광대는 고수를 쳐다보면
서 창이나 아니리를 하는 경우가 종종 있는데 이는 고수를 상대역으로
인식하는 데서 비롯된 행위이다. 넷째는 청중의 대변자 구실이다. 고수
는 반주자이면서 감상자이다. 소리를 듣다가 흥이 나면 청중을 대변해
서 추임새를 넣기도 하고 청중의 추임새를 유도하기도 한다. 마지막으로
소리꾼과 청중의 중간에서 서로의 隔阻感을 해소시키는 구실도 한다.

추임새

소리판에서 고수와 청중은 "얼씨구 그렇지 좋다 어이 아먼 어디 잘한다" 등등의 감탄사를 내뱉어서 소리꾼을 격려하고, 스스로의 흥취를 돋우기도 하는데, 이때 내뱉는 감탄사를 추임새라 한다. '추어주는 말'이란 뜻이다. 청중은 이 추임새를 통해 단순한 구경꾼에서 벗어나 극중 상황에 적극 개입, 호응하거나 비판하면서 소리판의 전체적인 분위기를 조성하여 신명의 세계로 나아가게 된다. 청중에 의한 추임새의 표출 여부는 일차적으로 소리광대의 문학적 음악적 연극적 역량에 달려 있음은 물론이다. 이 추임새는 아무렇게나 하는 것이 아니라, 추임새를 하는 '자리'가 따로 있기 때문에 상당한 수련을 쌓아야 제대로 할 수 있다. 추임새가 없는 소리판은 신명이 나질 않는다.

⑸ 사설과 음악요소와의 결합 양상

소리는 사설과 음악어법과의 결합으로 탄생한다. 장면에 따라 이면에 맞는 장단과 調를 선택하고 선율과 붙임새를 짠 후 적절한 성음을 구사하면 소리가 완성되는 것이다. 이런 음악의 요소들은 어떻게 사설과 결합하는 것일까. 판소리 사설을 소리로 짜려면 먼저 장단과 조를 결정하여야 한다. 장단의 선택은 사설 내용의 상황적 의미나 정서의 緩急에 의해 이루어진다고 생각된다. 다시 말하면 상황적 의미나 정서가 빠르면 빠른 장단을, 느리면 느린 장단을 선택한다는 말이다. 그런데 사설 내용의 의미나 정서의 완급은 寫實性에 기초하여 판단하는 것이 보통이지만 극적효과를 높이기 위해 사실성을 뛰어넘어 연출하는 경우도 있다. 장단의 완급은 聽者의 느낌에 의해 인식되는데 평중머리를 보통속도로 기준하여 느린 장단과 빠른 장단이 구분될 수 있을 것이다. 각 장단이 특정한 감정과 관련이 있다고 보는 견해도 있는데 보편적으로 적용되진 않는다. 調는 사설 내용의 분위기에 어울리는 것을 택하면 될 것이다. 선율은 作唱者의 작곡 능력에 따라 다양하게 표출될 수 있겠는데,

판소리의 선율은 寫實的인 표현을 하려는 경향이 있다. 선율을 짤 때 붙임새를 떼 놓고 생각할 수가 없다. 붙임새란 사설과 장단 사이의 결합 양상을 가리키는 용어로서, 여러 장단의 기본 박자들(2분박이거나 3분박이거나)이 여러가지 형태의 리듬꼴로 분할되거나 결합되는 모양새를 말한다. 대마디대장단 엇붙임 잉어걸이 완자걸이 괴대죽 도섭 등의 기교가 있다. 판소리의 음악이 일차적으로 사설과 장단의 결합에서 탄생되는 것임을 생각할 때, 拍에다가 말을 어떻게 놓아가는가 하는 이 붙임새의 문제는 판소리의 음악성을 결정짓는 중요한 요소가 아닐 수 없다. 성음은 사설의 이면에 맞게 구사하면 될 것이다. 이상의 음악요소들은 사설과 有機的으로 결합하는데, 作唱者의 사설 이면에 대한 철학적 이해도와 그것의 음악적 표현 능력 여하에 따라 얼마든지 다양하게 표출될 수 있으며, 결국 이것이 판소리 음악의 예술성을 결정짓게 된다.

참고문헌

정노식, 『조선창극사』, 조선일보사 출판부, 1940.

강한영, 『판소리』, 세종대왕기념사업회. 1977.

조동일 · 김흥규편, 『판소리의 이해』, 창작과 비평사, 1978.

정병욱, 『한국의 판소리』, 집문당, 1981.

백대웅, 『한국 전통음악의 선율구조』, 대광문화사, 1982.

임진택, 『한국문학의 현단계Ⅱ』, 「살아있는 판소리」, 백락청 · 염무웅편, 창작과 비평사, 1983.

이보형, 『한국음악학 논문집』, 「판소리 제에 관한 연구」, 정신문화연구원, 1982.

백대웅, 『흥보가』, 「다시 보는 판소리」, 뿌리깊은 나무, 1990.

이보형, 『한국전통음악 논구』, 「창우 집단의 광대소리 연구」, 고려대 민족문화연구소. 1990.

문영일, 『아름다운 목소리』, 청우, 1991.

국립제주박물관 문화총서 **4**

유네스코 지정 한국의 세계유산

초판 인쇄일   2005년 3월 10일
초판 발행일   2005년 3월 15일
재판 1쇄 발행일   2007년 8월 30일

편   자 국립제주박물관

발행인 김 선 경

발행처 **서 경**

 서울특별시 종로구 동숭동 199 - 15(105호)
 TEL : 743 - 8203
 FAX : 743 - 8210
 E-mail : sk8203@chollian.net

등록번호 1-1664호

값 14,000원
ISBN 89 - 86931 - 85 - 0(93900)

＊잘못된 책은 교환해 드립니다.
＊저자와의 협의하에 인지는 생략합니다.